应用型法律人才培养系列教材

JIANYU RENMIN JINGCHA
GUANLI JIAOCHENG

监狱人民警察管理教程

主　编　吴晓静

撰稿人　（以撰写章节先后为序）

吴晓静　聂　微　徐存伟

中国政法大学出版社

2015·北京

图书在版编目（CIP）数据

监狱人民警察管理教程/吴晓静主编. —北京：中国政法大学出版社,2015.9(2024.1重印)
ISBN 978-7-5620-6303-2

Ⅰ.①监… Ⅱ.①吴… Ⅲ.①监狱－管理－中国－教材 Ⅳ.①D926.7

中国版本图书馆CIP数据核字(2015)第213465号

出　版　者	中国政法大学出版社
地　　　址	北京市海淀区西土城路 25 号
邮　　　箱	fadapress@163.com
网　　　址	http://www.cuplpress.com (网络实名：中国政法大学出版社)
电　　　话	010-58908435(第一编辑部) 58908334(邮购部)
承　　　印	固安华明印业有限公司
开　　　本	720mm×960mm　1/16
印　　　张	16
字　　　数	296 千字
版　　　次	2015 年 9 月第 1 版
印　　　次	2024 年 1 月第 2 次印刷
印　　　数	3001～4500 册
定　　　价	43.00 元

序

党的十八大以来，以习近平同志为总书记的党中央从坚持和发展中国特色社会主义全局出发，提出了全面建成小康社会、全面深化改革、全面依法治国、全面从严治党的"四个全面"战略布局。全面依法治国是实现战略目标的基本方式、可靠保障。法治体系和法治国家建设，同样必须要有法治人才作保障。毫无疑问，这一目标的实现对于法治人才的培养提出了更高的要求。长期以来，中国高等法学教育存在着"培养模式相对单一"、"学生实践能力不强"、"应用型、复合型法律职业人才培养不足"等诸问题，法学教育与法律职业化的衔接存在裂隙。如何培养符合社会需求的法学专业毕业生，如何实现法治人才培养与现实需求的充分对接，已经成为高等院校法律专业面临的重要课题。

法学教育是法律职业化的基础教育平台，只有树立起应用型法学教育理念才能培养出应用型卓越法律人才。应用型法学教育应是"厚基础、宽口径的通识教育"和"与社会需求对接的高层次的法律职业教育"的统一，也是未来法学教育发展的主要方向。具体而言，要坚持育人为本、德育为先、能力为重、全面发展的人才培养理念，形成培养目标、培养模式和培养过程三位一体的应用型法律人才培养思路。应用型法律人才培养的基本目标应当是具备扎实的法学理论功底、丰厚的人文知识底蕴、独特的法律专业思维和法治精神、严密的逻辑分析能力和语言表达能力、崇高的法律职业伦理精神品质。

实现应用型法律人才培养，必须针对法律人才培养的理念、模式、过程、课程、教材、教法等方面进行全方位的改革。其中教材改革是诸多改革要素中的一个重要方面。高水平的适应应用型法律人才培养需求的法学教材，特别是"理论与实际紧密结合，科学性、权威性强的案例教材"，是法学教师与法科学生的知识纽带，是法学专业知识和法律技能的载体，是培养合格的应用型法律人才的重要支撑。

本系列应用型法律人才培养教材以法治人才培养机制创新为愿景，以合格应用型法律人才培养为基本目标，以传授和掌握法律职业伦理、法律专业知识、法律实务技能和运用法律解决实际问题能力为基本要求。在教材选题上，以应用型法律人才培养课程体系为依托，关注了法律职业的社会需求；在教材主（参）编人员结构上，体现了高等法律院校与法律实务部门的合作；在教材内容编排上，设置了章节重难点介绍、基本案例、基本法律文件、基础法律知识、分析评论性思考题、拓展案例、拓展性阅读文献等。

希冀本系列应用型法律人才培养教材的出版，能对培养、造就熟悉和坚持中国特色社会主义法治体系的法治人才及后备力量起到绵薄推动作用。

是为序。

李玉福

2015 年 9 月 3 日

前 言

  监狱人民警察管理学是一门应用学科。建设监狱学专业的目的是培养适应监狱刑罚执行、生产管理、教育改造第一战线需要的，德、智、体等多方面全面发展的专门性人才。为达到这一培养目标，对监狱学专业学生开设监狱人民警察管理学课程，让其在了解监狱基本结构的基础上学习和掌握管理学的理论和方法是十分必要的。

  本教材较全面地阐述了监狱人民警察管理学的知识体系，较完善地将管理学的相关知识运用于监狱管理之中，并紧密结合监狱学的学科特点，创新性地提出了相关观点，冀与同仁共商榷！同时，为适应监狱学专业的学习特点，教材在结构和编写体例上做了创新性尝试：在每章中编写了案例导入、案例分析等内容，既方便学生阅读理解、融会贯通，又有益于提高学生的实际能力。

  《监狱人民警察管理教程》由吴晓静主编并完成全书的统稿、定稿和送审工作。各章编写分工如下：吴晓静负责编写第一、二、三、七章，聂微负责编写第四、五、六章，徐存伟负责编写第八、九、十章。

  本书在编写过程中参考并引用了许多国内外管理学、监狱学等多种学科的著作的观点，在此对原作者谨致以衷心的感谢！

  由于时间比较紧张，编者又力求反映监狱学教材的特点，使得本书的编写难度较大，加之编者的水平和经验有限，书中难免会出现一些错误和不妥之处，恳请读者不吝批评指正。

编 者

2015 年 5 月

目录 CONTENTS

第一章 监狱人民警察管理概述

 案例导入

山东引发治安事件女狱警林娜被单位开除

2011 年 8 月 17 日 17 时 30 分左右，山东省某监狱警察林娜着警服下班回家途中，在济南山大南路和闵子骞路交汇口一修车摊修理电动自行车，期间因修车排队顺序与修车人谢某夫妇发生纠纷。林娜随后打电话将其丈夫朱某叫来，朱某赶到现场后动手将修车人谢某夫妇打伤，造成群众围观，致使交通受阻，引发治安案件，公安机关根据有关规定给予林娜及其丈夫朱某拘留 15 天的行政处罚。鉴于林娜的行为引发治安案件，社会影响较大、后果严重的事实，山东省某监狱 18 日决定依照相关法律法规给予林娜开除处分。

林娜身为警察，却因争执触发治安案件，社会影响极坏，山东省司法厅、省监狱局立即将此案件通报全省司法行政系统，并运用这一反面典型，教育广大干警严守法纪和社会公德。山东省委政法委决定，在全省政法系统开展为期一个月的"增强群众观念、强化法治意识、整顿纪律作风"专题教育，对警风警纪进行一次大排查、大整改，严格警纪管理，从严治警，加大政法督察力度，严肃查处各种违法违纪问题，努力建设一支忠诚于党和人民、组织纪律严明的政法队伍。

管理作为一个亘古不变的主题广泛地存在于现实的社会生活中。作为人类最基本活动之一的管理活动，其历史源远流长。人类历史的实践证明，有效的管理是一个国家，一个企业，一个学校、一个医院、一个家庭，乃至任何组织走向成功的基础之一。正如著名管理学家彼得·德鲁克所言，在人类历史上，几乎没有一种制度能像管理那样迅速兴起并产生巨大影响。在不到 150 年的时间里，管理已改变了世界上所有发达国家的社会与经济结构。管理细化为各种各样的管理：生产管理、城市管理、企业管理、经济管理、人力资源管理、财务管理、营销管理等等。监狱人民警察管理是管理结合监狱性质、警察职业特点对监狱人民警察实行纪律约束、规范行为的管理。

我国监狱人民警察是一支队伍庞大、任务繁多、工作极为重要的特殊群体，如何对这一特殊群体实施科学管理，使其熟悉我国监狱工作的基本路线、方针、政策和相关的法律法规，掌握监狱工作的基本知识和技能，能熟练从事行政管理、队伍建设、文书管理等工作，出色完成党和人民交给的光荣任务，是一个十分重要的问题。为了实现此任务，我们先从管理科学的基本概念和原理入手，联系警察工作的实际，从而揭示出警察管理的一般内容和规律。

第一节　管　理

管理是一门科学，同时是一门艺术，要掌握管理学的相关知识，必须首先了解管理的概念、性质、职能等问题，了解管理在社会实践中的地位和作用。

一、管理的概念

管理的概念是管理学中最基本的范畴和起始概念。管，其本义是指细长而中空之物，比如钥匙。其意表示有堵有疏，疏堵结合。即疏通、引导、促进、打开之意。理，本义为美玉的纹理，指顺玉的纹理而剖析，代表事物的道理、发展的规律，包含合理、顺理的意思。管理二字，意指疏堵结合，顺应规律而已。随着对管理研究的深入和细化，同时因为管理的广泛性和复杂性，研究人员对其研究的侧重点不尽相同，管理学家对管理所辖的定义也不尽相同。

科学管理之父——弗雷德里克·泰勒，美国古典管理学家，是科学管理的主要倡导人。他首创的科学管理制度对管理思想的发展有重大的影响。在其主要代表作《科学管理原理》中，泰勒强调，管理就是要"确切地知道要别人干什么，并注意他们用最好最经济的方法去干"。

亨利·法约尔，西方古典管理理论在法国的杰出代表。其名著《工业管理与一般管理》对西方管理理论的发展产生了深远的影响。法约尔认为：管理是所有的人类组织都有的一种活动，这种活动是由五项要素组成的：计划、组织、指挥、协调和控制。

1978年诺贝尔经济学奖获得者赫伯特·A. 西蒙，是美国管理学家和社会学科学家，在管理学、经济学、组织行为学、心理学、政治学、社会学、计算机科学等方面都有所造诣。西蒙在其代表作《管理决策新科学》中提出，"管理就是决策"。

彼得·德鲁克，其在管理哲学、管理原理、管理组织、高层管理等方面的深入研究和独到的见解奠定了他在管理学界的重要地位。德鲁克被认为是对当代西方影响最大的管理学家之一。他在代表作《管理：任务、责任、实践》中写道："管理是一种工作，它有自己的技巧、工具和方法；管理是一种器官，是赋予组织以生命的、能动的、动态的器官；管理是一门科学，一种系统化的并到处适用的知识；同时管理也是一种文化。"

管理学家从不同角度、不同侧面、不同意义上揭示了管理概念的某些内涵，综合归纳，我们认为，管理是指一定组织中的管理者，通过实施决策、计划、组织、控制等职能来协调他人的活动，合理配置组织内部的各种资源，以达到组织既定目标的过程。这个概念包含着以下几层意思，我们需要重点把握：

（一）管理是人类特有的一种实践活动

管理是人类文明发展的必然产物。伴随着人类社会的产生，人类只有通过共同集体协作和共同劳动，才能达到一定的目标。为保障活动的秩序性和高效性，管理必不可少。共同劳动规模的扩大为管理的快速发展提供了便利条件，管理的作用也日益强大。

（二）管理活动必须具有一个共同的行动目标

任何组织都是具备组织目标的组织，任何管理活动都是有目标的管理活动。管理是围绕着既定目标开展的，没有目标的活动不能称之为管理活动。不明确的组织目标、不实际的管理目标，是不会带来管理的高效率的。

（三）管理是一种有意识、有组织、有领导的活动

管理归根结底还是组织生产力，完成组织目标的过程。组织目标通过组织活动实现，组织活动需要人力去开展。所以管理的实质主要还是人的活动和处理人与人之间的关系，通过人的组织领导活动，有效使用组织资源，以最佳方式安排组织活动各个环节，从而达到组织活动的最大效益。

（四）管理是一种不断组织、协调、控制的动态过程

管理活动的实施是一个需要不断协调的过程。组织内部各成员各部门之间，各种活动和各构成要素之间，组织与外界之间，都需要不断地协调，以达到最优状态。同时管理活动在通过计划、组织、领导、控制等职能进行过程中，任何要素和环节都是动态发展的，所以协调、组织、控制是贯穿整个管理过程的，并且会随着组织内外环境的变化而变化。

（五）管理是一种系统活动

管理工作是一个系统工程。组织从来不是单独孤立的事物，而是由多种成分构成的复合体。组织内部各要素之间、组织内部与外部环境之间不断进行着信息交流与信息筛选，组织活动是一直处于变化中的人工开放系统。因此要对管理

进行全面的研究和系统的分析，从而达到总体最优化。

五个要点相互联系、有机结合，完整诠释出管理的内涵。

二、管理的性质

管理活动具有不同于其他活动的独特性质。管理首先是一种普遍的生产活动，它需要社会成员集体的参与，以及社会成员在劳动过程中产生的相互交往的必然性；其次，管理是一种特殊的时间活动。归纳综合，管理具有以下性质：

（一）管理的二重性

管理具有二重性，即自然属性和社会属性。

1. 管理的自然属性。管理的自然属性也称为管理的生产力属性，是指管理要处理人与自然的关系，要合理组织生产力，即有效组织共同社会劳动，进行计划、组织、领导、控制、监督工作，有效利用人力、物力和财力资源，实现组织既定目标。管理同生产力、社会化大生产相联系的特性，是社会协作过程本身的要求。随着社会生产的现代化发展，共同劳动的规模越来越大，对管理的要求越来越高，管理的作用就越发重要。

2. 管理的社会属性。管理的社会属性是指管理要处理人与人之间的关系，要体现生产资料占有者指挥劳动、监督劳动的意志。管理具有鲜明的阶级性，受一定生产关系、政治制度和意识形态的影响与制约。因此管理具有同生产关系、社会制度相联系的社会属性。

（二）管理的科学性

管理在产生和发展过程中形成了一套系统的管理理论和科学方法，并且借助现代化的科技手段不断研究和探索管理的目的、管理的组织、管理的高效，从而找出管理活动的基本规律和科学管理方法，并在管理活动中不断验证和丰富。管理的科学性主要表现在它以反映管理客观规律的管理理论和方法为指导，有一套分析问题、解决问题的科学的方法论。

（三）管理的艺术性

管理是一门科学，也是一门艺术。管理的艺术性强调的是管理的实践性，管理者必须因地制宜地将管理知识与具体管理活动相结合，同时还要有灵活的技巧。管理的艺术性是以科学性为基础和前提的，并对科学性的突破和创新。书本上的理论和知识不能保证管理活动的成功。管理人员必须在管理实践中，发挥积极性、主动性和创造性，灵活地将管理活动与管理知识相结合，才能有效地进行管理。

三、管理的职能

管理的职能即管理的职责和权限。虽然组织目标各不相同，管理要求各有特点，但管理的职能是共同的。管理是一项实践活动，是一项实际工作，是一种行动，其主导者是人，即管理者。不同的管理者在管理职能工作中，采用的程序往往具有某些类似、内容具有某些共性，比如计划、组织、控制等，学者对这些管理行为加以系统性归纳，逐渐形成了"管理职能"这一被普遍认同的概念。管理职能有一般职能和具体职能之分。管理一般职能即合理组织生产力和维护生产关系的职能。管理的具体职能是指一般职能在管理活动中的具体体现。

管理职能的划分其意义在于：管理职能把管理过程划分为几个相对独立的部分，在理论研究上能更清楚地描述管理活动的整个过程，有助于实际的管理工作，使管理人员更容易从事管理工作，大大提高效率。管理职能之间是相互联系、彼此连贯、互为补充的。

管理学者对管理的职能划分至今仍众说不一。如法约尔的五大职能、三大职能的观点、行为科学的四大职能、中国 MBA 的提法等。最早系统提出管理职能的是法国的法约尔。他提出管理的职能包括计划、组织、指挥、协调、控制五个职能，其中计划职能为他所重点强调。至今，当代管理学家对管理职能的划分，大体没有超出法约尔的范围。

我们认为，管理的职能主要包括如下几个方面：

（一）计划

计划是管理的首要职能，是人类行为特有的职能。计划就是事先对未来行为所作的安排。古人早就认识到计划的重要性，"凡事预则立，不预则废"就是有力的证明。马克思也曾经说过，"最蹩脚的建筑师从一开始就比最灵巧的蜜蜂高明的地方，是他在用蜂蜡建筑蜂房以前，已经在他自己的头脑中把它建成了"。建筑师在头脑中建筑房屋的过程就是一个计划的过程。

计划是管理的首要职能，是保证组织有效实现既定目标的重要职能。计划工作作为各项管理工作的起点和依据，首先必须明确目标。通过确立组织目标、目标的层层分解、责任明晰、措施到位，使组织的各项活动为总目标服务。计划不仅仅是目标管理的体现，制定计划还要考虑如何配备资源、利用资源、优化资源，同时还要兼顾政策、程序的制定。要对整个管理活动制定标准。通过标准控制行为，纠正偏差，评定组织效率。没有计划，显然是无法实施控制的。没有控制，组织目标也就难以实现。

（二）决策

所谓决策，就是指人们为了实现某一特定系统的目标，在占有信息和经验的基础上，根据客观的条件，提出各种备选的行动方案，借助科学的理论和方法，进行必要的计算、分析和判断，从中选择出一个最满意的方案，以之作为目前和今后的行动指南。概括地讲，决策就是针对预期目标，在一定条件的约束下，从诸多方案中选择一个方案并付诸实施。

决策在管理各职能中占有重要地位。决策是一个网络系统，由输入、处理、输出和反馈四个环节构成。决策是组织行动前必不可少的管理活动，决策正确与否，决定着组织行动的成败。决策的实质是对未来行动方向、路线、措施等的选择。正确的决策能指导组织沿着正确的方向前进，遇到困难可以采取有效的措施予以克服；错误的决策，会使组织走上错误的道路，发展下去可能导致组织的失败、消亡。因此决策正确，行动就成功了一半。现代企业管理认为，企业管理的重点在经营，而经营的核心是决策。

决策贯穿管理的全过程。无论是计划、控制、组织，还是领导、人事、激励，都离不开决策。每一个管理者都必须掌握和运用决策职能。一切管理人员都是决策者，都必须在自己的职责范围内作出决策，实施决策，不同的只是决策内容的差别而已。

（三）组织

组织是管理活动的基础和载体，是管理的基本职能。组织职能就是根据目标和计划的要求，按责权利关系将组织成员组合成一个分工协作的管理工作系统，实现人员、工作、物质条件与外部环境的优化组合，圆满达成预定的共同目标。

组织由三个基本因素构成：目标、部门和关系。其主要内容有：根据组织目标，在任务分工的基础上设置组织部门；根据各部门之间的任务性质和管理要求，确定各部门的工作标准、职权、职责；制定各部门之间的关系及联系方式和规范；等等。组织还是管理的基础性工作。任何部门、任何层次的管理者都首先表现为组织中各部门的人员构成部分；管理者进行管理的信息指令都要借助于组织各部门按特定次序传递；管理的目标要通过合理的组织设计和有效的组织行为来实现。

（四）领导

在组织中，领导者为实现组织目标，利用权威，用一定的方式、方法影响、指挥、引导组织成员，使成员之间信息沟通顺畅，相互理解，相互激励，为实现共同目标而努力。因为组织中各个成员的目标、需求、性格、素养、价值观等不尽相同，在相互合作过程中产生矛盾和冲突在所难免，因此，管理活动中领导必须引领整个管理活动。

（五）协调

协调职能，是指组织领导者从实现组织的总体目标出发，依据正确的政策、原则和工作计划，运用恰当的方式方法，及时排除各种障碍，理顺各方面关系，促进组织机构正常运转和工作平衡发展的一种管理职能。法约尔认为，协调即和谐。和谐要求组织上下级之间、同级之间、部门与外部环境之间，关系融洽，协调得当。

人、财、物、技术、信息等构成组织的共同要素。组织正常运转，必须根据经营目标，对各生产要素进行统筹安排和全面调度，使各要素间能够均衡配置，各环节相互衔接、相互促进。部门及部门每个员工必须准确认识自己在完成组织共同目标方面所应须承担的工作以及所应提供的彼此协助。必须反对各自为政、互不通气和不顾组织整体利益的行为。同时组织是开放的系统，在其运转过程中，必然要与外部环境发生多种关系，这些关系处理得是否得当，关系到企业能否正常运转。所以管理者必须正确处理好这些关系，为组织正常运转创造良好的条件和环境。

只有把组织内部和外部这些方面的关系都协调好了，才能创造良好的内外部环境，保证计划、决策的顺利推行和组织目标的最终实现。

（六）控制

人们在执行计划过程中，由于受到各种因素的干扰，常常使实践活动偏离原来的计划。为了保证目标及因此而制订的计划得以实现，就需要有控制职能。所谓控制就是监视各项活动以保证他们按计划进行并纠正各种偏差的过程。

控制职能与计划职能紧密相关。控制的实质就是使实践活动符合计划，计划就是控制的标准。控制工作首先要制定明确的控制标准，如数量、定额、指标、规章制度、政策等；其次，管理者必须及时获得偏差信息，了解偏差信息是控制工作的关键环节；最后，管理工作要落脚在实处，即找出问题，分析原因，及时采取矫正措施。

 ## 第二节 管理理论形成和发展

管理实践活动是伴随着人类共同劳动而产生的，并且在长期实践基础上有了逐步的积累上升为经验的总结，成为一定的理论体系。这是一段比较漫长的历史发展过程。人类社会文明发展的初期，由于生产力低下，生产工具简陋，人们必须互相联合，协同行动，才能得以生存。随之，社会进步和生产力水平提高为协作规模的扩大和管理的发展提供了必要条件。伴随管理活动日益发展而来的是各种朴素管理思想的诞生。欧洲产业革命的爆发，工厂体制的逐步建立，使处于萌芽状态的管理思想得到了本质性的发展。现代化社会大生产的管理实践总结继承与发展了传统的管理思想，以势不可当之势蓬勃发展。二战后管理理论发展的"丛林"状态说明了管理理论的繁荣与昌盛。在这一阶段，新的管理著作不断涌现，研究热点层出不穷，出现了一批思想卓越的管理论著。自20世纪80年代又出现了许多新兴的管理理论。因此了解管理理论的形成和发展过程，是学习管理学的理论基础，也为警察管理的学习提供必要的帮助。

一、管理理论的萌芽

中国传统的管理思想是在大量的劳动实践中积累和提炼的。例如，素以世界奇迹著称的万里长城、隋朝的大运河等，其宏伟的建设规模足以生动地证明人类早期的管理和组织能力。这些浩大的工程，没有一套相应完善的组织管理手段是完不成的。据史料记载，万里长城的修建过程中，劳工饮食所用的食盐、面粉、水的比例都有严格规定。唐朝刘晏的漕运改革亦是一大创举。种种事例证明，中国传统的管理思想在蕴含劳动人民勤劳智慧的伟大工程中得到了充分的实践。

西方管理理论的萌芽是在18世纪末期。管理理论首先在工业革命比较集中的英国发展起来。19世纪中叶，工业革命浪潮转向了美国，美国的科学管理呈现蓬勃发展的态势。这期间，许多理论家，特别是经济学家，在其著作中越来越多地涉及有关管理方面的问题。例如塞缪尔·纽曼在1835年出版的《政治经济学原理》、亚当·斯密在1776年出版的《国民财富的性质和原因的研究》、查尔斯·巴比奇在1832年出版的《机器与制造业经济学》等，这些著作概括起来，表现的管理思想主要是关于管理职能、劳动分工、动作工时、专业化分工等方面的研究。这些管理思想虽然不系统、不完善，也没有形成比较完整的管理理论体系，但是对于促进生产的发展和科学管理理的产生，都产生了积极影响。

二、古典管理理论

从19世纪末到20世纪初，由弗雷德里克·温斯洛·泰勒（Frederick Winslow Taylor，1856～1915）发起的科学管理革命引起了古典管理理论的产生。古典管理理论是人类历史上第一次用科学方法探讨管理问题所取得的丰硕成果，是生产力发展到一定历史阶段的必然产物。古典管理理论作为一个完整的体系，集管理理念、管理技术和管理方法于一体，对企业管理实践有着强大的指导意义。它犹如一只有形的手，科学有效地调动和配置企业的各种资源，在适应生产力发展要求的同时，促进了生产力的进一步发展。代表人物弗雷德里克·温斯洛·泰勒、亨利·法约尔、马克斯·韦伯从三个不同角度，即车间工人、办公室总经理和组织来解决企业和社会组织的管理问题，为当时的社会解决企业组织中的劳资关系、管理原理和原则、生产效率等方面的问题提供了管理思想的指导和科学理论方法。

（一）泰勒的科学管理理论

泰勒出生在美国费城一个富裕的律师家庭，接受过良好的早期教育，幼年就爱好科学研究和实验。由于健康原因，他18岁辍学，之后进入钢铁厂当技工，由于工作努力，从一般工人先后被提升为工长、车间主任、设备维修总负责人、总制图师，1884年被提升为总工程师。泰勒的这些经历，使他有充分的机会去直接了解工人的种种问题和态度，并看到提高管理水平的极大可能性。在工作期间，泰勒发现生产一线的工人存在故意"磨洋工"现象，工人工作效率很低。他认为工人"磨洋工"有三个原因：①工人们害怕不断增长的生产带来失业；②雇主提高产量后就降低计件单价，造成工人不愿多做工作；③工厂没有给工人提供科学的工作方法。这些观察和分析，成为科学管理理论构建的起点。为此，泰勒从1880年进行了搬铁块、铲掘和金属切削一系列实验，进行了长期的管理实践，总结出一些管理原理和方法，将它们系统化，形成了科学管理理论。泰勒本人也因为对管理的卓越贡献而被称为"科学管理之父"。其标志性著作为1911年出版的《科学管理原理》一书，这本书讲述了应用科学方法确定从事一项工作的"最佳方法"，使管理从经验变为科学，成为管理学发展的里程碑。反映他的"科学管理"思想的主要著作还有《计件工资制度》（1895年）、《车间管理》（1903年）。

科学管理的主要内容为：

1. 制定科学的作业方法。泰勒认为工人提高劳动生产力的潜力是非常巨大的。提高的方法就是把工人多年积累的经验知识和传统技巧归纳整理并结合起来，然后进行分析比较，从中找出共性和规律性的东西，将其标准化，这样就形成了科学的方法。首先通过实验进行动作时间分析，确定标准作业时间、标准工作量。其次在科学管理的情况下，实行工具标准化、操作标准化、劳动动作标准化、劳动环境标准化等标准化管理，保证工人提高效率、提高劳动生产力。

2. 科学地选择和培训工人。泰勒指出，人有不同的天赋和能力，只要工作合适，都能成为第一流的工人。所谓一流的工人，就是那些最适合又最愿意干某种工作的人。科学的挑选工人并不断培训，才能发挥人的潜能，促进劳动生产率的提高。泰勒指出：如果仔细挑选了最适宜于干这类活计的工人，而又发现了干活的科学规律，仔细选出来的工人已培训得能按照科学方法去干活，那么所得的结果必然会比那些在"积极性加刺激性"的计划下工作的结果丰硕得多。

3. 实行有差别的计件工资制。泰勒认为，现行工资制度所存在的共同缺陷，就是不能充分调动职工的积极性，不能满足效率最高的原则。于是泰勒在1895

年提出了一种刺激性的薪酬制度——差别工资制。其主要内容为设立专门的制定定额部门、制定差别工资率（即按照工人是否完成定额而采用不同的工资率）、工资的支付根据技能和工作而不是职务和工种。为此，泰勒在总结差别计件工资制实施情况时说："制度（差别计件工资制）对工人士气影响的效果是显著的。当工人们感觉受到公正的待遇时，就会更加英勇、更加坦率和更加诚实，他们会更加愉快地工作，在工人之间和工人与雇主之间建立互相帮助的关系。"

4. 将计划职能与执行职能分开。泰勒主张要均分资方和工人之间的工作和职责，要把计划职能与执行职能分开并在企业设立专门的计划机构，即让资方承担管理职责，工人承担执行职责。进一步明确资方与工人之间、管理者与被管理者之间的关系。泰勒的这种管理方法使得管理思想的发展向前迈出了一大步，将分工理论进一步拓展到管理领域。

5. 实行职能工长制。泰勒认为在传统组织下工长应具有以下素质，即教育、专门知识或技术知识、机智、充沛的精力、毅力、诚实、判断力或常识、良好的健康情况等。但是每一个工长不可能同时具备这九种素质。因此，为了使工长职能有效地发挥，就要进行更进一步的细分，使每个工长只承担一种管理职能。这种情况下，工人不再听一个工长的指挥，而是每天从八个不同的工长那里接受指示和帮助。尽管泰勒认为职能工长制有许多优点，但后来的事实证明，这种单纯"职能型"的组织结构容易形成多头领导，造成管理混乱。所以，泰勒的这一设想虽然对以后职能部门的建立和管理职能的专业化有较大的影响，但并未真正实行。

6. 在管理上实行例外原则。泰勒认为，规模较大的企业不能只依据职能原则来组织和管理，而必须应用例外原则。所谓例外原则，是指企业的高级管理人员把一般的日常事务授权给下级管理人员去负责处理，而自己只保留对例外事项、重要事项的决策和监督权，如重大的企业战略问题和重要的人员更替问题等。泰勒提出的这种以例外原则为依据的管理控制方式，后来发展为管理上授权原则、分权化原则和实行事业部制等管理体制。

泰罗的科学管理理论的影响是广泛而深远的。科学管理促进了当时工厂管理的普遍改革，科学管理方法逐步代替了单凭经验的方法，并形成了一套管理制度，使得美国一些主要企业得以长期发展。科学管理理论对以后的管理理论的发展也产生了深远的影响。

（二）法约尔的一般管理理论

法约尔是西方古典管理理论在法国的杰出代表。他所提出的一般管理理论对西方管理理论的发展有重大影响，成为后来管理过程学派的理论基础。1916 年，法约尔的《工业管理和一般管理》出版。法约尔由此被誉为"经营管理之父"。虽然法约尔与泰勒有着完全不同的人生经历，但他也一直处在企业管理的中高层，漫长而成绩卓著的经营管理生涯使他对企业管理有更加宽阔的视野和更高层次的认识。法约尔出生在法国一个小资产者家庭，大学毕业后被一家矿业公司任命为矿井工程师，后来当公司处于破产边缘时被任命为总经理。从此，他得以按照自己的管理思想和管理理论对公司进行改革和整顿，调整了公司内部的矿业结构，通过关闭、兼并等手段使公司恢复了活力，并培养出一批技术和管理骨干。他还担任过法国陆军大学和海军学校的管理学教授，并对法国的许多公共机构做过管理调查和研究。退休后，他一直致力于管理问题的研究、宣传和讲授。

法约尔的管理理论是以企业整体为研究对象，研究的是一般的管理原则和方法。这大大不同于以生产管理为研究对象的泰勒的科学管理理论。法约尔在泰勒理论的基础上，大大充实和明确了管理的概念。他认为，企业的经营有六项不同的职能，管理只是其中的一项。这六项职能是：技术职能、商业职能、财务职能、安全职能、会计职能和管理职能。其中管理职能包括计划、组织、指挥、协调、控制等。他强调，管理在企业经营活动中处于核心地位，是企业、政府甚至家庭中的一种共同活动。

法约尔第一次对管理的一般职能做了明确的划分，第一次对管理要素进行了分析，使其形成了一个完整的管理过程，因此，他被称为管理过程学派的创始人。

法约尔十分重视管理原则的系统化。他努力探求确立企业良好的工作秩序的管理原则，并根据自己长期的管理经验，提炼出十四项原则。

1. 劳动分工原则。法约尔认为，劳动分工属于自然规律。通过一定限度的分工来提高管理工作的效率。

2. 权利与责任原则。著名的权力与责任相符的原则提出，有权力就有责任。责任是权力的孪生物，是权力的当然结果和必要补充。法约尔认为，要贯彻权力与责任相符的原则，就应该有有效的奖励和惩罚制度，实际上就是我们讲的责、权、利相结合的原则。

3. 纪律原则。法约尔认为纪律是一个组织兴旺发达的关键，没有纪律，任何一个组织都不能发展。

4. 统一指挥原则。一个下级人员只能接受一个上级的命令。如果两个领导人同时对同一个人或同一件事行使他们的权力，就会出现混乱。统一指挥原则讲的是组织机构设置后的运转问题，即当组织机构建立起来以后，在运转的过程中，一个下级不能同时接受两个上级的指令。

5. 统一领导原则。一个下级只能有一个直接上级。统一领导原则讲的是组织机构设置的问题，即在设置组织机构的时候，一个下级不能有两个直接上级。

6. 个人利益服从整体利益原则。不能将一个人或一个部门的利益置于整个企业利益之上。领导人的坚定性和好的榜样、尽可能签订公平的协议、认真地监督是此原则成功的法宝。

7. 人员报酬原则。人员的报酬首先要考虑的是维持职工的最低生活消费和企业的基本经营状况，这是确定人员报酬的一个基本出发点。在此基础上，再考虑根据职工的劳动贡献来决定采用适当的报酬方式。无论采用何种报酬方式，要尽可能地使职工和公司双方都满意。

8. 集中原则。法约尔指的是组织的权力的集中与分散的问题。企业集权与分权的程度是要根据企业的规模、条件和经理人的个性、道德、品质，以及人员的可靠性等因素来确定。

9. 等级制度原则。等级制度就是从最高权力机构到低层管理人员的领导系列。贯彻等级制度原则就是要在组织中建立这样一个不中断的等级链。等级链表明组织中的权力关系和信息传递的渠道。贯彻等级制度原则，有利于组织加强统一指挥原则，保证组织内信息联系的畅通。

10. 秩序原则。法约尔所指的秩序原则包括物品的秩序原则和人的社会秩序原则。贯彻物品的秩序原则就是要使每件物品都在它应该放的位置上。贯彻社会秩序原则就是要确定最适合每个人的能力发挥的工作岗位，然后使每个人都在最能使自己的能力得到发挥的岗位上工作。

11. 公平原则。所谓公平原则就是公道的基础上加上善意地对待职工。即在贯彻公道原则的基础上，要根据实际情况对职工的劳动表现进行善意的评价。

12. 人员稳定原则。一个人要适应他的新职位，并做到能很好地完成他的工作，这需要时间。要使一个人的能力得到充分的发挥，就要使他在一个工作岗位上相对稳定地工作一段时间，使他能有一段时间来熟悉自己的工作，了解自己的工作环境，并取得别人对自己的信任

13. 首创精神原则。法约尔认为人的自我实现需求的满足是激励人们的工作热情和工作积极性的最有力的刺激因素。对于领导者来说，"需要极有分寸，并要有某种勇气来激发和支持大家的首创精神"。

14. 集体精神原则。法约尔认为管理者需要确保并提高劳动者在工作场所的士气，培养个人和集体积极的工作态度，努力在企业内部建立和谐与团结的气氛。

法约尔认为，上述14条原则只是显示管理理论的一些"灯塔"，它能使人辨

明方向，问题在于懂得使用它，"他只能为那些知道通往自己目的地道路的人所利用"。

（三）马克斯·韦伯的行政组织理论

马克斯·韦伯是德国社会学家和经济学家，是德国古典管理理论的代表人物。他在其代表作《社会组织和经济组织理论》中，最早提出了一套比较完整的行政组织理论体系，因此被称为"组织理论之父"。

行政组织体系又被称为官僚政治或官僚主义。韦伯认为，合法型统治是官僚组织结构理论的基础，因为它为管理的连续性提供了基础，担任管理职务的人员是按照他对工作的胜任能力来挑选的，具有其合理性；领导人具有行使权力的法律手段；所有的权力都有明确的规定，任职者不能滥用其正式权力。合法型统治是以一种对正规形式的"法律性"以及对那些升上掌权地位者根据这些条例发布命令的权力的信任作为基础的。这种组织的管理制度不仅具有合法的公认权威性，并且具有"理性"，即能够实现最佳管理目标。

韦伯指出，任何组织都必须有某种形式的权力作为基础，才能实现目标。只有权力，才能变混乱为有序。如果没有这种形式的权力，其组织的生存都是危险的，更谈不上实现组织的目标了。权力划分为三种：①理性合法的权力。它指的是依法任命，并赋予行政命令的权力。②传统的权力。它是以古老的、传统的、不可侵犯的和执行这种权力的人的地位的正统性为依据的。③超凡的权力。这种权力是建立在对个人的崇拜和迷信的基础上。

传统的权力是依靠世袭得来，而不是按能力挑选的，其管理是为了保存过去的传统；传统权力的效率则较差。超凡的权力则过于带感情色彩；并且是非理性的，不是依据规章制度，而是依据神秘或神圣的启示。只有理性合法的权力才适宜作为理想组织体系的基础，才是最符合理性、高效率的组织结构形式。理想的行政组织体系应具有以下特征：

1. 确定的目标。机构是根据明文规定的规章制度组成的，并具有确定的组织目标。人员的一切活动，都必须遵守一定的程序，其目的是为了实现组织的目标。

2. 明确的分工。组织为了达到目标，把实现目标的全部活动进行划分，然后落实到组织中的每一个成员。每个成员都有明确的权力和责任。

3. 自上而下的等级制度。组织内职务和职位按等级制度的体系进行划分，下级人员必须接受上级人员的控制和监督，必须服从上级。

4. 人员实行委任制。

5. 职业管理人员。每一个职位上的人都是经过考试和培训挑选出来的。人员必须是称职的，同时也不是可以随便免职的。

6. 遵守规则和纪律。管理人员必须严格地遵守组织中的法规和纪律。组织对每个成员的职权和协作范围都有明文规定，使其能正确地行使职权，从而减少内部的冲突和矛盾。

7. 组织中人与人之间的关系是一种指挥和服从的关系。

8. 管理人员严格的考核制度。管理人员有固定的薪金，并且有明文规定的升迁制度，有严格的考核制度。通过这种制度来培养组织成员的团队精神，要求他们忠于组织。

（四）古典管理理论的系统化

古典管理理论主要包括泰勒的科学管理原理、法约尔的一般管理理论和韦伯的科层管理理论。由于他们研究的角度不同，需要将他们的思想和论点归纳起来，使古典管理理论形成一个框架完整、饱满充实的理论体系。完成这项工作并集大成者是英国管理学者林德尔·厄威克和美国管理学者卢瑟·古利克，他们将古典管理理论系统化，使古典管理理论发扬光大。

厄威克的主要著作有《管理的要素》、《组织的科学原则》、《管理科学文集》等，其代表作是《行政管理科学》。他将管理科学理论和古典组织理论结合起来，继承了泰勒关于管理过程要以实践和科学调查为基础的指导理论，又融汇了法约尔等人的管理职能和管理原则的分析，自己也重新发展和分析了控制职能。

古利克对古典管理理论的综合集中体现在他与厄威克合编的《管理科学文集》中，该书汇集和反映了管理学出现的主要观点和思想，还在关于管理职能论述的基础上，发展并形成了新的七职能说，即计划、组织、人事、指挥、协调、报告和预算。

三、行为科学理论

行为科学理论是管理学发展的第二个阶段的标志。它的研究始于20世纪20年代末30年代初的霍桑实验，真正发展在20世纪50年代。行为科学理论在突破古典管理理论"经济人"假设的研究前提下，将管理的重点转向了管理中唯一的主动因素——人。古典管理理论的杰出代表泰勒、法约尔等人在不同的方面对管理思想和管理理论的发展做出了卓越的贡献，并且对管理实践产生深刻影响，但是他们有一个共同的特点，就是都着重强调管理的科学性、合理性、纪律性，而未给管理中人的因素和作用以足够重视。古典管理理论，认为人的工作动机和行为仅仅为金钱收入等物质利益所驱使，较少考虑到人的主动性。基于这种认识，工人被安排去从事固定的、枯燥的和过分简单的工作，成了"活机器"。

从 20 年代美国推行科学管理的实践来看，泰勒制在使生产率大幅度提高的同时，也使工人的劳动变得异常紧张、单调和劳累，因而引起了工人们的强烈不满，并导致工人的怠工、罢工以及劳资关系日益紧张等事件的出现；另一方面，日益发展的科学技术，主体工人逐步具有较高文化水平和技术水平等现象的出现，使得发展古典管理理论，产生行为科学理论成为必要。

（一）人际关系理论

1924～1932 年，以美国哈佛大学心理学教授埃尔顿·梅奥为首的一批学者在美国芝加哥西方电气公司所属的霍桑工厂进行了一系列心理学实验，史称霍桑实验。

霍桑工厂是一个制造电话交换机的工厂，具有较完善的娱乐设施、医疗制度和养老金制度，但工人们仍愤愤不平，生产成绩很不理想。为找出原因，美国国家研究委员会组织研究小组开展实验研究。

1. 照明实验。1924 年 11 月，霍桑工厂内的研究者在本厂的继电器车间开展了厂房照明条件与生产效率关系的实验研究。研究者预先设想，在一定范围内，生产效率会随照明强度的增加而增加。经过 2 年多的实验发现，照明度的改变对生产效率并无影响。具体结果是：当实验组照明度增大时，实验组和控制组都增产；当实验组照明度减弱时，两组依然都增产，甚至实验组的照明度减至 0.06 烛光时，其产量亦无明显下降；直至照明减至如月光一般、实在看不清时，产量才急剧降下来。研究人员面对此结果感到茫然，失去了信心。随后，研究者又试验不同的工资报酬、福利条件、工作与休息的时间比率等对生产效率的影响，也没有发现预期的效果。

从 1927 年起，以梅奥教授为首的一批哈佛大学心理学工作者应邀参与这项工作，实验继续进行。

2. 福利实验（继电器装配实验）。实验目的总的来说是查明福利待遇的变换与生产效率的关系。梅奥等人以"继电器装配组"和"云母片剥离组"女工为被试实验组，通过改变或控制一系列福利条件重复了照明实验。结果发现，在不同福利条件下，工人始终保持了高产量。研究者从这一事实中意识到，工人参与试验的自豪感极大地激发了其工作热情，促使小组成员滋生出一种高昂的团体精神。这说明职工的士气和群体内的社会心理气氛是影响生产效率的更有效的因素。

3. 访谈实验。梅奥等在 1928～1932 年，又对厂内 2100 名职工进行了采访，开展了一次涉及面很广的关于士气问题的研究。起初，他们按事先设计的提纲提问，以了解职工对工作、工资、监督等方面的意见，但收效不大。后来的访谈改由职工自由抒发意见。由于采访过程既满足了职工的尊重需要，又为其提供了发泄不满情绪和提合理化建议的机会，结果职工士气高涨，产量大幅度上升。

4. 群体实验（装配实验）。为了探索群体内人际关系与生产效率之间的联系，研究者在1931~1932年进行了对群体的观察研究。梅奥等人在这个试验中选择14名男工人在单独的房间里从事绕线、焊接和检验工作，对这个班组实行特殊的工人计件工资制度。

实验者原来设想，实行新的奖励办法会使工人更加努力工作，以便得到更多的报酬。但观察的结果发现，产量只保持在中等水平上，每个工人的日产量平均都差不多，而且工人并不如实地报告产量。经过深入的调查发现，这个班组为了维护他们群体的利益，自发地形成了一些规范。他们约定，谁也不能干的太多，突出自己；谁也不能干的太少，影响全组的产量，并且约法三章，不准向管理当局告密，如有人违反这些规定，轻则挖苦谩骂，重则拳打脚踢。进一步调查发现，工人们之所以维持中等水平的产量，是担心产量提高，管理当局会改变现行奖励制度，或者裁减人员以使部分工人失业，或者会使干得慢的伙伴受到惩罚。

这一实验表明，为了维护班组内部的团结，可以放弃物质利益的引诱。由此提出"非正式群体"的概念，认为在正式的组织中存在着自发形成的非正式群体。这种非正式群体内既有无形的压力和自然形成的默契，也有自然的领导人，它约束着每个成员的行为，加强了群体内部的协作关系。

通过在霍桑工厂的一系列实验，获得了丰富的研究资料，为人际关系理论的形成及后来行为科学的发展奠定了基础。霍桑试验结束后，梅奥等人对实验结果进行了总结，提出了与古典管理理论不同的新观点、新思想。其主要内容有三：

1. 社会人理论。霍桑实验表明，经济因素只是第二位的东西，社会交往、他人认可、归属某一社会群体等社会心理因素才是决定人工作积极性的第一位的因素。霍桑试验最重要的贡献就是将研究的方向引向管理中的社会问题。

2. 非正式组织理论。正式组织是指为了实现企业总目标而具有明确职能的机构。与正式组织相对的就是非正式组织。非正式组织是人们在共同工作、生活过程中，由于情感交流、兴趣爱好相近等原因形成的一种非正式团体。非正式团体区别于正式团体最大的一点是，非正式团体中每个成员都自觉遵守团体所形成的各种行为规范，而非强制性。非正式组织与正式组织相辅相成，共同为组织服务。

3. 新型的人际关系领导理论。霍桑实验表明，士气，也就是工人的满意感等心理需要的满足才是提高工作效率的基础，工作方法、工作条件之类的因素只是第二位的东西。新型的领导者必须能理解工人各种逻辑的和非逻辑的行为，善于倾听意见和进行交流，并借此来理解工人的感情，培养一种在正式群体的经济需要和非正式群体的社会需要之间维持平衡的能力，使工人愿意为达到组织目标而协作和贡献力量。

（二）激励理论

激励理论是西方行为科学理论的核心。行为科学认为，人的动机来自需要，由需要确定人们的行为目标，激励则作用于人内心活动，激发、驱动和强化人的行为。激励水平越高，完成目标的努力程度和满意度也越强，工作效能就越高；反之，激励水平越低，则缺乏完成组织目标的动机，工作效率也越低。

管理学界十分重视激励理论的研究，主要包括以下几个方面：

1. 马斯洛需要层次论。1943 年，美国心理学家亚伯拉罕·马斯洛在《人类激励理论》论文中提出需求层次论，后来由美国心理学家阿尔德弗和麦克利兰发展了此理论。

马斯洛指出，人的行为是由动机引起的，而动机又是由人的需要而决定的。因此，管理者必须从需要出发激励人的行为。马斯洛认为，人类的需要是分层次的，由低到高。它们是：生理需要、安全需要、社交需要、尊重需要、自我实现需要。各种需要之间有先后顺序与高低层次之分。低层次需要一旦等到满足，其激励作用就会消失，于是人们会把需求上升到高一层次的需要。

（1）生理需要。生理需要是人类最原始、最基本的需要，它是维持人们生命所必须的。

（2）安全需要。生理需要满足后，人们就会产生劳动安全、职业安全、生活稳定有保障等要求。

（3）社会需要。社会需要是在前两种需要得到满足后能起到激励作用的需要，也称为归属于爱的需要。它包括感情、友谊、群体归属感和社会承认等。这种需要与人的性格、经历、民族、生活区域、生活习惯、宗教信仰等都有关系，无法明确。

（4）尊重需要。尊重需要包括自我尊重、自我评价和尊重别人，一般指权力、工作地位、社会身份、个人声誉、上级器重等。

（5）自我实现的需要。自我实现的需要是指人希望最大可能地实现自我和充分发挥自己潜能的欲望，包括自我成就、自我发展以及创造力的充分发挥。

2. 郝茨伯格的双因素理论。双因素理论又称为激励保健理论，是由美国行为科学家弗雷德里克·郝茨伯格提出的。

20 世纪 50 年代末期，赫茨伯格和他的助手们在美国匹兹堡地区对 200 名工程师、会计师进行了调查访问。访问的问题有两个：①工作中哪些事项让他们感到满意，满意产生的积极情绪持续多长时间？②哪些事项让他们感到不满意，这种消极情绪持续多长时间？根据搜集的材料，郝茨伯格发现，使职工感到满意的都是属于工作本身或工作内容方面的；使职工感到不满的，都是属于工作环境或工作关系方面的。他把前者叫作激励因素，后者叫作保健因素。

保健因素只是消除了不满意，并不会导致积极的态度，而是形成了某种既不是满意、又不是不满意的中性状态。保健因素包括公司政策、管理措施、监督、人际关系、物质工作条件、工资、福利等。激励因素能带来积极态度、满意和激励作用，包括：成就、赏识、挑战性的工作、增加的工作责任，以及成长和发展的机会。同时，赫茨伯格提出，激励因素和保健因素都有若干重叠现象。如赏识属于激励因素，基本上起积极作用；但当没有受到赏识时，又可能起消极作用，这时又表现为保健因素。工资是保健因素，但有时也能产生使职工满意的结果。

3. 亚当斯的公平理论。美国心理学家约翰·斯塔西·亚当斯在1965年提出该理论，主要是研究人的动机和知觉关系的一种激励理论。该理论指出，员工的激励程度来源于对自己和参照对象的报酬和投入的比例的主观比较感觉。

公平理论的基本观点是，当个人因为成绩而有所报酬后，他会进行横向比较和纵向比较来确定自己所获得的是否合理，比较结果直接影响今后工作的积极性。

横向比较，即一个人要将自己获得的"报偿"（包括金钱、工作安排以及获得的赏识等）与自己的"投入"（包括教育程度、所作努力、用于工作的时间、精力和其他无形损耗等）的比值与组织内其他人作社会比较，只有相等时他才认为公平。

纵向比较，即把自己目前投入的努力与目前所获得报偿的比值，同自己过去投入的努力与过去所获报偿的比值进行比较，只有相等时他才认为公平。

当他经过比较感觉不公平待遇时，就会苦恼、紧张，采取措施消除不公平感。比如，要求增加收入或者减少努力程度，最终导致工作效率降低。

4. 期望理论。著名心理学家和行为科学家维克托·弗鲁姆（Victor H. Vroom）于1964年在《工作与激励》中提出该理论。弗鲁姆认为，人总是渴求满足一定的需要并设法达到一定的目标。这个目标在尚未实现时，表现为一种期望，这时目标反过来对个人的动机又是一种激发的力量，而这个激发力量的大小，取决于目标价值（效价）和期望概率（期望值）的乘积。

所以要激励员工，就必须让员工明确：①工作能提供给他们真正需要的东西；②他们欲求的东西是和绩效联系在一起的；③只要努力工作就能提高他们的绩效。

四、现代管理理论

第二次世界大战以后，随着现代科学技术日新月异的发展，生产社会化程度的日益提高，社会化大生产要求管理改变孤立、单因素、片面的研究方式，而形成全过程、全方位、全员式的系统化管理。此阶段人们对管理理论普遍重视，管理思想越来越借助于多学科交叉作用，经济学、数学、统计学、社会学、人类学、心理学、法学、计算机科学等各学科的研究成果越来越多地应用于企业管理，出现了许多新的管理理论和管理学说，并形成了众多的流派。在历史渊源和内容上相互影响和相互联系，形成了盘根错节、争相竞争的局面，被美国著名管理学家孔茨称为"管理理论的丛林"。孔茨把当时的各种管理理论划分为六个学派。

1. 管理过程学派。管理过程学派的创始人是法约尔，其代表人物包括孔茨、奥唐奈，其主要观点是把管理学说与管理职能联系起来，专门研究管理过程和管理职能。法约尔认为管理的职能有五个：即计划、组织、协调、激励和控制。这五种管理职能构成了管理的完整过程。

孔茨和奥唐奈合著的《管理学》是战后这一学派的代表作。他们认为管理人员的职能有计划、组织人事、指挥、控制五种，并按此来分析、研究、阐述管理理论。

2. 经验学派。经验学派的代表人物是德鲁克、戴尔，主张通过分析经验、案例来研究管理问题。通过分析、比较，研究各种各样的成功和失败的管理经验，就可以抽象出某些一般性的管理理论或管理原理，以助于学生或从事实际工作的管理人员来学习和理解管理学理论，使他们更有效地从事管理工作。

3. 系统管理学派。系统管理学派强调以系统的观点来研究管理问题。系统管理学派认为，组织是一个由若干要素组成、为环境所影响的并反过来影响环境的开放的系统。它是一个由目标和价值、结构、技术、社会心理、管理等五个分系统组成的系统。必须以整个组织系统为研究管理的出发点，综合运用各个学派的知识，研究一切主要的分系统及其相互关系。

4. 决策理论学派。决策理论学派的代表人物是西蒙，他认为，管理就是决策；管理活动的全部过程都是决策过程，管理是以决策为特征的；决策是管理人员的主要任务，管理人员应该集中精力研究决策问题。西蒙将决策分为程序性决策和非程序性决策，他的研究重点是非程序性决策，提倡用电子计算机模拟人类思考以解决决策问题。

5. 管理科学学派。管理科学学派是运用数学模型和计算机技术来进行管理决策，以提高经济效益。管理科学学派主张用数学符号和公式进行计划决策和解决管理中的问题，求出最佳方案，实现企业目标；经营管理是管理科学在管理中的应用；信息情报系统就是由计算机控制的向管理者提供信息情报的系统。管理科学学派认为，在研究和解决管理问题时，要着重强调合理性、定量分析。

6. 权变理论学派。权变理论学派认为，管理没有绝对正确的方法，采用何种理论和方法，要视组织的实际情况而定，即所谓"权宜应变"。权变理论学派并不排斥哪一个学派，而是认为每个学派的理论都是可取的。权变理论学派强调随机应变，主张灵活运用各个学派的观点，为管理学的发展做出了一定的贡献。

五、管理理论新发展

20世纪六七十年代以来，西方管理学界出现了许多新的管理理论，这些理论思潮代表了管理理论发展的新趋势。

1. 企业战略。企业战略产生于20世纪六七十年代的美国，它是有关企业长远和全局发展的谋划和策略。战略管理就是根据对企业经营条件和外部环境的分析，确定企业总的经营宗旨和经营目标，并制定一种或几种有效的战略，使企业达到经营宗旨和经营目标所采取的一系列管理决策和行动。企业战略管理的核心是对企业现在和未来的整体效益活动进行全局性管理，其内容包括从阐明企业战略的任务、目标、方针、到战略实施的全过程，这个过程由战略制定、战略实施和战略评价及控制所组成。

2. 企业文化。企业文化是20世纪80年代以来企业管理科学理论丛林中分化出来的一个新理论。企业文化理论发源于美国，而企业文化的实践却首先在日本得到较快的发展。日本之所以能在"战后"一片废墟中迅速发展起来，起主导作用和关键作用的是日本培养并充分利用了自己独特的企业文化。这种文化使企业很好地顺应国内国际社会的变化和发展，在企业内部也造成了巨大的凝聚力，从而形成了极强的竞争力。

企业文化是指在生产经营和管理活动中所创造的具有本企业特色的精神财富及其物质形态。它由三个部分组成：

（1）企业精神。企业精神是企业文化的核心，是呈现观念形态的价值观、理想和信仰等。

（2）制度文化。它是企业文化的中间层，是把企业精神和物质文化二者联系起来，使企业文化制度化、规范化的行为准则。

（3）物质文化。它是企业文化的外围层，是物质形态的产品设计、产品质量、厂容厂貌、员工服饰等，它是企业文化外在形象的具体体现。

企业文化的功能主要表现在：企业文化对企业员工的思想和行为起着导向作用；对企业员工具有凝聚力和激励作用；对员工行为具有约束和辐射作用。

3. 学习型组织。1990 年，美国麻省理工学院斯隆管理学院的彼得·圣吉教授出版了他的享誉世界之作：《第五项修炼：学习型组织的艺术与实践》，引起世界管理界的轰动。从此，建立学习型组织、进行五项修炼成为管理理论与实践的热点。

（1）培养组织成员的自我超越意识。自我超越包括三方面的内容：①建立愿景（指一种愿望、理想、远景或目标）；②看清现状；③实现愿景。即组织中的每一成员都要看清现状与自己的愿景间的距离，从而产生出"创造性张力"，进而能动地改变现状而达到愿景。原先的愿景实现后，又培养起新的愿景。随着愿景的不断提升，又产生出新的"创造性张力"。显然，组织成员的自我超越能力是组织生命力的源泉。

（2）改善心智模式。心智模式是人们的思想方法、思维习惯、思维风格和心理素质的反映。一个人的心智模式与其个人成长经历、所受教育、生活环境等因素密切相关，因此并非每个人的心智模式都很完美。人们通过不断的学习就能弥补自己心智模式的缺陷

（3）建立共同愿景。愿景是指对未来的愿望、景象和意象。企业作为一个组织，是以个人为单位。企业一旦建立了共同愿景，建立了全体员工共同认可的目标，就能充分发挥每个人的力量。

（4）团队学习。组织由很多目标一致的团队构成。团体学习指每一团体中各成员通过深度会谈与讨论，产生相互影响，以实现团体智商远大于成员智商之和的效果。它建立在发展"自我超越"及"共同愿景"的工作上。

（5）系统思考。系统思考指以系统思考观点来研究问题、解决问题。其核心就是：从整体出发来分析问题；分析关键问题；透过现象分析问题背后的原因；从根本上解决问题。系统思考是见识，也是综合能力。这种见识和能力只有通过不断学习才能逐渐形成。

4. 企业再造。企业再造理论又称业务流程重组，是关于企业经营管理方式的一种新的理论和方法。1993 年由原美国麻省理工学院教授迈克·哈默与詹姆斯·钱皮提出。该理论核心为：从头改变、重新设计。即为了能够适应新的世界竞争环境，企业必须摒弃已成惯例的运营模式和工作方法，以工作流程为中心，重新设计企业的经营、管理及运营方式。目的是增强企业竞争力，从生产流程上保证企业能以最小的成本，高质量的产品和优质的服务赢得客户。该理论包括企业战略再造、企业文化再造、市场营销再造、企业组织再造、企业生产流程再造和质量控制系统再造。

具体实施程序为：对原有流程进行全面的功能和效率分析，发现其存在问

题；设计新的流程改进方案，并进行评估；制定与流程改进方案相配套的组织结构、人力资源配置和业务规范等方面的改进规划，形成系统的企业再造方案；组织实施与持续改善。

 ## 第三节　监狱人民警察

一、警察

警察是代表国家依法对社会进行管理的武装行政力量。它是国家机器的重要组成部分和统治阶级维护自己统治的重要工具。

（一）警察的概念

在我国古代文献中，很早就有对"警"、"察"二字的记载。先事戒备谓之"警"，见微知著谓之"察"。警察二字连用含有侦查、缉拿之意。严格意义上讲，中国古代并没有专门的警察制度，封建社会的府、县衙门及巡守、捕快充当了警察部门的角色和行使着警察职能。在中国警察发展史上，警察一词始于宋代。而现代意义的警察制度，则创于清朝光绪年间。我国近代意义上的警察诞生于仿照西方和日本警察机关于1898年创立的湖南保卫局，3个月后由于戊戌维新的失败而被明令撤销。

西方国家的"警察"一词，最早起源于古希腊，其最初的含义是指城市统治方法及城市管理活动。14世纪的欧洲，在德国、法国等国，"警察"一词的含义指良好秩序，用以泛指国家的整个政策，将警察作为国家政务活动的总称。17世纪以后，警察一词的含义逐渐变窄，开始与军事和司法逐渐分离，专指国家内务行政。现代意义的警察的确立最早始于英国。无论是西方国家，还是东方国家，最早的警察组织和警察人员，虽然在称谓上有所不同，在履行的职能与现代社会警察的职能也不完全相同，但是都有现代意义警察职能的属性。

警察是指具有武装性质的维护国家安全和社会治安秩序，在警察机关中行使警察职权，履行警察职责的国家公职人员。公务人员乃直接或间接从事国家及公共团体事务或政务的人员。警察人员是执行警察任务的公务人员。警察人员则为执行警察任务，即依法维持社会治安秩序、公共秩序、保护社会安全、防止一切危害国家、危害社会行为的发生，惩治危害国家安全和利益的一切违法犯罪分子。警察专门执行维护国家安全和社会治安秩序职能。其行为是依靠国家强制力保障实施的。

警察的活动范围和任务分布十分广泛，必须依据警种和具体任务的不同而开展工作。《中华人民共和国人民警察法》（以下简称《人民警察法》）第 2 条第 2 款对人民警察的范围做了具体的规定："人民警察包括公安机关、国家安全机关、监狱、劳动教养管理机关的人民警察和人民法院、人民检察院的司法警察。"

（二）警察的性质

警察的性质是指警察本身所具有的本质特征。不同性质的警察体现不同的阶级属性。警察性质是确定警察任务、职权、权限、义务等方面内容的依据，并且体现在警察的执法活动之中。警察的性质主要表现在以下几个方面：

1. 警察是国家政权的组成部分。警察是伴随着国家的产生而产生。恩格斯曾指出，警察是"和国家一样古老的"，"国家是不能没有警察的"。警察是统治阶级实现专政的重要工具之一，是按照统治阶级的意志和利益，依靠暴力、强制和特殊的手段维护社会秩序和国家安全的武装性质的治安行政力量和刑事司法力量。在我国，人民警察是人民民主专政的重要工具之一。

2. 警察是具有武装性质的国家治安行政力量。警察是一种有组织的专政职能工具，警察的职责确定警察承担着维护国家安全和社会治安秩序的保卫工作。警察的行为是为维护统治阶级利益而实施的，按照统治阶级的意志，警察的任务之一，就是要与一切危害国家安全和危害社会秩序的敌对势力和犯罪分子做斗争。该行为具有明显的对抗性。因此就需要警察拥有相应的力量武装，才能有效地保证完成同敌对势力和犯罪分子做斗争的任务，战胜敌对势力和犯罪。所以，警察的任务以及职权决定了警察是具有武装性质的国家治安力量。

3. 警察活动是依靠国家强制力保障实施的。警察依法实施的一切活动体现着统治阶级的意志，警察的行为是国家行为，警察活动具有不可违抗性和服从性。因此，警察活动就必然有国家作为后盾，警察为维护国家安全，维护社会治安秩序的行为，必然是由国家强制力保障实施。

（三）警察的地位和作用

1. 警察的地位。警察是阶级社会统治阶级实现专政的重要工具之一，是国家机器的组成部分，是国家意志的执行者。警察与国家共存亡，只要国家存在，统治阶级需要完成其组织管理形式，就必定有警察这种维护统治阶级统治的暴力工具。

警察的设置及其行为是按照统治阶级的意志和利益，依靠国家作为其后盾而实现的。警察的主要任务就是同危害国家安全、危害社会秩序的敌对势力和犯罪分子做斗争。警察是依靠暴力维护国家安全和社会秩序的，警察的武装性质，实质上就是警察暴力作用的体现。警察与军队共同构成保卫国家安全和维护社会秩序的两大力量。

2. 警察的作用。警察的作用就是警察的行为在保卫国家安全和维护社会秩序中的具体体现。警察的作用是由警察在国家中的法律地位和性质决定的,是掌握政权的统治阶级意志的忠实执行者和捍卫者。

警察是保障国家安全的暴力工具。国家赋予警察特殊的权力,警察依靠特殊的职权和强制力,对威胁国家政权、违背统治阶级意志的敌对势力和人员实施坚决的镇压和制裁。这充分体现了警察在国家政治生活中的专政职能。

警察是维护社会秩序的重要力量。统治阶级在维护国家安定和社会秩序管理活动中,赋予了警察管理职权,通过警察的管理职能活动,维护正常的社会治安秩序、交通秩序等。这体现在警察参与国家对社会管理的职能,保障国家安定和社会政治稳定,预防、制止和惩治违法犯罪活动中。严厉打击各种违法犯罪活动,是警察力量在社会管理活动中职能的具体体现,是国家维护社会安定,维护正常的工作秩序和生活秩序的重要手段。警察针对具有社会危害性的违法、犯罪人员予以严厉打击和制裁,目的就是为创造一个良好的社会面貌及工作、生活环境,从而进一步巩固统治阶级的统治地位。

二、监狱人民警察

监狱人民警察是指依法从事监狱管理、执行刑罚、改造罪犯工作的人民警察。《监狱法》第二章第 12 条明确规定:监狱的管理人员是人民警察。

监狱人民警察是国家行政力量的重要组成部分。它具有人民警察所共有的国家性、武装性、治安性特征的同时,其特殊性质决定了监狱人民警察在社会职能、承担任务、工作环境等方面的特殊性。

(一) 刑罚执行职能的重要性

监狱人民警察是国家的一支重要刑事执法力量,在功能上具有特殊性。我国刑事司法活动的根本目的是预防和打击犯罪、执行刑罚惩治和改造罪犯,监狱人民警察担负的刑罚执行工作任务又尤为重要。只有通过刑罚执行,才能将国家的判决落到实处,把罪犯改造成为守法的公民,实现刑罚的根本目的。可见,刑罚执行工作才是刑事司法活动中最重要的内容。因此,这种特殊的行政管理及其功能,为监狱人民警察所特有。

(二) 扮演角色的多样性

监狱人民警察由于工作需要,虽然在警察身份上具有唯一性,是行使国家职权的特种公务员,但在社会角色上却具有多重性。在执行刑罚的工作中,他们不仅是刑罚执行的具体落实者,也是教育者,担负着教育改造罪犯的行刑教育工作任务,同时还是组织者,担负着组织罪犯劳动的行刑劳动组织工作。作为监狱人民警察，只有全面履行工作职责，充当好多种角色，才能把破坏社会秩序的违法犯罪分子，改造、转化成为守法公民，变消极因素为积极因素。

（三）承担任务的艰巨性

监狱人民警察在执行刑罚惩罚改造罪犯的工作中，改造罪犯使其成为守法公民的转化过程是非常复杂与艰巨的社会工程，这是由工作对象所决定的。监狱人民警察面对的是危害社会的特殊群体——罪犯，他们不仅犯罪性质复杂、犯罪手段多样，而且有过犯罪体验，思想意识及行为习惯都具有一定的反社会性。可想而知，监狱人民警察不仅长年累月同罪犯打交道，而且要改造他们，是多么艰难的事情。监狱人民警察只有充分运用法律手段、行政手段、经济手段，还有社会协调手段、教育手段等多样化手段和综合治理手段才能管好监狱，才能奠定改造罪犯的工作的基础。

（四）工作环境的特定性

监狱人民警察执行刑罚惩罚改造罪犯的工作是在监狱环境内进行完成的，具有工作环境的特定性，主要包括：

1. 工作场所特定性。监狱人民警察代表人民政府在监狱里实施监督管理，维护社会治安。

2. 工作对象特定性。监狱人民警察的工作对象是依法被判处死刑缓期 2 年执行、无期徒刑、有期徒刑的罪犯。

3. 监狱的封闭性。由于工作对象的特殊和工作岗位的需要，高墙、电网、特殊设施和特殊的犯罪群体，构成了一个独特的工作环境，监狱环境最大的特点在于其封闭性。

 第四节 监狱人民警察管理

一、警察管理的含义

警察管理是指警察机关为实现一定的管理目标，而有计划地对警察组织和警察人员进行的组织、协调、控制活动，是合理配置组织内部的多种资源，实现警察行为最佳效益的管理活动。

警察是代表国家依法对社会进行管理的武装行政力量。警察的执法素养、执法能力、执法手段直接影响着国家机器的运转。监狱人民警察作为警察的重要组成部分，更是肩负着不同于其他警种的重任。如何对监狱人民警察进行管理是一项艰巨的任务。作为一名监狱人民警察必须具有坚定的政治立场、严明的组织纪律和忠诚、奉献精神，通晓相关法律法规，掌握监狱工作和监狱管理基本原理，具有较强的管理、组织和协调能力，调查研究、信息处理和科学预测能力，文字表达能力等，同时掌握开展管教工作所必备的专业知识和实战技能，胜任基层监狱管理工作。

二、监狱人民警察管理的职能

警察管理的职能是指警察管理所具有的功能。警察的职能是由国家的职能决定的。警察基本职能包括警察的政治职能和社会管理职能。政治职能通常置于首要地位，有了巩固的政治统治，才能按照统治阶级的意志行使管理职能。

监狱人民警察的管理职能概括为以下五种：①调查研究，掌握信息；②预测计划，科学决策；③建立组织，加强指挥；④检查监督，协调控制；⑤教育培训，开发潜能。

警察职能相互联系、相互制约，共同发挥着彼此的作用。制定计划需要大量的信息支持，计划实施需要扎实的组织工作、指挥工作、协调工作去实现。所有工作都离不开最终的管理执行者——人。因此培养和任用相应素质的警察是完成警察工作最基本的保证。因此，搞好警察人员的培训、开发潜能又是警察管理职能的最后落脚点。

三、监狱人民警察管理的原则

警察是国家机器的重要组成部分，是以依法维护国家安全和管理社会治安秩序为职责的特殊机构、人员和职业。警察管理势必具有不同于其他管理的特殊性。监狱人民警察管理更是在警察管理的共性中凸显其个性。在警察管理活动中，必须坚持以下原则：

（一）坚持党的绝对领导的原则

在我国，人民警察是人民民主专政的重要工具，人民民主专政的集中表现就是坚持中国共产党的领导。没有中国共产党的领导就没有人民民主专政。在警察活动中坚持党的绝对领导，又是坚持人民警察政治性、阶级性的集中表现。

坚持党对人民警察的绝对领导，是指在政治上、思想上、组织上人民警察必须自觉接受和服从党的领导。党的政治领导，就是党的纲领、路线、方针、政策和政治原则的领导；党的思想领导就是坚持马列主义、毛泽东思想和邓小平理论的领导；党的组织领导就是通过党在人民警察的各级组织和干部中，对人民警察实施党的领导，党管干部是坚持党的组织领导的重要体现。

坚持党的领导，是我国人民警察管理工作的一个重要特色，是我国人民警察管理工作的灵魂，任何管理工作都不能削弱党的领导。

（二）依法管理的原则

依法管理是指在警察管理活动中，对警察管理的各个方面、各个环节，必须依照有关法律、法规的规定进行管理。依法管理是警察管理的重要原则之一。目前我国颁布实施的《人民警察法》、《中华人民共和国人民警察警衔条例》（以下简称《警衔条例》）、《监狱法》、《公务员法》等，是我国监所人民警察管理的主要法律依据。对监狱人民警察来说，《监狱法》是其重要的法律依据。

（三）从严治警的原则

从严治警是指警察的管理必须以严肃的态度、严密的组织、严格的要求、严明的纪律，对警察进行严格的管理、严格的教育、严格的训练。它包括多方面的内容：警察的政治思想、业务素质、纪律作风、职业道德、职业责任等。

从严治警是由警察工作的特殊性决定的。在警务活动中，国家赋予了警察广泛的权力，为防止警察滥用权力，以权谋私，必须从严治警，严格管理。

第五节　监狱人民警察管理原理

管理原理是指具体的管理思想、管理方法和经验之共性的抽象，是对管理活动的规律性概括。管理原理要根据适用对象的不同和适用范围的宽窄而有不同的运用。本节就监狱人民警察共性的管理原理加以研究。

一、系统管理原理

（一）系统的概念及特征

系统即由若干要素按一定结构组成的具有特定功能的统一整体。任何管理活动都处于特定的系统中。系统与系统之间相互交换物质、能量和信息。从整体上把握系统运行规律，运用系统方法调节控制组织系统的运动，实现组织目标，这就是系统原理。

系统有大有小，大系统中包含有小系统（子系统），这也是客观的、普遍的。例如，监狱人民警察系统，从司法部监狱管理局到各省、市、自治区的基层监狱，是一个相对独立的系统，以把罪犯改造成为守法公民为目标而运作，在运作过程中与外系统相互交换物质、能量和信息；同时，监狱人民警察系统隶属于更大的系统即中国人民警察系统和国家行政系统，是它们的子系统。

系统的特征表现为：

1. 整体性。整体性是系统最基本的特征。任何一个系统都由两个以上相互区别的子系统组成。我们把子系统称为要素。每个要素本身又是一个独立的系统，例如监狱系统是政法系统的构成要素等。

2. 层次性。层次性是指系统各要素之间的联结方式（即结构）是有层次的，处于不同层次的各要素都有其各自的功能。

3. 相关性。系统内各要素之间是相互作用又相互联系的。系统中任一要素与其他要素互相关联又互相制约，要素的变化对应的是关联要素的改变和调整，以达到系统的整体最佳状态。

4. 目的性。目的性是指任何系统的运动都是有着明确的目标和目的。不同的系统有不同的目的。

（二）系统原理的内容

1. 整体性原理。系统是一个整体，这个整体的功能不是其所构成的要素的简单相加之和，而是远远大于各要素简单相加之和的全新功能。它的公式是：$1+1>2$。因此，系统的整体性原理就是：系统各要素之间的相互关系以及要素与系统之间的关系必须以整体为主进行协调，使各要素居于合理的层次上发挥其功能，使局部服务于整体，从而实现整体优化，实现整体具有比各要素简单相加大得多的崭新的功能。反过来讲，如果某一构成要素逆转或损毁，也将造成对整个系统的重大破坏，以至整个系统功能的丧失。显而易见，如果管理者在管理活动中违背了这一要求，系统的整体效应就会受到损害，系统目的的实现就会受到严重的影响。整体性原理是系统理论最根本的原理。

2. 相对封闭与绝对开放原理。各系统就本系统内部而言，是封闭的。封闭是指系统内部的结构，必须多个环节首尾相接形成回路，成为本系统的独特的有序运动。这个相对封闭构成使此系统与其他系统区别开来，以便形成为实现一定目的的自我系统。系统对内的相对封闭是必须的，否则就形不成反馈，也就不成为系统了。

此外，任何系统对外而言又都是开放的，也即与外系统发生各式各样的必须的联系，与外界进行物质、能量和信息的交换，既有输入，也有输出，否则就难以存在下去。同时，任何一个系统又处在更大的系统之中，是更大的系统的子系统。这两点就决定了系统的开放性。系统对外的开放性是绝对的。

系统是相对封闭性和绝对开放性的统一。系统内部各层次、各要素之间是相互连接、相互作用的，系统与外部也是相互联系、相互作用的。对内的封闭性以保证各层次结构的功能得以在有目的和有秩序的运动中发挥，形成回路和反馈；对外的开放性保证本系统与外系统及更大系统的物质、能量和信息的输入输出。封闭性和开放性都是系统得以存在的必要条件。

3. 动态原理。任何系统都是运动着的，是动态的，这是绝对的。因为不仅系统内部各要素之间相互联系和相互作用，而且各系统之间也相互联系、相互作用，这就构成了系统的动态。另一方面，任何系统又都是相对静止、相对稳定的，这是系统整体存在的必要条件。很显然，如果只有运动没有静止，也就没有任何确定的东西，系统也就无法存在了。

系统是绝对运动和相对静止的统一。世界上没有只绝对运动不相对静止的系统，也没有只相对静止不绝对运动的系统，绝对运动和相对静止都是系统存在的必要条件。系统总是在相对静止中运动发展的。监狱系统要保持机构和警察队伍的相对稳定，同时又要进行机构改革及队伍的知识结构和年龄结构的更新，就是这个道理。

（三）系统原理的要求

1. 要做系统分析。国家监狱机关是一个系统，它又是警察系统、政法系统、国家行政系统的子系统。各省、市、自治区的监狱管理局及其下属的监狱又分别是不同层次的子系统。

做系统分析，主要是：①分析系统的构成要素及层次结构，即领导管理体制、层次及机构设置、各层次机构的职责和权力范围、利益、运作现状、发展趋势，特别是要分析存在的问题和改革的方向等。②研究本系统与外系统的关系，即本系统与外系统有怎样的联系和相互作用，哪些联系需要加强，哪些联系发生阻滞需要协调，哪些不必要的联系应当简化和淡化，以及还应当建立哪些新的联系，等等。即把本系统和周边环境及相关系统的关系协调好，变革与本系统的发展不相适应的联系的环节。③研究系统的改进，即明确本系统得以维系、发展和完善的源泉是什么，系统的层次结构是否合理，各层次的功能是否得到有效发挥，对现在的层次结构需要做哪些调整和改革，等等。系统分析是对整体、全局的宏观分析，事关系统发展的大局，是管理者实行决策、制定战略性计划的前提，也是实施各项具体管理的前提，所以其意义十分重大。

2. 要有全局观念。一方面，系统原理的基本要求，就是系统内各层次、各要素要树立和强化全局观念，都要服从于、服务于全系统的目标，也即全系统的最高利益和根本利益，维护系统的正常和有序的运行，不可以有悖于这一基本要求而自行其是。作为人民警察，更要强调全局观念，各级警察机关和警察人员必须按照法律法规和政策制度的规定去自觉地尽职尽义务和守纪律守道德，坚定地贯彻执行法律和政策，对警察机关负责，对国家负责。要处理好子系统与整个系统在某些问题上会出现的利益冲突，局部利益服从全局利益。另一方面，作为全局领导管理者或高层次的领导管理者，也应该在顾全大局的前提下尽可能使整体利益与各局部利益二者兼顾，不轻易地为促使整体利益而牺牲局部利益。

系统原理的整体利益原则，对系统内各级领导管理者的要求是：上一级的系统领导者对下一级的系统领导者要适度放权、分权和授权，不可以统得太死，以利于调动下属的积极性，使他们生动活泼富有创造性地去开展工作。如果不适当分权、授权给下属领导者，效果会适得其反。总之，既要使系统的各层次工作人员树立全局观念，系统的最高领导层又要给各层次工作人员适当分权和授权，要两个方面都努力做才能保证系统整体利益得以维护。此外，系统原理还要求系统的运动形成相对的回路，即决策——执行——监督——反馈。不然，只有指令的下达而没有监督机制，也没有信息反馈，管理的效果和问题就不能得到及时反映，不能得到及时拓展或调整，这种管理就不会奏效。

3. 要处理好系统内部构成要素的关系。这是对系统管理者的主要要求。十分明显，各子系统的地位和角色不同，各自的具体职能、任务、作用都有独特性，又各有自己相对独立的利益，而各个子系统之间又是一个相互联系、相互作用的整体，任何一个子系统都不可能脱离这种统一而独立运行。因此，系统和子系统的管理者一定要处理好相互间的关系，例如在时间、空间上的相互联结、相互渗透的关系，在工作机制上的相互衔接、制约的关系，在机会和利益上的平衡与公正的关系以及基于上述理由而发生的人际关系等，使各要素之间减少和消除内耗，增强系统整体的凝聚力和向心力。

在这里，系统的领导管理层特别是领导核心，对系统的运动处于主导和支配地位，是全系统能否实现管理目标的关键。因此，其自身的状态十分重要。这就要求一方面要抓好领导管理层自身的建设，使之结构合理，综合素质达标，团结一致。同时，又要协调好整体和局部、局部和局部的关系，以形成和维护统一的意志和力量。上述这两个方面都是不可偏废的。对于监狱人民警察管理来说，这个要求尤为突出。

4. 要处理好本系统与外系统及环境之间的关系。任何系统都存在于一定的空间和时间之中，与处于相同或相近时间、空间的其他系统发生着必然的各式各样的联系，只是有的直接、密切，有的间接、不密切而已。因此，处理好本系统与外系统及环境之间的关系，是本系统正常运转的必备条件和必然要求。这些关系处理得好，对本系统的健康发展起推动作用。反之，则会给本系统的运行发展造成严重障碍和损害。

这些关系主要是：双方地位的定位，各自权利义务的明确；双边利益的合理分配与及时有效的调整；交流与合作渠道的畅通，方式的恰当，机制的健全；融洽的双边交流与合作，分工与协作氛围的确立和巩固；等等。如就政治系统来说，监狱机关必须与公安机关、检察机关、审判机关等密切联系，明确相互分工、相互协作、相互制约的关系，按照法定程序进行工作交往，积极解决存在的问题。与此同时，也必须处理好与所在的周边环境（社会环境、人文环境、生态环境）的关系，等等。

二、人本管理原理

（一）人本管理原理的内容

1. 人是管理的根本。人本管理原理认为：现代管理的核心和动力是人以及人的积极性问题，一切管理都应以调动人的积极性、做好人的工作为本。管理主体在管理实践中应当一切从"人"出发，以人为根本，管理的核心对象是人，管理的最终目的还是为了人。每个管理者都应懂得，要做好整个管理工作，要想管理好财、物、信息、时间、空间等，就必须首先做好人的工作这个根本，抓不住这个根本，其他一切管理都谈不上。做好人的工作，包括要处理好组织内的各种人际关系，创造心情舒畅的工作氛围，减少内耗。人本管理原理反对那种见物不见人、见钱不见人、重技术不重人、靠权力不靠人的错误认识和做法，也反对那种把被管理者当成只是消极接受指挥和控制的对象的认识和做法。

2. 管理的核心是调动人的积极性。在管理对象中，人是最活跃最积极的，因此也是最重要的组成部分。人是生产力构成三要素中最积极的要素。人的积极性发挥的程度与管理效应成正比，就是说管理的效应越大，人的积极性发挥的程度就越高，反之就越低，甚至会出现负效应。因此，必须抓住"人"这一根本，运用激励机制，努力调动起人们的主动性和创造性，努力满足被管理者自我实现的需要。人的积极性能否充分调动起来，取决于激励手段。恰当的物质和精神激励可以使被管理者的积极性保持持久和高涨，反之则适得其反。

3. 重视提高人的素质。既然管理要以人为本，管理的核心和动力是人，那么，要提高工作效率，要实现管理的目标，就必须重视人的素质的提高，即重视人的教育、培养和智力开发，使之掌握从事本职工作的各种知识和能力。显而易见，不具备从事本职工作的知识和能力的人即使工作积极性很高也没有意义。所以，在这方面管理要有远见，舍得花精力舍得花钱。在一定意义上说，管理的关键在于培养人才，提高人的综合素质。对监狱人民警察的管理，这一点很突出。

4. 有正确的用人原则。管理者必须善于用人。善于用人就要遵循正确的用人原则。正确的用人原则应当包括两个方面：①用人标准要坚持德、才两个方面，不可偏废；②知人善任，用人所长，不求全责备。

（1）管理者在选用下属人员时要坚持思想品德和才智能力相统一的标准，不可以重德轻才，更不可以重才轻德。思想品德不佳的人再有能力也是当不好管理者的，他本人就会给组织造成危害。思想品德好但才能平庸，没有能力胜任职责，自然也不能用。所以必须坚持德才兼备的用人标准。对国家公务员的管理，对人民警察的管理更要坚持上述用人原则。

（2）管理者对下属人员的适用还要做到知人善任。所谓了解人、知人，主要是要知道他的志向、思想品德和知识能力方面的长处和不足，性格和兴趣爱好，发展潜力和前景，教育培训的重点，等等，在全面了解上述情况后再任用他到最适合的岗位上去。不要求全责备，要用其所长，要能容人。同时，还要多关心他的工作、学习和生活，为他的进步和发展创造有利条件。

以上四个方面是统一的，在管理实践中要全面的运用和体现。

（二）人本管理原理运用的原则

1. 利益协调原则。即在管理实践中，管理者必须协调好组织成员的利益关系。利益关系主要包括三个方面：全局和局部、局部和局部、个人和个人。管理者首先要协调好全局和局部之间的关系，其次是协调好局部和局部之间的关系，最后是协调好个人与个人之间的利益关系。管理者在实现管理目标的过程中应当掌握各种利益关系的现状，及时调整不平衡、不合理的利益分布，化解组织内局部利益目标与整体利益目标、不同局部之间利益目标，以及个人与个人之间利益目标的矛盾，尽可能做到利益分配公平合理，尽可能调动各组织成员的积极性。

2. 行为激励原则。行为激励是人本管理原理的又一个重要原理。行为激励包括两种含义：①运用多种激励方式，用以调动组织成员积极发挥他们的主动性和创造性，使他们充满热情和负有责任感地去提高工作效率、实现管理目标。激励方式主要有三种：一是物质激励，即工资、奖金、实物等；二是精神激励，即表扬、记功、授予荣誉称号、晋升晋衔等；三是工作激励，即压担子、交任务、予以评价鼓励等。对于这三种形式，管理者可针对具体对象的不同情况，主要采取哪一种形式，或综合运用三种形式。②恰当地实施激励，在针对的对象、采取的激励方式、激励的量值、时间和空间条件的选择等方面，都能够运用得恰当，把激励运用到能最佳体现效果的程度。行为激励原则在市场经济条件下尤显重要。在运用这一原则时还需结合积极的思想政治工作，不要出现"一切向钱看"的错误倾向。

3. 权责对等原则。权责对等原则是指管理者应使组织成员的权力与他所承担工作的责任基本相符。责任越大权力也应越大，反之亦然。只有做到权责对等才能使之充分施展才能，真正负起责任。如果权力大责任小，那么权力就可能滥用；如果责任大权力小，则会因权力不济而无法尽责。因此，管理者对各层次组织成员的权力的划分和责任的下达，务必要权衡二者是否相称、对等，如果不相称、不对等，应及时加以纠正。

4. 控制适度原则。控制是管理过程中的一项具体内容。控制主要是指管理者对下属的指挥、制约和监督。没有控制的管理必然出现无序状态。但是控制必须适度，如果控制不适度，过严或过宽也会使组织成员出现不良倾向：控制过严会束缚组织成员的积极性、主动性使之缩手缩脚，甚至会产生抵触情绪；控制过宽会滋生自由散漫行为，造成组织涣散和运转不利。因此，管理者应当掌握控制的分寸，建立和健全控制机制。

5. 参与管理原则。即让被管理者以主人翁意识参与管理，由被动、消极地接受管理变为主动、积极地参与管理。这是现代化管理的基本原则之一。参与管理能极大地调动被管理人员的积极性和创造性，能集思广益，能及时发现问题和解决问题，能增强团结和协作，能减轻管理者的工作压力，特别是能增强方案、计划、决策的透明度、可行性和科学性，并大大促进被管理者的责任感和进取精神，等等。参与管理是随着社会文明不断发展而产生和发展起来的，具有强大的生命力。参与管理的形式有多种，例如建立和健全工会组织，行使职工民主参与的权利；管理者与被管理者直接对话；建立某个方面的群众性管理组织；建立群众性监督机制；等等。参与管理原则体现了党的"从群众中来，到群众中去"的群众路线，是党的优良传统在管理实践中的运用和发展。

（三）人本管理原理运用的要求

运用人本管理原理应当遵循上述原则，同时还应强调如下具体要求：

1. 关心和爱护下属人员。这是对管理者的基本要求。只有下属人员的共同努力工作，才有管理目标的实现，所以这种关心本是管理者应尽的职责。管理者不仅要关心他们的物质生活和精神生活，而且要把培养和造就"四有"新人，把创造人的全面发展的多种条件，作为管理主体追求的目标。后者是关心和爱护下属人员的更深层次的含义。

关心和爱护下属人员不仅是科学管理理论的要求，也是社会主义制度下管理活动的根本要求，它体现了社会主义制度下人与人的关系，反映了社会主义制度的优越性。

2. 充分发挥人的积极性和创造性。人的积极性和创造性如何，对管理目标的实现与否具有决定意义。为此，应当做好如下工作：

（1）在给下属人员分配工作时，要充分考虑到个人的特长、志趣，尽可能把组织需要和个人志向结合起来。从管理角度讲，这不仅是知人善任、用人所长，而且是为了实现使人施展才能、全面发展的终极目标。那种只强调组织需要而不考虑个人合理要求的管理行为是不可取的。

（2）为下属人员履行职责创造尽可能好的条件。每一项工作的完成都需要相应的条件，如空间环境、必备设施、时间保障、合理的规章制度、后勤保障、团结协作的氛围、信息要素等。为下属人员创造上述条件，既是使他们做好工作的要求，也是对管理活动的客观要求，是管理者应尽的职责。

3. 客观、公正评价优劣。即管理者对下属人员的工作进行客观公正的评价，并运用激励机制奖优罚劣，及时兑现。这不仅能强化人的工作积极性，而且有利于及时纠正偏差和错误，提高工作效率，促进人的健康发展。

三、动力管理原理

任何社会组织的有序运作都需要动力。这种动力不仅仅是必要的物质要素，还包括更为重要的人的要素和信息要素。作为管理者必须重视对这些动力的保护和开发，这就是管理学所讲的动力原理。

（一）动力管理原理的内容及动力类型

推动社会组织运作的力量有多种，诸多的物质要素是组织运作的基本条件，但物质的要素是依赖人去调度和使用的，同时物质要素也依赖信息要素才能使之发挥更大更好的作用，所以比物质要素更重要的是信息要素和人的要素，特别是人的要素。人的要素再加上信息要素，才能使组织的运作产生强大的推动力。所谓人的要素，主要是指人的积极性及人的精神动力。而如何才能调动人的积极性呢？要靠管理。科学的管理能够调动组织内各种动力，使其充分而有效地发挥作用，这就是动力管理原理。

动力的基本类型有三种：

1. 物质动力。物质动力是指管理者运用工资、奖金、实物、待遇等物质手段来维持和推动整个组织正常运转的力量。在社会主义市场经济条件下，物质动力在管理领域中的积极作用尤为突出。对于任何一个组织，无论是企业单位、事业单位或行政机关，没有物质动力都是不行的。经济效益好的单位要比一个经济效益差的单位好管理，就是物质动力强弱的问题造成的。从被管理者的角度来说，物质动力更是不容忽视的。必要的奖金，及时的提级加薪，合理的劳动报酬，相应的物质生活条件的改善等物质因素，对于调动一个人的工作积极性有直接的、重要的作用。如果相反，被管理者就会感到不公平，他的积极性会受到挫伤。

2. 精神动力。精神动力是指管理者运用思想政治工作、表扬、记功、授予荣誉称号、晋级晋衔等激励方式调动被管理者的积极性，用以维护和推动整个组织正常运转的力量。人的精神动力是客观存在的，马克思列宁主义、毛泽东思想、邓小平理论都十分重视人的精神力量。一个人的政治立场、观念、思想觉悟和道德境界，对一个人的行为起支配作用，正确的立场、科学的观点、先进的觉悟和高尚的境界，会指导一个人作出积极的和高尚的行为。所以，管理者重视精神动力，就应运用科学的、正确的思想理论和价值观念去引导和教育被管理者。同时，作为被管理者，又都是能动的、有意识的行为主体，都有对自己的价值、尊严、荣誉、名誉的追求，这也是客观存在的、合理的。因此，作为管理者，不仅要承认这种追求，而且还应对这些追求加以分析，在他们做出某些成绩之后及时给予相应的精神方面的肯定和满足。这种做法还会进一步调动他们的工作热情和责任感。如若不然，被管理者也会感到不公平，积极性受到挫伤。

精神动力和物质动力一样都是不可或缺的。它们相互补充、相辅相成。在管理实践中，管理者应把这两种动力结合起来运用，由此而产生的动力会更加强劲。

3. 信息动力。信息动力是指管理者运用信息的功能维护和推动整个组织正常运转的力量。从管理角度看，信息是一种特殊的推动力。现代社会的信息量非常之大，任何一种社会组织的存在和发展必须依靠充分有效的信息。因此，作为管理者必须有丰富的信息来源和畅通无阻的信息通道和回路，对诸多信息及时进行处理、分析、鉴别、筛选、分类、必要的论证和运用，并形成反馈等。

作为动力管理的信息内容非常广泛，通俗地讲，所有制约（甚至决定）组织存在与发展的消息都是信息动力。例如，监狱关于其发展机遇、新的商机、外在环境的变化趋势、国家宏观调控的发展趋势等；再如，国家行政机关关于其机构改革的趋势、关于拟新招收的公务员（大学毕业生、军转干、社会招聘）来源方面的消息、人民群众对其依法行政状态的反映等，都是信息动力。管理者必须重视信息的收集和处理运用。信息的价值是极其巨大的，在一定意义上说，对信息动力的认识和运用水平如何，标志着管理者自身水平的高低，其效果也与整个组织的效率、目标甚至与其发展前途息息相关。

（二）动力管理原理的要求

上述三种动力的运用是否恰当，直接关系到整个组织的工作成效和管理目标的实现。对三种动力的运用有如下要求：

1. 对不同管理对象要区分情况，综合运用三种动力。对于不同性质的管理，对于不同的管理对象，管理者应当善于针对不同条件和情况，把综合运用与有所侧重结合起来，什么情况下对某些组织成员侧重于物质动力，什么情况下侧重精神动力，什么情况下则以信息动力为源头兼施物质和精神动力，管理者都要胸中有数。"金钱万能"、"精神万能"、"信息万能"都是片面的认识。它们三者是相互联系、相互补充的，单单夸大某一方面动力的作用是不对的。

2. 准确把握运用物质动力和精神动力的量。运用物质动力和精神动力的量的把握是否合理，对动力效果有直接影响。量不足，起不到动力作用；量过大，会产生负面影响。比如奖金的发放多少为好，授予什么荣誉称号较为恰当，管理者都应认真考虑，掌握一个合理的"度"。

 案例分析

监狱民警受贿获刑两年半　因不懂拒绝沦为阶下囚

2013 年 12 月 20 日，江苏省某监狱原管教民警罗某某被县法院一审以受贿罪判处有期徒刑 2 年 6 个月。罗某某高等院校服装专业，独自经营一家婚庆公司，经营有方，利润不菲。为圆警察梦想于 2010 年 9 月 14 日通过江苏省司法行政系统公务员录用考试来到江苏省某监狱报到，开始了监狱管教民警的职业生涯。罗某某在担任管教民警期间，利用职务之便，在为罪犯私带物品、调整岗位等方面为他人谋取利益，于 2011 年 9 月至 2013 年 2 月期间，先后 18 次收受 8 人所送好处费人民币 4.76 万元。

漳州监狱原副中队长受贿 8 万一审获刑 7 年

原为福建省某监狱副中队长的李某林，利用监管职务之便，为罪犯在办理减刑及调整生产岗位等方面谋取利益，4 年间收受罪犯亲友近 8 万元。10 月 18 日，经福建省某县检察院提起公诉，被告人李某林犯受贿罪被判处有期徒刑 7 年，并处没收财产 2 万元。

根据上述材料分析如下问题：

1. 如何做一名合格的人民警察？

2. 如何加强对监狱人民警察队伍的管理？

第二章　监狱人民警察组织

案例导入

广州、番禺监狱扁平化管理组织架构

广东与番禺监狱于2009年变三级管理为二级管理（监狱——监区），其组织架构如下：

一、监狱层级组织架构

监狱采取监企分开运行，职能机构分开，在监狱党委的统一领导下合署办公的运行模式。监狱领导职数8名，由党委书记兼监狱长1名，政委1名，副监狱长4名（其中1名兼任为监狱总公司总经理，享受正处级待遇，1名分管狱政管理，1名分管教育改造，1名分管行政管理），副政委兼纪委书记1名，政治处主任1名组成监狱领导班子。

广州监狱和番禺监狱机关民警职工均占监区民警数的30%左右，两所监狱机构设置相同，都由省局统一定编职数与中层领导职数、职位，企业民警编制属于监狱民警编制。

二、监区层级组织架构

两所监区均采取"5+5+2（或3）"模式形态。即配置5名监区领导：监区长（兼党委书记）、教导员、副监区长（3名），配置5名监区干事（政工、狱政、教育、劳动、卫生）；根据押犯规模，配置以生产作业区为主体的2~3个监区的警长。

监区长兼党委支部书记主持监区工作，主管生产、行政、安全、狱政；教导员主管政工、教育改造；1名副监区长分管安全、狱政管理；1名副监区长分管生活卫生；1名副监区长分管教育改造；干事承担上传下达的具体业务和事务性工作。

推行监狱扁平化管理工作是一项艰巨和细致的系统工程，是一场深刻的警务革命，因此，我们必须持谨慎、科学、务实的创新态度加以认真对待，必须加强监狱扁平化管理方式、方法的论证，牢固树立科学发展观，认清经济社会改革与发展的新形势、新任务与新要求，紧密结合监狱工作性质、任务，着力于凸显监狱工作的本质职能，紧密围绕现代警务机制的规范化、信息化、集约化建设要素，着力于监狱管理机制、体制、制度的科学性、合理性相匹配、相适应，盘活监狱现有活力资源，减少警务运作的消耗，实现监狱警务效能显著提升。

合理的组织结构是一个组织能否正常运转的基础。合理的警察组织是保证警察工作全面、协调、可持续发展的重要因素。建立组织的目的是为了完成既定目标，发挥最大的组织效能。一个结构完整、脉络清楚的警察组织会在警察开展工作时提供顺畅的工作程序、积极的工作态度、创造性的工作作风，会极大地提高警察组织效率。因此，建立一个高效率、合理、适合我国的警察组织结构非常重要。

 ## 第一节　监狱人民警察组织

一、组织

组织是管理活动的基础和载体。"组织"一词，在我国古代的意思是将丝麻编织成布帛。在希腊文中"组织"的含义是指和谐、协调。国内外学者对组织的定义有静态和动态两种。静态方面，组织是指组织结构，即组织是由多人为达到共同目标而结合起来的群体。动态意义的组织是指组织活动和组织工作。从动态意义上讲，组织是管理的一项重要职能，就是按照既定目标，合理配置人力资源，处理好各种责权利关系，设置好组织结构，建设优秀组织文化，确保计划的执行和组织目标的实现。

二、监狱人民警察组织

（一）监狱人民警察组织的概念

警察组织是指国家为了实现安全与稳定的目的，依照法定程序和模式组合起来的，具有特殊职权和权威性的、具有特殊功能并具有一定开放性的社会系统。我国的监狱人民警察组织是为了实现刑罚执行，惩罚改造罪犯而建立的人民民主专政的重要工具，是国家的武装力量之一，它具有独特的功能。

（二）监狱人民警察组织的特征

1. 鲜明的政治性。马克思认为任何国家的警察机关都是国家机器的组成部门，是进行阶级统治的工具。我国的监狱人民警察机关是我国人民民主专政的政权机关之一，是工人阶级和广大人民群众在党的领导下，保障人民民主专政，对极少数敌对分子实行专政的政治工具。正如《人民警察法》第 3 条所规定的："人民警察必须依靠人民的支持，保持同人民的密切联系，倾听人民的意见和建议，接受人民的监督，维护人民的利益，全心全意为人民服务。"

2. 广泛的社会性。警察机关的工作面向整个社会，警察所担负的任务十分广泛。监狱人民警察在惩罚改造罪犯的过程中，由于罪犯所犯案件性质不同、刑期长短不同、罪犯个人情况不同、改造程度不同等，使得监狱人民警察的角色定位趋向于多样化。即执法者、管理者、教育者的三合一地位。同时警察工作也必须要面向社会，涉及各行各业，各类人员，并担负着大量的社会管理任务，为社会提供全面的治安保障。

3. 严密的整体性。警察行政组织从中央到地方依一定的层次与每一层次的各业务部门组成上下连接、左右沟通、相互促进、彼此制约的严密而又完整的体系。

4. 特定的目的性。警察组织是国家为实现警务目标而建立的。所以警察组织都是为了执行一定事务，达到一定目标建立的。国家建立警察组织的目的是为了通过警察组织的警务活动，最终实现维护国家安全、社会安全、人民安全的目标。监狱人民警察组织正是通过依法从事监狱管理、执行刑罚、改造罪犯的工作，来巩固国家政权，维护社会稳定，保障社会主义现代化的顺利进行。

5. 行为的强制性。警察组织具有法律赋予的某些特殊权力，可以依法强制某部分人或所有人服从或遵守国家的法律、法规及其规定。由于监狱人民警察所从事的特殊工作，其权利义务是由法律、法规所赋予和确定的，具有法定性。因此，从某种意义上来讲警察在工作、学习和生活中必须具有强制性。

（三）监狱人民警察组织的构成要素

监狱人民警察组织是监狱人民警察管理活动的肌体，而构成肌体的基本要素包括以下内容：

1. 明确的目标和宗旨。共同的目标是组织存在和发展的基础，它规定并制约着组织的所有要素。警察组织目标的实现是警察组织所期望达到的目的或所要完成的任务，是构成警察组织的首要因素，是建立各级警察机构的依据。目标既是组织活动发展的方向，又是考核各级警察机关和工作人员成绩的标准。

2. 要有一定的形式。一定形式的机构是警察组织必不可少的构成条件和重要因素。机构是组织的外在形式，是组织进行管理活动的单位。警察组织是由不同层次的机构和担负不同专业任务的部门组成的一个既有分工又有协作的整体。

3. 要有适量的警察人员。警员是警察组织的重要因素。有了组织机构以后，还必须根据各种机构在组织中所承担的任务大小、轻重、繁简程度等情况以及其他因素，配备合理、数量、质量相统一的警力。没有高质量的警力或警力配置不合理，就无法进行警察管理活动，也就失去了组织的意义。

4. 要有明确的职责分工与权力分配。警察组织及其机构必须有责有权，责权相称，这样才能成为名副其实的警察组织。如果组织建立了，但不能行使相应的权力，不能履行自身的责任，不能发挥其作用，那么，这就是一个没有存在意义的组织。所以，责权是构成警察组织的一个必不可少的因素。

5. 必要的资金。必要的经费是指可供警察组织开展正常活动所必需的行政经费和业务经费等，它是机构正常运转的物质保证。如果没有必要的资金，就会影响警察组织功能的充分发挥，就无法实现管理的目标。特别是科学技术不断发展的今天，警察活动更加复杂、艰巨，要适应现实和未来发展的需要，就必须不断提高警察组织的现代化作战能力，要做到这些，没有一定的经费也会在某种程度上影响警察工作的开展。所以，必要的经费是建立组织的一个物质基础。

6. 一定的物质设施。物质设施是警察组织对付罪犯，有效惩罚、改造罪犯，维护社会治安及社会稳定的必要保障。实现警察物质装备与设备的现代化，是适应新斗争形势的需要。

建立监狱人民警察组织遵循目标明确原则、功能齐全原则、分工协作原则、精简效能原则、责权一致原则、职能一直原则、层次与控制幅度适当原则、依法组建原则。

（四）监狱人民警察组织的重要地位

1. 组织是管理的前提。没有组织就没有管理，有了组织才有可能进行管理活动。所以，组织是管理不可缺少的前提。

2. 组织是管理的主体。整个管理活动，从决策、计划、执行、监督到总结、反馈等，无一不是在组织的名义下进行的。警察管理活动的主体是警察机关。广大警察人员从事的每一项活动，都是贯彻执行各级警察机关组织的决策、指令与计划。倘若离开组织这个主体，任何个人的活动均不具有整体的意义。

3. 组织是广大警员寄托希望的对象。人民警察之所以参加警察组织，都是为了实现一定的抱负和理想。一方面，为组织做出自己的贡献；另一方面，希望组织能够满足与自己贡献相称的、合理的需要。这种需要的满足就能有效地激发他们的工作热情和积极主动精神。警察人员要实现自己的理想和抱负，希望满足自己的需要，都离不开警察组织。所以，人民警察总是把希望寄托在组织身上。

4. 组织是培养各类人才的基地。管理是需要众多优秀的管理人才和专业人才的。选拔人才需要组织的发现、培养、任用和提拔。警察组织同样也是如此，这样才能使警察事业不断后继有人，开拓前进。

第二节 监狱人民警察组织结构

为了便于警察管理，实现警察组织宗旨和目标，每个组织都要分设若干管理层次和管理机构，明确他们各自的职责和权限，以及相互间的信息沟通方式，这种框架分工结构就是组织结构。

一、警察组织结构

所谓警察组织结构，是指警察组织内部各部门及各层次之间所建立的一种相互关系的模式。组织结构相当于人的骨骼架构，建立合适的组织结构对于组织的正常运行和提高组织效率有着至关重要的作用。一般来说，组织框架包括纵向的管理层次和横向的部门划分两个方面。纵向方面是指管理层次和有效管理幅度。管理层次是指从组织最高层到管理基层之间的层次数。管理幅度是指一个领导者能直接指挥的下属人员的数量，或者一个上级机构能直接有效管理下级机构的数目。横向的部门划分主要是指根据专业化分工设置业务部门和配置人员。理想的组织结构是组织层次设置合理科学，部门之间信息共享和谐。

组织结构具有以下基本特征：

（一）纵向（垂直）分化

这是一种呈梯形即金字塔形状的层级结构。它是根据组织的各机构或成员对组织活动所具有的权力和责任的大小，以及所管辖的部属数目等因素，将组织划分为若干层级。各层级之间有明确的隶属关系，层级愈高，其权力和责任就愈大；层级愈低，其权力和责任就愈小；同一层级的权力和责任基本相同。

（二）横向（平行）分化

它是根据组织的业务性质、服务对象和工作程序，将组织划分为平行的若干部门。他们在主管领导下从事特定的业务工作，发挥着特定的功能。因而这些部门也成为职能部门或者机能部门。

（三）组合有序化

无论是纵向化组织还是横向分化的组织，都是人们按照预先的设计和法定的程序组合起来的，其排列的顺序也有严格的界定。警察组织结构实际上就是按照法定程序将组织元素采取纵向和横向分化编排而成的网络结构。

结构是警察组织存在的不可缺少的重要条件之一。如果组织结构科学合理，那么这个组织就会上下畅通、消息灵通、分工合理、协同有序、指挥灵便、内聚力强、战斗力高，反之则不然。因此，认真研究警察组织结构，使之逐步科学化，对于改善警察组织的功能，提高警察组织的内聚力、战斗力具有重要的意义。

二、警察组织的结构形式

我国现有的警察组织，其结构形式主要有：

（一）直线制组织结构

直线制是组织发展初期的一种简单结构形式。在直线制组织中，按垂直系统建立组织形式，各级领导执行统一指挥和管理职能，不设专门的职能机构。人员职务垂直地从上至下越来越低，各级组织数目由下向上逐渐集中。各层次的领导者负责行使全部管理工作，不为他们配备职能机构和人员。这种组织形式适合于级别低、规模小、活动简单的基层单位。监狱、监区、分监区的组织形式就属于直线制结构形式。

直线制的优点是：权力集中，权责分明，指挥与命令统一，决策迅速，人员精干，信息沟通方便，工作效率高。其缺点是：由于缺乏专业管理分工，要求各级领导尤其是高级领导、中级领导必须通晓各类管理知识，担负各类管理工作，因而领导者任务繁重，极易陷入事务主义，不利于集中警力考虑重大问题，也容易使主管领导做出错误的决策。同时不注意发扬民主，容易影响部属发挥积极性和主动性。

（二）职能制组织结构

职能制组织结构起源于 20 世纪初法约尔在经营的煤矿公司担任总经理时所建立的组织结构形式。即在各级行政领导之下，按专业分工，设置管理职能部门，各部门在其业务范围内，有权向下级发布命令和指示。下级领导者和执行者，既服从上级领导者的指挥，也听从上级各业务职能部门的指挥。

职能制的优点是：职责明确，部门稳定性强，专业化分工有利于管理，权力高度集中。缺点是：部门间横向协调差，组织高层领导负担较重，且容易形成多头领导，指挥不统一。

（三）直线职能制组织结构

直线职能制组织结构被称为 U 型结构，是以权力集中于高层为特征的组织结构。它的基本特征在于组织的活动按照功能划分为若干个职能部门，每个部门又是一个垂直管理系统，由组织最高层领导直接管理，机关首长对全部工作负责。职能部门对下级领导者和下层职能部门无权直接下达命令或进行指挥。

直线职能制是目前各级警察机关内部的主要管理形式。其优点是：它保持了直线制的集中统一指挥的优点，并吸收了职能制组织分工细密、注重专业化管理的长处，提高了管理效率，为发挥指挥系统的作用提供了组织保证。其缺点是：各专业职能部门之间容易产生脱节和矛盾，信息沟通路线长、反馈慢、横向协调配合较难，并且，由于较多强调直线指挥，有时不够注意发挥职能部门的作用。

（四）矩阵制组织结构

矩阵制组织结构，是把按职能划分的部门和按产品划分的小组结合起来组成一个矩阵，一名管理人员既同原职能部门保持组织与业务上的联系，又参加项目小组的工作。如警察组织中的"警务督察小组"、"警察学会"、"警察基金会"。职能部门是固定的组织，项目小组是临时性组织，完成任务以后就自动解散，其成员回原部门工作。这种双重领导关系，纵横交错，形成矩阵。这种组织形式适用于警察组织执行某项专门重大任务。

矩阵制的优点是：使专门任务得到组织上的保障；加强了职能部门之间的横向联系，沟通信息，协作完成横向机构的任务；在不打乱原来垂直系统的情况下，同时又使多项任务能在一个组织中平衡协调地进行；有利于主管领导摆脱日常事务，集中精力抓全局、抓关键。其缺点是：双重领导下如果职责划分不清，容易造成指挥混乱，多头领导，出现矛盾和扯皮现象。

第三节 监狱人民警察管理组织体制

组织体制是指彼此联系、互相制约的不同层次和不同部门按照一定的程序组合而成的一个整体。我国监狱警察组织体系是由司法部及其监狱管理局、各省、市、自治区司法厅及其监狱管理局、各监狱组合成的统一整体。

一、警察体制

警察体制也称作警察管理体制，是指警察系统为实现有效管理而设置的各种机构以及相应的组织领导体制。宏观的警察体制，是指整个警察体系为实现有效管理而确定的中央警察机关与地方警察机关、地方各警察机关之间以及它们与地方党政机关关系的制度。微观警察体制，包含两个方面的内容：①在一个相对独立的警察组织内机构如何设置；②在一个相对独立的警察组织内部权力如何划分，决策权归谁所有的制度。由于决策权是领导最核心的权力，因而也可称为"领导体制"。

警察体制是警察组织互相依存、互相制约、融为一体的纽带，警察体制是微观的警察组织和宏观的警察组织体系结构的凝合剂；同时警察体制是警察组织进行管理活动并争取管理效益优化的重要因素之一。一个完善的科学的警察机制，不但有利于减少组织与组织之间、组织与部门之间、领导与警员之间的内耗，从而增强组织的内聚力、提高组织的战斗力，进而有利于组织内部其他因素的改善，有利于整体功效的优化，而且，还可以从制度上保证各级警察组织及其领导人少犯错误。

二、警察组织体制

目前，世界上主要有三种警察体制：自治型警察体制、集权型警察体制、非自治非集权型警察体制。

自治型警察体制的特点是：没有全国统一的最高警察领导机构。该体制起源于英国，目前美国、德国等国家采用这种体制。以英国警察为例，英式警察以高度自治、平民化和注重社会服务为特色。它在组织体制上实行地方自治，全国没有统一的警察制度；在组织性质上体现平民化，警察一般不佩枪；在职责任务上，除打击犯罪活动外，还承担着大量福利性的社会服务工作。

集权型警察体制的特点是：中央对全国警察进行集中统一管理，警察组织内部实行自上而下的垂直领导，地方政府无权过问警察事务。该体制起源于法国，意大利、西班牙等国家实行该体制。

非自治非集权型警察体制的特点是：全国有隶属于中央政府的最高警察机关，中央警察机关在警察业务上有权对各地方警察机关进行领导和管理；同时地方警察机关又接受地方政府的领导和监督。我国就属于这种体制，即"统一领导，分级管理，条块结合，以块为主"。

我国警察组织体制，是指警察机构设置、隶属关系和权限划分及其形成的制度和体系的总称。它是警察组织各层次、各部门之间的关系制度化的表现形式。

我国的警察警察组织表现为"层级——职能制"的组织体制。这种体制具有以下优点：

1. 纵向层级之间是一种上下从属关系。上级领导下级，下级服从上级。这样有利于加强领导和信息沟通，有利于进行指挥和实施控制，使各项警察工作任务能够顺利完成。

2. 横向各个职能部门平行并列，各有自己的任务、职权、功能。它们之间虽互为所属，但彼此联系、相互制约、相互配合、相互补充，使之构成一个具有完整功能的警察组织。

3. 这种组织体制构成一个"金字塔"状，有利于加强基层工作，使警察管理活动有着坚实的群众基础。总之，我国的警察组织，把层级制和职能制有机结合起来，形成完整的组织体制，从而能够充分发挥人民民主专政的职能作用。

三、监狱组织体制及运行机制

警察组织的合理设置是警察管理科学化的前提，也是提高警察管理工作效率的基础。监狱组织机构设置的基本格局是：司法部设监狱管理局；省、自治区、直辖市司法厅（局）设监狱管理局；部分地、市司法局设监狱管理局。省、自治区、直辖市和部分地、市监狱管理局分别下设监狱。

各级监狱机关内部设置相应的具体业务工作部门。它们分别是：司法部监狱管理局内设办公室和政治处、监狱规划处、刑罚执行处、狱政管理处、研究室、教育改造处、生活卫生处、生产指导处、财务处、科技处等业务部门。

各省及地方监狱管理局根据本地实际情况，设置大致同司法部监狱管理局相应的业务工作部门。

各监狱根据犯人的刑期、数量的多少以及整个规模的大小等实际情况设置相应的业务部门。一般来说，监狱机构的四大职能部门必不可少，即狱政管理科、狱内侦查科、教育科、生活卫生科。此外，还根据犯人人数及需要设置若干个监区、分监区。

监狱机关人民警察组织管理机制，一般是在坚持党的绝对领导的原则下，实行中央和地方的双重领导，绝大多数基层监狱是由上级监狱管理局实行垂直领导。地市办的监狱则实行以地方领导为主的管理体制。

《监狱法》第10条规定，国务院司法行政部门主管全国的监狱工作。司法部是监狱机关人民警察的最高领导机关。它接受党中央和国务院的领导，在党中央、国务院的领导下，按照党的路线、方针、政策和国家有关法律法规指导全国监狱人民警察的全面建设，并根据宪法和国务院的行政法规、决定、命令等在本部门的权限内，发布命令、指示和规章制度，审批各省、自治区、直辖市的监狱机关机构设置与编制等。

司法部监狱管理局是司法部的业务职能部门，由司法部直接领导，负责全国监狱机关的业务领导工作。

省、自治区、直辖市和地方监狱管理局是省、自治区、直辖市政府和地市政府的职能部门，分别受本级政府司法厅（局）和上级监狱机关领导，集团内部实行党委领导下的行政首长负责制。

 案例分析

司法部燕城监狱两级管理的扁平化模式形态

燕城监狱是关押重要罪犯和具有典型犯罪的高度戒备的部级监狱。1996 年建监时就以监狱——监区的两级管理架构设置。

1. 监狱层级组织架构。监狱机关民警占民警编制数的21%，监区民警占民警编制数的79%，机关内部设综合研究部、监狱改造部、狱政管理部、警务督察部、财务审计部、后勤劳动服务总公司等六个部制机构。监狱领导配备采取"2+2"制，共计4名。其中设监狱长兼党委书记、政委、副监狱长2名。在中国监狱领导职数配备上，燕城监狱的领导班子是最精简的班子。

2. 监区层级组织架构。该监狱下设监区6个，监区领导班子采取的是"2+1"模式。即配置监区领导3名：监区长、政委、副监区长；每个监区的押犯规模在70~150人，民警配置20~30人，民警采取分类管理，分为狱政管理类、监狱改造类、劳动生产类三大类，采取业务主管制，"谁管理谁负责"。

根据上述材料分析如下问题：

1. 说明合理组织结构对组织发展的重要性。

2. 分析直线职能制监狱组织结构形式的优缺点。

第三章　监狱人民警察领导

！案例导入

昔日司法副厅长　今日监狱阶下囚

2011 年 12 月 13 日，长沙市中级人民法院对湖南省司法厅原副厅长、湖南省监狱管理局原局长刘万清受贿案一审宣判：犯受贿罪、巨额财产来源不明罪、徇私舞弊暂予监外执行罪，数罪并罚判处无期徒刑，并处没收个人全部财产，其受贿犯罪所得及其他违法所得财物折合人民币共计 1700 余万元，上缴国库。

"从管理监狱的干部变成了被监狱管理的罪犯"，刘万清再次回到一个他曾经无比熟悉的地方——监狱，不过是以阶下囚的身份。在他之前，2006 年，四川省监狱管理局原局长李文华，因受贿 63 万余元被判刑 12 年；2010 年，浙江省监狱管理局原局长田丰，因受贿被判 7 年。刘万清案件陆续牵出了 130 多名湖南省监狱系统干部，后者都是曾经向其行贿的人，分布在监狱管理局下辖省直 18 所监狱和 1 所未成年犯管教所、1 所医院和 1 个物资供应中心，该案牵涉了整个湖南监狱系统。案件所暴露出的"刑罚执行腐败、基建腐败和人事腐败"，掀开了中国监狱系统的另一面。

管理过程是一个复杂的社会实践过程，是一项综合的组织领导工作。警察领导是影响组织绩效高低和目标实现与否的重要因素。各级警察领导者的素质、能力直接影响警察组织职权的正确行使。因此，警察领导要与时俱进，做到观念更新，作风更新，改进领导方法，提高领导艺术，做新时代的警察领导者。本章将从警察领导总体加以论述。

第一节　领导概述

一、领导的含义

领导，作为一种社会现象，是随着人类社会的产生而产生的社会实践活动。

对领导含义的解释众多，综合多数人的观点，可以这样定义：领导是在一定的社会组织或群体内，为实现组织预定目标，运用其法定权力和自身影响力影响被领导者的行为，并将其导向组织目标的过程。

要理解领导的含义首先要把握领导的一般特征：

1. 领导是一个社会组织系统。领导不是领导者个人行为，而是一个包含着领导者、被领导者、领导行为和客观环境等多种要素在内的活动过程。要正确理解领导的概念，必须区分领导、管理和领导者和管理者的概念：①领导者和领导是两个不同的概念。领导者是组织职能的基本组织者，是率领者、引导者、指挥者，是领导行为的主体，其在组织中起着最为根本的作用。领导是组织中人与人之间相互作用的一种行为过程，是组织目标、领导者、被领导者、领导行为、行为结果等共同构成的内容体系。②领导与管理亦是不同。领导属于管理的范畴，但是除了管理，领导还包括其他内容，比如计划、组织、控制等。③领导者与管理者也不是一个概念。领导者不一定是管理者，管理者也不一定是领导者。管理者是组织中有正式职位负有一定责任的人，他存在于正式组织之中。领导者即可以是正式组织中行政任命的优秀管理者，也可以是非正式组织中由于自身魅力而产生影响力的带头人。所以领导者既可以存在于正式组织中，也可以存在于非正式组织中。

2. 领导是一个动态的活动过程。领导是由领导者、被领导者和领导环境组成的一个完整严密的体系。领导者的才干、被领导者的能力、领导环境的变化多端以及领导方式的灵活多变，是说明领导动态化的根本因素。

3. 领导是一种有目的的行为。领导的最终目的是实现预定的目标。实现目标是组织的根本，各种管理活动都是围绕有效实现组织目标而进行的。领导者的职能就是处理好各种人际关系，使其形成一股合力，共同完成组织目标。

4. 领导是一种有序的行为过程。领导贯穿于组织管理活动的全过程，制定目标、组织设计、人员配备、落实责任与权力、监督控制反馈等直至实现目标。整个领导过程必须在有序条理状态下一一落实。

二、领导的权力

领导是领导者为了实现组织目标而向下属施加影响力的一种行为或行为过程。一个人的心理和行为是会受他人的影响和改变的，这种能影响他人的力量即是领导的影响力。影响力来源于各种形式的权力，一般来说有两种：法定权力和自身影响力。

（一）法定权力

法定权力是领导者职位赋予他奖励或者惩罚下属的权力。这种权力具有明显的强制性，是组织中领导者被规定的地位所决定的。它随职务的授予而开始，以职务的免除而终止，不以人员流动而改变。法定权既受法律、规章制度的保护，又受法律、规章制度的制约，是领导者开展领导活动的前提和基础。一般而言，法定权包括以下几个方面：强制权、决策权、组织权、指挥权、人事权、奖惩权等。

1. 强制权。领导者对下属具有绝对强制其服从的力量。强制权对于维护组织正常运行秩序是必要的。强制权力正是因为社会赋予领导者个人地位、职位、权力等，才使得领导者具有这种权力，也只有领导者才具有这种权力。这种权力具有强迫性、不可抗拒性，被影响者表现为服从和被动。

2. 决策权。领导的过程就是制定决策和实施决策的过程，决策正确与否是领导者成功的关键因素之一。决策正确可以取得事半功倍的效果，决策失误则可能造成难以挽回的损失。因此，领导者要努力学习和掌握科学决策的理论、方法和艺术，不断提高科学决策的水平，减少决策的失误。

3. 组织人事权。组织权是领导意图得以实现的组织保证，它主要包括：设计合理的组织结构、规定必要的组织纪律、确定适宜的人员编制和配备恰当的人员等。人事权是指领导者对工作人员的挑选录用、培养、调配、任免等权力。大量事实说明，如果人事问题不与主管领导发生直接联系，必然要削弱领导者的权力基础。

4. 指挥权。指挥权是领导者实施领导决策或规划、计划等的必要保障，如果没有这种保障，领导者便无法完成其使命。领导者运用权力，干预、调动下级行动，以期达到组织目标。这要求领导者要具有权威性。所谓权威，是指把一部分人的意志强加于另一部分人。没有权威就没有领导。在权威的基础上保证指挥内容科学性、指挥形式适宜性、指挥对象服从性、指挥环境优化性。

5. 奖惩权。领导者根据下属的功过表现进行奖励或惩罚的权力。领导者可以采用加薪、提拔、表扬、赏识、关注等方法给予下属奖励，以影响下属的行为。惩罚权与奖励权相对，指领导者有权利开除下属、给予下属降职降级处分、批评员工等。

（二）自身影响力

领导者对被领导者的另一种作用力量为自身影响力，即领导者以自身的威信影响或改变被领导者的心理和行为的力量。

领导的自身影响力不具有法定性质，而是由领导者个人的品质、道德、学识、才能等方面的修养在被领导者心中形成的形象与地位决定的。它是以下属对领导者的个人品德和素质的敬慕为基础的，主要取决于领导者本人的素养和修养，包括下述几方面：品德、学识、能力、情感，领导者的自身影响力不能由组织赋予，只能靠领导者的高超的领导艺术、卓越的领导成就、务实的工作作风、宽大的胸怀、广博的知识等自身的素养和努力取得。

三、领导的作用

领导贯穿于组织管理活动中的全过程。其作用如下：

（一）组织作用

领导的主要工作就是落实组织目标。为实现组织目标，领导者首先要进行科学的决策；其次要合理地进行组织设计，合理配备使用人、财、物，保证组织正常的运行。

（二）协调功能

所谓领导协调，就是对可能影响组织和谐的各种矛盾、冲突进行调整、控制，使组织保持一种平衡状态以实现组织的预定目标。作为领导者要积极地开展工作，必须协调好群体中的个人、群体、部门之间的关系，整合组织力量、为实现组织目标尽力。

（三）激励作用

激发和调动职工的工作积极性，是衡量领导水平的主要标准之一。在领导行为三要素理论中，被领导者的素质、水平也是影响领导绩效的主要因素之一。有效激发调动组织成员积极性可以更好地发挥领导效能，提高被领导者接受和执行组织目标的自觉性，激发被领导者的工作热情，从而提高工作效率。

第二节 领导理论

领导理论是专门研究领导过程中人的行为及其相关作用和相互关系规律的理论。影响领导有效性的因素以及如何提高领导的有效性是领导理论研究的核心。领导理论的研究和发展基本上分为三个阶段。

一、领导性格理论阶段

第一阶段是性格理论阶段，又称为领导特质理论，从20世纪开始到20世纪30年代。这一时期的研究侧重于领导人的性格、素质方面的特征，研究集中在身体特征、个性特征、才智特征方面。按其对领导特性来源的不同解释，可分为传统的领导性格理论和现代的领导性格理论。传统的领导性格理论认为领导特质是天生的，是由遗传决定的；而后者则认为领导的品质和特性是在实践中形成

的，是可以通过教育训练培养的。无论是传统性格理论还是现代性格理论，都强调领导者应具有较多的适应领导工作的人格特性。但领导特性理论还存在着一些缺陷：①领导性格理论忽视了下属，而下属对领导的成效往往产生重要的影响；②没有具体指出不同品质和特性在领导工作中的相对重要性；③同一领导者完成不同的任务领导效果不一样，在不同的组织环境中表现也不相同，特性理论表现很不确定。

二、领导行为理论阶段

第二阶段是领导行为理论阶段，始于 20 世纪 50 年代。此阶段着重研究领导者的行为。许多管理心理学家在调查研究中发现领导者在领导过程中的领导行为与他们的领导效率之间有密切的关系，并且投入大量的精力和财力对此课题进行研究。理论包括勒温的三种领导方式理论、伦西斯·利克特的四种管理方式理论、领导四分图理论、管理方格理论、领导行为连续统一体理论等。这阶段的研究者认为从领导对人和对生产的关心两个维度分析领导行为，找出领导行为与工作绩效之间的关系，从而指导领导者更好地进行领导工作。

（一）领导四分图理论

领导行为四分图理论是由美国俄亥俄州立大学研究者在调查研究基础上于 1945 年提出的。该理论把领导行为归纳为"抓组织"和"关心人"两大类。"抓组织"，强调以工作为中心，领导者以完成工作任务为目的，只注意工作是否有效地完成，只重视组织设计、职权关系、工作效率，而忽视部属本身的问题，对部属严密监督控制。"关心人"，强调以人为中心，是指领导者强调建立领导者与部属之间的互相尊重、互相信任的关系，倾听下级意见和关心下级。领导行为是两类行为的具体结合，分为四种情况，用两度空间的四分图来表示。

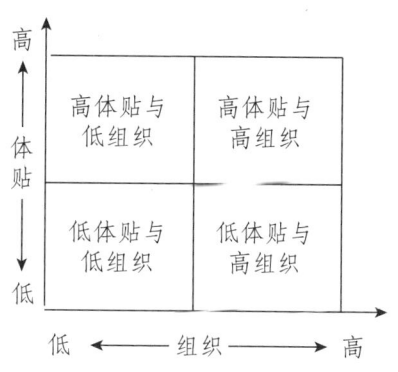

图 3-1　领导行为四分图

低关心人高组织的领导者，最关心的是工作任务。高关心人低组织的领导者大多数较为关心领导者与部属之间的合作，重视互相信任和互相尊重的气氛。低组织低关心人的领导者，对组织对人都漠不关心，一般来说，这种领导方式效果较差。高组织高关心人的领导者，对工作对人都较为关心，一般来说，这种类型的领导者比其他三种类型的领导者更能使下属达到高绩效和高满意度，效果最好。

（二）领导行为连续统一体理论

领导行为连续体理论由坦南鲍姆和沃伦·施密特于1958年提出。领导行为连续体理论列举了七种有代表性的模式。他们认为不能抽象地认为哪一种模式一定是好的，哪一种模式一定是差的。成功的领导者应该是在一定的具体条件下，善于考虑各种因素如领导者的自身能力、下属及环境状况、工作性质、工作时间等的影响，指挥与放权并重，采取最恰当的行动。

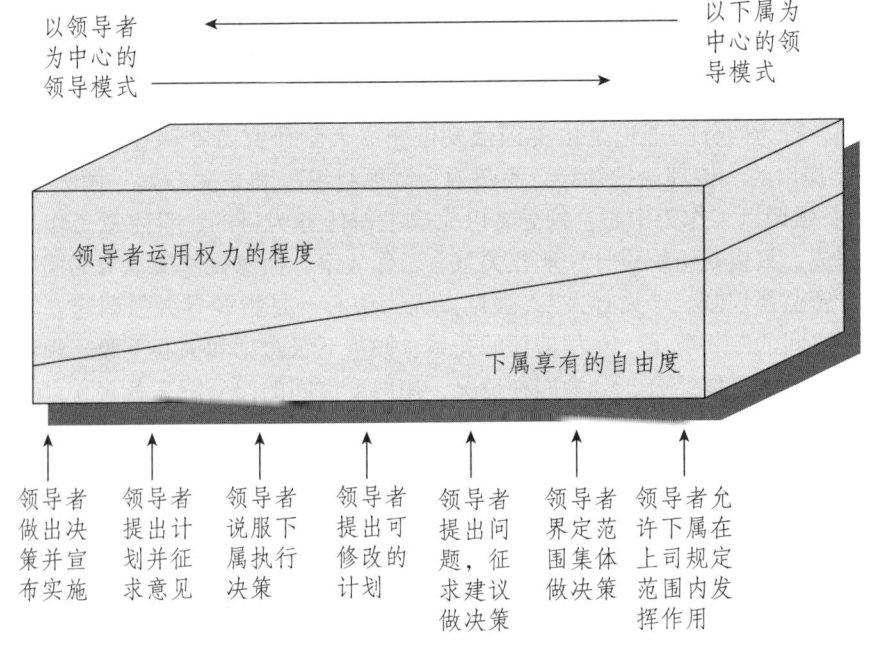

图3-2　领导行为连续体理论图

1. 领导作出决策并宣布实施。在这种模式下，领导者确定一个问题，并考虑各种可供选择的方案，从中选择一种，向下属宣布执行，不给下属直接参与决策的机会。

2. 领导者说服下属执行决策。在这种模式下，领导者承担确认问题和作出决策的责任。但他不是简单地宣布实施这个决策；而是认识到下属中可能会存在反对意见，于是试图通过阐明这个决策可能给下属带来的利益来说服下属接受这个决策，消除下属的反对。

3. 领导者提出计划并征求下属的意见。在这种模式中，领导者提出了一个决策，并希望下属接受这个决策，他向下属提出一个关于自己计划的详细说明，并允许下属提出问题。下属能更好地理解领导的计划和意图，领导者和下属能够共同讨论决策的意义和作用。

4. 领导者提出可以修改的计划。在这种模式中，下属可以对决策发挥某些影响作用，但确认和分析问题的主动权仍在领导者手中。领导者先对问题进行思考，提出一个暂时的可修改的计划，并把这个计划交给有关人员进行征求意见。

5. 领导者提出问题，征求建议做决策。在这种模式中，领导者决策在后，征求意见在前，这是前几种模式所没有的。下属有机会在决策做出以前就提出自己的建议。领导者从下属提出的各种解决方案中选择一种他认为最好的方案。

6. 领导者界定问题范围，下属集体做决策。在这种模式中，领导者已经将决策权交给了下属的群体。领导者的工作是弄清所要解决的问题，并为下属提出做决策的条件和要求，下属按照领导者界定的问题范围进行决策。

7. 领导者允许下属在上司规定的范围内发挥作用。这种模式表示了极度的团体自由。如果领导者参与了决策的过程，他应努力使自己与团队中的其他成员处于平等的地位，并事先声明遵守团体所作出的任何决策。

因坦南鲍姆与施密特在研究领导作风与领导方式时摆脱了较为绝对的"两极化"倾向，反映出领导模式的多样性与情景因素，研究成果显示出了良好的适应性与生命力，所以其理论受到了西方管理学界的普遍重视。

（三）管理方格论

管理方格论是由美国德克萨斯大学的行为科学家罗伯特·布莱克和简·莫顿在 1964 年出版的《管理方格》一书中提出的。该理论主要是研究领导方式及其有效性。理论认为，领导工作中往往出现一种极端方式，或者以人为中心，或者以生产为中心，在两者之间可以存在使二者在不同程度上互相结合的多种领导方式，而不是"非此即彼"。

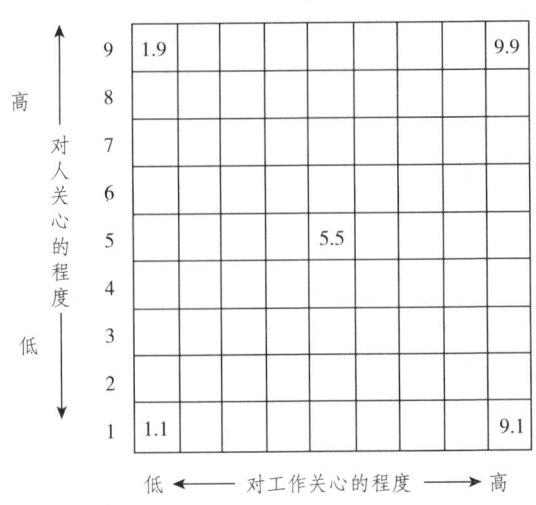

图 3-3　管理方格图

管理方格图是一张纵轴和横轴各九等分的方格图，纵轴表示领导者对人的关心程度，横轴表示领导者对业绩的关心程度。全图总共 81 个小方格，表示 81 种不同的领导风格，其中五种类型最具代表性。

1. 贫乏式领导（1.1）。这种领导方式表示对人和工作都很少关心。这种领导必然失败。

2. 任务式领导（9.1）。这种领导方式重点放在工作上，而对人很少关心。领导人的权力很大，指挥和控制下属的活动，而下属只能奉命行事，不能积极发挥积极性和创造性。

3. 俱乐部式领导（1.9）。这种领导方式重点放在满足职工的需要上，对人关心多，对指挥监督、规章制度重视不够。

4. 中间路线式领导（5.5）。这种领导方式表示领导者对人的关心和对工作的关心保持中间状态，只求维持一般的工作效率与士气，不积极促使下属发扬创造革新的精神。

5. 理想式领导方式（9.9）。这种领导方式对人对工作都很关心，能使员工和生产两个方面最理想、最有效地结合起来。职工能了解组织目标并关心其结果，从而自我控制、自我指挥，充分发挥积极性，为实现组织目标而努力。

三、领导权变理论阶段

"权变"一词的意思是指随具体情境而变或者依具体情况而定。领导权变理论主要研究与领导行为有关的情境因素对领导效力的潜在影响。该理论强调领导无固定模式，领导者要按照不同的被领导者和不同的环境，适时调整领导行为才能提高领导绩效。此阶段研究者将情境因素从其他因素中分离出来，强调任务结构、领导者与下属的关系、领导的权威、下属的主导性需求等情境因素是影响领导行为成功与失败的重要因素。此阶段影响重大的理论有：费德勒的随机制宜领导理论、赫塞－布兰查德情境领导理论、路径—目标理论等。

（一）随机制宜领导理论

1962年美国心理学家费德勒将领导人的特质研究和领导行为研究有机结合起来，并将其与情境分类联系起来研究领导的效果，建立"费德勒模式"。费德勒模式将领导方式归纳为两类：员工导向型领导方式和工作导向型领导方式。员工导向型领导方式以维持良好的人际关系为其主要需要，而以完成任务之需要为辅。工作导向型领导方式则相反，以完成任务为主要需求，而已维护良好的人际关系需求为辅。费德勒还认为，一个领导者，无论他采用何种领导方式，其最终目的都是为了获取最大的领导效能，要想取得理想的领导效能，必须使一定的领导方式和与之相适应的领导情势相配合。领导情势是指发生领导行为时所处的人际环境，它包括领导者与成员之间的相互关系、任务结构和职位权力三个要素。

1. 领导者与成员的关系。领导者与成员的关系是指团体成员对领导的情感，包括尊重、友谊、信任、合作、接纳、支持以及忠诚度。

2. 任务结构。任务结构是指团体目标与任务的界定是否充分明确而妥当，它包括目标对成员来说是否清晰，成果的可测度如何，解决问题的方法是否具有正确性及完成任务的途径或手段之多寡等。

3. 职位权力。职位权力是指领导者现居职位能对部属施展多大影响力，包括领导者的地位、权威与责罚、升贬、加薪、指派等能力。

三个因素中领导者与成员的关系是最重要的因素。费德勒提出，一个领导者要想取得理想的领导绩效，必须通过一定的领导方式对领导情境实施有效控制，对领导情境的有效控制又取决于三个要素的相互配合。

（二）领导的生命周期理论

领导生命周期理论，也称为领导情境理论。它是由科曼首先提出，后由美国管理学家赫塞和布兰查德进一步发展。该理论认为根据下属的成熟度选择正确的领导风格才是取得成功的关键。由于该理论模式应用比较简单，被认为匹配程度比较好，所以被许多大公司以及军队广泛采用，同时也被作为重要的培训手段加以运用。

成熟度是指人们对自己的行为承担责任的能力和愿望的大小。它取决于两个要素：工作成熟度和心理成熟度。所谓工作成熟度，包括一个人的知识和技能，工作成熟度高的人拥有足够的知识、能力和经验完成他们的工作任务而不需要他人的指导。心理成熟度指的是一个人做某事的意愿和动机。心理成熟度高的个体不需要太多的外部激励，他们靠内部动机激励。

生命周期理论的主要内容就是领导应该根据员工成熟度的不同，相对应地将领导方式分为四种：命令式、说服式、参与式、授权式。

下属的成熟度分为四个阶段：

1. 不成熟阶段。下属既不能胜任工作也不能被信任。处在这一阶段的下属从情感上没有胜任工作的意愿，从能力上达不到胜任工作的要求。

2. 初步成熟阶段。下属既有积极性但缺乏足够的技能。处在这一阶段的下属愿意执行必要的工作任务但缺乏能力。

3. 比较成熟阶段。下属虽有能力却不愿干领导希望他干的工作。

4. 成熟阶段。下属有能力又愿接受工作的安排。

相对应的四种领导方式为：

1. 命令式。其表现为高工作低关系型领导方式，领导者对下属进行分工并具体指点下属应当干什么、如何干、何时干，它强调直接指挥。因为在这一阶段，下属缺乏接受和承担任务的能力和愿望，既不能胜任又缺乏自觉性。

2. 说服式。其表现为高工作高关系型领导方式。领导者既给下属以一定的指导，又注意保护和鼓励下属的积极性。因为在这一阶段，下属愿意承担任务，但缺乏足够的能力，有积极性但没有完成任务所需的技能。

3. 参与式。其表现为低工作高关系型领导方式。领导者与下属共同参与决策，领导者着重给下属以支持及其内部的协调沟通。因为在这一阶段，下属具有完成领导者所交给任务的能力，但没有足够的积极性。

4. 授权式。其表现为低工作低关系型领导方式。领导者几乎不加指点，由下属自己独立地开展工作，完成任务。因为在这一阶段，下属能够而且愿意去做领导者要他们做的事。

（三）目标路径理论

目标路径理论是多伦多大学教授豪斯提出的一种新型的领导权变理论。领导是一种激励部下的过程。领导方式只有适用于不同的部下和环境时，才是有效的。该理论的核心是要求领导者制定合理的、员工所期待的报酬，同时为下属实现目标扫清道路，创造条件。该理论提出的领导方式为：

1. 指示型领导方式。领导者应该对下属提出要求，指明方向，给下属提供他们应该得到的指导和帮助，使下属能够按照工作程序去完成自己的任务，实现自己的目标。

2. 支持型领导方式。领导者对下属友好，平易近人，平等待人，关系融洽，关心下属的生活福利。

3. 参与型领导方式。领导者经常与下属沟通信息，商量工作，虚心听取下属的意见，让下属参与决策，参与管理。

4. 成就指向型领导方式。领导者做的一项重要工作就是树立具有挑战性的组织目标，激励下属想方设法去实现目标，迎接挑战。

目标路径理论指出，领导者是灵活的，可以而且应该根据不同的环境特点调整领导方式和领导作风。具体来说，当领导者面临一个新的工作环境时，他可以采用指示型领导方式，指导下属建立明确的任务结构和明确每一个人的工作任务。接着就可以采取支持型领导方式，有利于与下属形成一种协调和谐的工作气氛。参与型领导方式是领导者对组织的情况进一步熟悉后所采用的。积极地与下属沟通信息，商量工作，让下属参与决策和管理。最后可以采用指向型领导方式，领导与下属一起制定具有挑战性的组织目标，然后为实现组织目标而努力工作，并且运用各种有效的方法激励下属实现目标。

第三节 监狱人民警察领导者素养

在监狱人民警察管理活动中，领导者占据主导地位。警察领导者素质的高低，不仅关系着领导者是否能胜任本职工作，而且对监狱警察管理工作的目标能否实现起着决定性作用。因此提高监狱人民警察领导者的素养，是提高监狱警察管理活动整体功能的一个重要方面。

一、监狱人民警察领导者素养的含义及特点

领导者的素养是领导者的素质及其修养的总称。所谓领导者的素质，是指在生理条件的基础上，通过后天的学习、教育和锻炼而形成的，在领导工作中经常起作用的那些内在要素的总和。它是领导者从事领导活动所必须具备的基本条件，是一种潜在的领导能力。修养一般是指一个人在思想品德、知识、技能方面达到一定水平所要经历的长期学习和实践的过程。素质和修养，是客观条件和主观因素的优化组合，两者不可分割。

概括起来，领导者素养有以下几个特点，监狱人民警察领导者也不例外。

（一）综合性

监狱人民警察工作的复杂性和多样性，要求监狱人民警察领导者素养具有综

合性、全面性。一般来说，综合性要求他们在政治上坚定成熟，工作上大智大勇，知识渊博，熟悉监狱警察业务，机警灵活；具有高尚的道德品质，良好的民主作风，坚强的性格，能够取得部属的信任，团结、带领部属一道完成各项任务。他们应当是具有多方面良好素质并具有开拓精神的"通才"。

（二）层次性

专业化劳动分工使领导者责任也越来越分明。不同层次、不同领域、不同部门的领导者的素质要求也会有不同。监狱警察领导层次有高层、中层和基层之分；监狱领导分管领域有经济、政治和文化之分；领导部门有党委、行政、事业、企业之别，这就决定了监狱警察领导素质具有鲜明的层次性。领导层次越高，素养的要求也越高。

（三）动态性

监狱警察领导者的素养是一个动态的概念，经常处于不断变化之中的。一个先天素质较好的领导者，如果自身不努力学习，勇于实践，积极进取，自强不息，那么长久下去，也会变坏，反之亦然。除了先天因素，领导者后天的培训、锻炼也是非常重要的决定因素。领导者只有投身于变革现实的实践之中，刻苦学习，加强锻炼，不断地总结提高，才能形成并不断发展和完善自身的领导素养。

（四）时代性

任何人的发展必然受到时代的影响，不同时代的政治、经济、文化、科学技术都将在素质方面打上时代的烙印。监狱警察领导者也不例外。不断发展的环境对监狱人民警察领导者的素养提出更高更新的要求。监狱领导者只有具备了符合时代特点的素质，才能有效地实施科学领导，否则最终会被时代所淘汰。

二、监狱人民警察领导者应该具有的素养

（一）政治素养

1. 要有坚定正确的政治方向。

2. 要有严格的政治原则。

3. 要全心全意为人民服务。

4. 要有高度的组织纪律性。

5. 以身作则、率先垂范。

（二）科学文化素养

1. 要有比较扎实的文化基础知识。

2. 要有比较深厚的专业知识。

3. 必要的辅助知识。

（三）业务素养

1. 统筹全局、着眼未来的创新能力。监狱人民警察领导者要善于进行理论思维和战略思维，坚持用马克思主义的宽广眼界全面观察和审视世界，既从历史发展的角度去观察和审视问题，又密切注视世界政治、经济、科技、文化、军事、外交等方面的变化，善于在普遍联系中把握世界发展的大局，从事物的不断变化中掌握事物发展的规律，以便能更深刻、更全面地统筹全局，把握未来。

2. 权衡利弊、趋利避害的决策能力。监狱人民警察领导者要善于学习和把握事物的内在要求和运行特点，坚持按照客观规律办事，在机遇、挑战面前善于决策、敢于决策，切实解决实践中出现的新情况、新问题。

3. 沉着冷静、坚决果断的指挥能力。监狱人民警察领导者要具备冷静果断的能力。领导者是一个组织的灵魂，在大是大非和日常工作中要冷静思考，沉着应对，命令坚决，指挥果断。只有领导者做到这一点，被领导者才能规则、有序、认真、严谨地在领导者的带领下开展工作，否则将会是一盘散沙。

4. 审时度势、动机灵活的应变能力。监狱人民警察领导者要始终坚持以国家和民族利益为重，采取灵活机动的战略战术，有理有利有节地处理各种复杂情况，集中力量办好工作的事情；要善于协调不同群体之间的关系，提高协调和处理各种矛盾的能力和水平；要建立科学有效的工作机制，妥善处置各种突发事件，努力把矛盾和问题解决在基层和萌芽状态，充分调动各方面的积极性和创造性，形成强大的合力。

5. 英勇顽强、百折不挠的意志和毅力。监狱各级领导者在工作中会遇到来自各个方面的各种意想不到的困难，如果没有顽强意志和百折不挠的毅力，将会一事无成，根本谈不上领导力，领导绩效就更无从谈起。

6. 平等待人、处事公道的协调能力。监狱领导即协调，协调是组织存在与发展的必要条件，是化解各种矛盾、冲突，维持组织稳定的可靠保障，也是实现组织上下同心同德、通力合作的基础。积极主动协调冲突、解决问题的能力是领导才能的重要组成部分。

7. 知人善任、选用干部的能力。知人善任是监狱人民警察领导者的重要职责和应具备的基本能力。知人是善任的前提和基础，善任则是知人的目的和结果。通过知人达到善任，又在善任中进一步知人。领导者进行的组织领导工作中首要的就是人才问题。因为监狱警察领导者不可能事无巨细，事事亲为，所以领导者必须运筹帷幄、调兵遣将，有效地调动每个人的积极性，充分发挥每个人的主观能动性，做到人事相宜，选用得当，真正把合适的人选用到合适的岗位上，明确职责，各司其职，各尽其责，充分发挥每个人长处。

（四）身心素养

健康的身体，充沛的精力是领导者做好工作的最基本的条件。监狱警察领导者不仅要有健康的身体素质，还应有稳定的情绪和健康的心理素质。心理素质是指领导者的心理过程和个性特征方面表现出来的根本特点，是领导者进行领导活动的心理基础，它对监狱警察领导者行为起调节作用。监狱人民警察领导者的心理素质主要包括：强烈的事业心和责任心；积极的自尊心和自信心；顽强的意志；良好的性格和气质；等等。

三、监狱人民警察领导者的群体素质

警察组织中领导者并非一人，而是一个群体，即领导班子。监狱领导班子的群体素质不仅仅取决于每个领导者的个人素质，还取决于其他领导者在素质方面的构成比例和组合状况。如果监狱领导班子中的成员状态最佳、配合最佳，彼此弥补不足，就能产生整体大于各部分简单相加之和的效果，反之则不然。邓小平同志指出，领导班子就是作战指挥部，指挥部不强，作战就没有力量。因此，必须建立一个坚强的领导班子，建立一个最佳组合的领导班子。这是警察组织发展的重要因素。只有这样，才能发挥出班子的整体效应，实现领导目标，实现管理的科学化，进一步提高监狱领导班子的决策功能和领导水平。

警察机关领导班子的结构就是领导班子的各个成员在领导集体中所处的地位及其相互关系的完整综合体。领导班子的结构是否合理，对于领导班子整体效应的发挥起决定性作用。监狱警察机关领导班子群体结构主要包括知识结构、专业结构、职能结构、年龄结构等因素。

（一）复合的知识结构

知识结构就是监狱领导班子成员所拥有的科学文化知识的广度和深度，即在一定水平的基础上，由不同科学知识水平的人按一定比例构成的群体结构。合理的知识结构能保证领导班子成为具有综合领导能力的集体。优化的群体中应包括不同知识或不同知识水平的成员。

（二）互补的专业结构

监狱警察领导班子的专业结构，是指将领导班子中具有各类业务专长的成员按比例进行合理组合，达到互相补充，使整个领导班子成为具有综合业务能力的整体。专业结构是否合理是人民警察机关能否完成党和人民交给的任务的一个重要条件。对监狱人民警察来说，领导班子成员应该有管理、改造、生产经营、政工、后勤等多种专业人才构成。领导班子的专业构成，还应根据工作需要，适当增减专业成员的数量。

（三）良好的智能结构

智能是指人们运用科学文化知识分析和解决问题的能力。监狱领导班子的智能结构，是指监狱领导群体成员的智力水平与智力类型的配比组合。从某种意义上说，智能结构比知识结构更为重要。它不仅对于能否充分发挥监狱领导班子的功能起到决定性作用，而且是直接影响事业成败的关键。

（四）协调的气质结构

气质是指人的个性、脾气。现代心理学研究表明：人的气质分为四个类型，一般是胆汁质、多血质、粘液质、抑郁质。这四种气质类型各有长短，反映在一个人身上往往不是的单一型而是混合型，只是各有侧重而已。因此一个监狱领导班子的最佳气质结构，应是根据监狱领导班子气质结构的异性原则，按照不同气质类型的特点，选用不同气质的领导成员，同时又因人授权，使他们互相心理相容，取长补短，相得益彰，实现领导班子多功能化和高效化。

（五）梯形的年龄结构

年龄结构是指领导班子的年龄构成情况。年龄结构是否合理，对领导班子的整体素质有很大影响。因此，领导班子必须有一个合理的年龄结构，即老、中、青三者之间的比例关系为1∶3∶2。按这种梯形结构建设各级领导班子，是比较符合客观规律，是比较合理的年龄结构。

上述领导班子五项结构内容，是互相联系、互相补充、互相制约的有机整体，缺一不可。并且对领导班子的结构要加强动态管理，增强领导班子自身的适应性，持久地保持班子结构的合理化。

四、提高监狱人民警察领导者素养的途径

优秀的领导者要有良好的个人素养。提高领导者个人素养的自觉性，扎扎实实地学习、锻炼，是造就领导者良好素养的根本途径。

（一）勤于读书学习，不断拓展知识的广度和深度

读书学习是提高领导者素质和能力的重要途径。通过读书学习，可以获得所需要的各种知识，汲取和借鉴前人、他人的丰富经验。毛泽东指出，指导一个伟大革命运动的政党，如果没有革命理论，没有历史知识，没有对实际运动的深刻了解，要取得胜利是不可能的。在读书学习中，要克服畏难情绪，坚持把读书学习作为自己每天不可缺少的生活内容；要理论联系实际，根据社会主义现代化建设的要求、现代科技发展的趋势和监狱工作的实际情况来确定学习内容；要采取正确的、实用的、适于自己特点的学习方法，注意知识结构的合理性、知识内容的针对性和知识的广泛性。

（二）加强实践锻炼，提高领导水平

实践出真知，实践出才干。积极投身社会实践，是监狱领导者素质和能力提高的关键环节。毛泽东说过，读书是学习，使用也是学习，而且是更重要的学习。从战争学习战争——这是我们的主要方法。要努力做到学以致用、用以促学、学用相长，在实践中培养、提高自己的素养。要敢于承担艰巨的工作和任务，乐于做开创性的工作，既能经受得住挫折和打击，从错误中学习和提高，又能在成绩和荣誉面前戒骄戒躁，谦虚谨慎，这样可以使个人在思想上更加成熟，意志更加坚强，知识掌握得更加广泛，胸怀更加开阔。

（三）善于总结经验，广泛吸取营养

人类创造历史的能力和本领，是在不断总结正反两方面经验教训中得以提高和增强的。毛泽东说过，人类总得不断地总结经验，有所发现，有所发明，有所创造，有所前进。总结经验，既要总结当代社会的领导经验，又要总结历史上的领导经验；既要总结本国的领导经验，又要总结其他国家的领导经验；既要总结社会主义国家的领导经验，又要总结发展中国家和发达国家的领导经验。

（四）不断自我批评，反复心灵净化

古人提倡："吾日三省吾身。"在更复杂的环境下工作生活，更需要保持清醒的头脑，在日理万机之后，能静下来对自己的所作所为作一番反省和检查。对的坚持，错的改正，好的发扬，坏的克服。大胆承认自己的缺点和不足。一个领导者千万不要只顾往前干，不知回头看，更忌讳的是明知不对，还要坚持，文过饰非，我行我素。所以要严于律己，"不以恶小而为之，不以善小而不为"，这也是素质修养之道。

第四节　领导方法和领导艺术

领导活动是一门科学，更是一门艺术。领导方法和领导艺术是领导者必须具备的要素。领导方法和领导艺术运用得好坏，决定领导效益的高低，也直接影响决策能否顺利实现。

一、领导方法

领导方法是指领导者为达到一定的领导目的，按照领导活动的规律而采取的各种方式、办法、手段、措施、步骤等的总和。正确的领导方法是确定目标、完成任务的根本保证，是研究新情况、解决新问题、开拓新局面的强大武器，是总

结经验、推动工作向前发展的重要工具。

领导方法主要体现在领导行为方式上。领导行为方式是领导主体以其特定的作风、习惯、性格、态度、倾向、思想和教育素质在特定的领导环境制约下形成的、对领导客体做出反应并施加影响的基本行为定式。按照不同的标准可对领导行为方式作不同的划分。

（一）按权力控制程度分类

据此，可分为集权型、分权型和均权型领导方式。

集权型领导方式是工作任务、方针、政策及方法，都由领导者决定，然后布置给部属执行。

分权型领导方式是领导者只决定目标、政策、任务的方向，对部属在完成任务各个阶段上的日常活动不加干预。领导者只问效果，不问过程与细节。

均权型领导方式是领导者与工作人员的职责权限明确划分。工作人员在职权范围内有自主权。这种领导方式主张分工负责、分层负责，以提高工作效率，更好地达成目标。

（二）按领导重心所向分类

据此，可分为以事为中心、以人为中心和人事并重式领导方式。

以事为中心的领导方式中，领导者以工作为中心，强调工作效率，以最经济的手段取得最大工作成果，以工作的数量与质量及达成目标的程度作为评价成绩的指标。

以人为中心的领导方式中，领导者认为只有部属是愉快的、愿意工作的，才会产生最高的效率、最好的效果。因此，领导者尊重部属的人格，不滥施惩罚，注重积极的鼓励和奖赏，注意发挥部属的主动性和积极性，注意改善工作环境，注意给予部属合理的物质待遇，从而保持其身心健康和精神愉快。

人事并重式的领导方式中，领导者既要重视人，也要重视工作，两者不可偏废，既要充分发挥主观能动性，也要改善工作的客观条件，使部属既有饱满的工作热情，又有主动负责的精神。领导者对工作要求严格，必须按时保质保量地完成工作计划，创造出最佳成果

（三）按领导者的态度分类

据此，可分为体谅型、严厉型领导方式。

体谅型领导方式是领导者对部属十分体谅，关心其生活，注意建立互相依赖、互相支持的友谊，注意赞赏部属的工作成绩，提高其工作水平。

严厉型领导方式是领导者对部属十分严厉，重组织、轻个人，要求部属牺牲个人利益服从组织利益，严格每个人的责任，执行严格的纪律，重视监督和

考核。

（四）按决策权力大小分类

据此，可分为专断型、民主型、自由型方式。

专断型领导方式是领导者把决策权集于一人手中，以权力推行工作。由于决策错误或客观条件变化，贯彻执行发生困难时，不查明原因，多归罪下级。对下级奖惩缺乏客观标准，只是按领导者的好恶决定。

民主型领导方式是领导者同部属互相尊重，彼此信任。领导者通过交谈、会议等方式同部属交流思想，商讨决策，注意按职授权，培养部属主人翁思想。奖惩有客观标准，不以个人好恶行事。

自由型领导方式是领导者有意分散领导权，给部属以极大的自由度，只是检查工作成果，除非部属要求，不作主动指导。

二、领导艺术

领导艺术是指领导者为了达到既定的目标，创造性地运用各种领导方式、方法的技巧。一个娴熟、高明的领导往往会用经验、智慧、才干创造性地解决问题，开展工作。

领导艺术具有灵活性、创造性、创造性等特点，是领导经验的升华，在整个领导活动中有着重要的地位和积极的作用，尤其在科学决策中，具有更加突出的意义。

（一）用人的艺术

领导干部的主要职责之一，就是用干部。人才，是组织的主体，是创造组织价值的源泉。但是，人是复杂的，领导者在识人、用人过程中往往受主观条件的制约。要真正做到知人善任，应遵循下列原则：

1. 德才兼备、任人唯贤原则。选拔人才首先要把德才放在首位。任人唯贤、德才兼备，是党的干部路线的集中体现和核心内容，是党选拔任用干部的根本标准。领导者要大力选拔靠得住、有本事的优秀下属委以重任。所谓"有本事"，就是要具有世界眼光、战略思维和创新精神，有强烈的事业心，努力成为有知识、懂业务、胜任本职工作的内行。要具有与履行岗位职责相应的专业知识和处理事务的能力，有与所担任职务相适应的宏观决策能力、统揽全局能力、组织协调能力、知人善任能力和处理突发复杂事件的应变能力。对那些政治素质好、勇于开拓、确有本事而又存在这样那样缺点的下属，要看本质、看主流、看大节，防止以瑕掩瑜。

坚持任人唯贤、德才兼备原则，一是要坚持德才统一论的观点。德才兼备原则是一个完整的统一体，不能割裂，不能偏废。有德无才不堪大用，但有才无德

其才足以济其奸，德与才比较，德是第一位的。二是要把握干部德才的真实状况。看一个干部的德与才，主要应看其在工作、学习、生活中的现实表现，特别是看其在关键时刻和重大问题上的表现，看其能否经得起各种风浪的考验。三是要坚持搞"五湖四海"。选拔任用干部必须以党的事业为重，坚持任人唯贤，反对任人唯亲，坚决抵制用人上的不正之风，不搞小圈子，不凭主观印象取人，不以个人好恶选人用人。

2. 用人所长的原则。用人的诀窍在于用人所长，且最大限度地实现其优势互补。领导者都希望自己的下属是精兵强将，然而人无完人，这就要求领导者要善于把合适的人安排在合适的岗位上，实现人才所长与岗位所需的最佳组合。只要用其所长，避其所短，就能成为可塑之材。世上没有庸才，只有放错地方的人才，这句话可算是一个真理。

3. 用人不疑原则。布利斯原则告诉我们，当你要授权的时候，要把整个的事情托给对方，同时交付足够的权力让他做必要的决定。即用人不疑，疑人不用。领导者要做到用人不疑，首先要充分了解下属，充分信任下属，放权给他去发挥，去创造。但是用人不疑，充分放权不等于放任自流。领导者要事先约定好责权利，在事先约定的同时，加强共同发展过程的监督。做到用人不疑，要求领导者要有伯乐的眼光，要有承担失败风险的勇气和为失败收场的能力，还要有选拔才学超过自己的人的胸襟。

（二）处理事情的艺术

领导者的职能已经从日常单一事务中脱离出来，上升到决策的层面。职能的变化带来的是各种各样的事情以及和与各种各样的人打交道，处理大量需要解决的问题，如果不具备卓越的理事能力和应对技巧，处理事情的效果就会大打折扣。因此要提高工作效率，领导者必须做到以下几点：

1. 忠于职守，做好决策。决策本身就是一种冒险，需要决策者的智慧、知识和勇气，需要决策者的胆略和判断力。对于领导者来说，应加强自我修养，增加自己的学识、品德和智慧，为有效决策做准备。决策前注重调查。领导者在决策前一定要多做些调查研究，搞清各种情况，尤其是要把大家的情绪和呼声作为自己决策的第一信号，不能无准备就进入决策状态。决策中注意民主。领导者在决策中要充分发扬民主，优选决策方案，尤其是当碰到一些非常规性决策时，应懂得按照"利利相交取其大、弊弊相交取其小、利弊相交取其利"的原则，适时进行决策，不能未谋乱断，不能错失决策良机。决策后狠抓落实。决策一旦定下来，就要认真抓好实施，做到言必信、行必果，决不能朝令夕改。一个领导者在工作中花样太多，是一种不成熟的表现。

2. 搞好监狱人民警察管理的规章制度建设。制度是工作正常开展的保障。监狱工作需要建立完善的制度来保证刑罚执行的法制化、科学化、制度化。监狱工作的规章制度主要包括：劳动合同管理、工资管理、社会保险福利待遇、工时休假、职工奖惩，以及其他劳动管理规定。通过规章制度的制定，可将优秀下属的智慧转化成为监狱众多警察遵守的具体管理规定，形成一个统一的、系统的行为体系，同时能够发挥监狱的整体优势，更好地开展工作。

3. 搞好授权。授权是一门管理的艺术，充分合理的授权能使管理者们不必亲力亲为，从而把更多的时间和精力投入到组织发展上，以及如何引领下属更好地为本单位服务中。适当的授权是领导者有效地实现目标的保证。授权是调动部属积极性的需要。目标管理对人的激励，是通过激发人员的动机，将人们的行为引向目标来实现的。授权是提高部属能力的途径。下属通过目标管理过程中的自我控制、自主管理，对工作进行总体规划，改变靠监狱领导指令行事的局面，有利于能力发挥并不断提高。

（三）科学管理时间的艺术

时间是世界上最稀缺的资源，也是最有潜力的资源。充分利用时间，善于管理时间，是领导者提高工作效率，获取成功的关键。

1. 强化时间意识。有人作了统计：一个人一生的有效工作时间大约一万天。一个领导者的有效当"官"时间就是 10～15 年。一旦错过这个有效时间，你思想再好、能力再高，也常常是心有余而力不足。所以，领导者要利用这宝贵的时间多做点有意义的事。

2. 科学的安排时间。领导者要善于把握好自己的时间，主动地驾驭好自己的时间，合理分配，处理事情要分轻重缓急和先后次序，集中精力抓主要事务，最佳时间办关键的事情；领导者要合理节约时间，养成惜时的习惯。比如尽量让工作标准化，想法提高工作效率等。

 案例分析

监狱长利用"减刑"等手段敛财百万

2012 年 10 月 26 日，辽宁省丹东市中级人民法院对丹东市监狱原监狱长刘宝昌受贿案进行一审宣判，刘宝昌收受他人贿赂 109.3 万元，被判处有期徒刑十年。刘宝昌表示服判，不上诉。

2004 年 8 月，刘宝昌由丹东市公安局振安分局局长调任丹东市监狱任监狱长。面对账户上仅有 1800 元可用资金，外债却有 1000 多万元的困难状况，刘宝昌在任职的最初几年，不顾身患糖尿病和心脏病，一心扑在工作上，丹东市监狱很快发生了巨大变化：监舍完成全面改造，所有在押人员都告别大通铺，睡上了单人床，安装了最先进的数字化监控设施；建筑面积 3800 平方米的综合性教学楼落成；1000 多万元外债全部还清。刘宝昌个人两次被记三等功，一次被记二等功，多次获评人民满意政法干警、廉政建设先进个人称号。

但是刘宝昌渐渐地觉得自己对工作付出太多，收获却太少。眼见 50 多岁了物质上却没有收获，于是思想有了蜕变。他首先拿"减刑假释"敛财。减刑、假释作为重要的刑罚变更制度，对激励罪犯改造、维护监管秩序、缓和社会矛盾、促进社会和谐具有重要作用，可在刘宝昌眼里，二者都是重要的敛财工具。他通过向主管监狱长、刑罚科打招呼，授意或默许经办人员在《罪犯减刑（假释）审核表》上造假，并在明知不符合规定的情况下，批准监外执行、假释，12 次收受贿赂共计 81 万元。其次在监狱工程中收取好处费"致富"，而且在人事调整中任人唯"钱"，视监狱几百名干部为自己的"致富"棋子。

刘宝昌在工作之初能严于律己，清廉示人，并且有能力为监狱创造了良好的环境，应该说是一名称职的监狱长。但是后期放松了对自己的要求，走上了违法犯罪的道路，值得深思。一名监狱领导既能带领干警奋进进取，亦能浑水摸鱼带坏一个组织，所以领导在一个组织的作用不可小觑！

根据上述材料分析如下问题：

1. 监狱领导应具备什么样的素质？

2. 在监狱领导所具备的综合素质中哪一种最重要？

第四章　监狱人民警察管理计划、决策

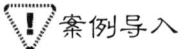 案例导入

着眼事业长远发展　助力青年成长成才
——山东省某监狱加强青年警察培养

　　党的十八大报告把关注青年、关心青年、关爱青年上升到国家战略层面，明确指出中国特色社会主义事业需要一代又一代有志青年接续奋斗。监狱青年警察是监狱基础工作的直接承担者和组织者之一，他们的健康成长关系着监狱的安全稳定和发展走向。山东省某监狱把过硬的青年警察队伍建设作为根本性、战略性任务来抓，2013年以来，通过创新"青年学堂"、实施"先优工程"、构建"人才高地"、拓展"形象展示"、实施"以师带徒"等警察培养培训计划，多渠道多角度搭建青年警察培养平台，规划青年警察职业发展方向，助力青年警察成长成才速度，为监狱事业发展不断积聚后备力量，全力推进监狱事业在更高层次上统筹和谐发展。

 ## 第一节　监狱人民警察管理计划

　　被称为"组织理论之父"的法国管理学家亨利·法约尔（Henri Fayol）是古典管理理论的代表人物，他把管理看成是由计划、组织、指挥、协调、控制等五大职能构成的活动，其中计划是管理的首要职能。计划之所以被称为管理的首要职能，是因为其他职能的管理活动都是以计划为依据进行的。我国古代《礼记·中庸》中"凡事预则立，不预则废"、《治家格言》中"宜未雨而绸缪，毋临渴而掘井"等都是讲这个道理。可见计划对于做事的重要性。监狱人民警察管理当然也不例外。

一、计划的含义

　　从一般意义上讲，计划是人们对未来事业发展所做的部署和安排，是用来指导人们未来行动的目标和准则。在管理学中，计划具有两重含义：①计划工作，

是指根据对组织外部环境与内部条件的分析，提出在未来一定时期内要达到的组织目标以及实现目标的方案途径。②计划形式，是指用文字和指标等形式所表述的组织以及组织内不同部门和不同成员，在未来一定时期内关于行动方向、内容和方式安排的管理事件。无论是计划工作还是计划形式，计划都是根据社会的需要以及组织的自身能力，通过计划的编制、执行和检查，确定组织在一定时期内的奋斗目标，有效地利用组织的人力、物力、财力等资源，协调安排好组织的各项活动，取得最佳的效率和效果。

在管理实践中，计划是其他管理职能的前提和基础，并且还渗透到其他管理职能之中，它是管理过程的中心环节，在管理活动中具有非常重要的地位和作用：①计划是组织生存与发展的纲领，如果计划不周，或根本没计划，组织就无法应对外部环境变化，面对突变会遭遇严重性、灾难性后果。②计划是组织协调的前提，要把繁杂的有机系统科学地组织起来，就必须要有一个严密的计划。管理中的组织、协调、控制等如果没有计划，就好比汽车总装厂事先没有流程设计一样不可想象。③计划是指挥实施的准则，指挥如果没有计划指导，管理者随心所欲，被管理者盲从，必然导致组织秩序的混乱，事倍功半，劳民伤财。④计划是控制活动的依据，计划为控制指明了方向，为控制提供了依据，如果没有计划，管理者就没有"罗盘"，没有"尺度"，就无法控制。可见，我们说计划是管理职能中的首要职能，不仅仅是一个次序问题，而是管理职能在实际管理活动的相互关系问题、位置问题，这是不能含糊的。

监狱人民警察管理计划是为了充分利用监狱人民警察人力资源以实现监狱惩罚和改造罪犯的终极目标，在管理过程中所做的统筹安排和有效部署。导入案例中监狱对青年干警的培养培训计划就很好地诠释了监狱人民警察管理计划的含义。

监狱人民警察是监狱工作的主导者、组织者、实施者。治狱必先治警，干警队伍建设抓不好，监狱安全稳定和各项工作就没有保障。监狱人民警察管理活动事关监狱的安全、国家的稳定，必须事先进行统筹和安排。近年来，监狱人民警察管理遇到了很多新问题、新情况，亟待解决。比如警力严重不足、外流人才增多、新招考干警较多、队伍结构趋向年轻化。很多干警是从院校毕业直接到新岗位上，没有经过艰苦的锤炼，加之年轻干警大多数是独生子女，缺乏吃苦耐劳的精神，个别青年干警怕苦怕累，不安心基层监区工作。一些基层青年干警对法规和业务学习热情不高，学习钻研精神欠缺，被动学习的多，主动研究的少。在日常工作中多数青年干警认为，只要能管得住犯人、不出监管事故就可以了，只求过得去，不注重更深入学习监管法律、法规和管理技巧，久而久之造成业务水平下降、整体素质停滞不前等问题，严重影响了监狱人民警察的战斗力。因此，监狱人民警察必须加强计划管理，以应对各种问题乃至危机，确保监狱人民警察的人力资源配置的高效性，实现监狱惩罚改造罪犯的终极目标。

二、计划的特点

(一) 目的性

每个计划以及所有派生计划的目的都是促进活动总目标和一定时期目标的实现。当然，在计划工作开始之前，这种目标可能还不十分具体，计划就是始于这种不具体的目标。在计划工作的最初阶段，制定具体明确的目标就是其首要任务，其后的所有工作都是围绕目标开展的。通过监狱人民警察管理计划可以预测监狱哪些行动能促使监狱目标的实现，哪些行动会背离监狱目标，哪些行动会干扰监狱目标的实现，从而使整个监狱的活动始终如一地协调、对准监狱的目标，有效地实现监狱惩罚改造罪犯的目标。

(二) 地位领先性

把计划放在管理职能的首位，不仅因为从管理过程的角度看，计划领先于其他管理职能，而且因为在某些场合，计划是付诸实施的唯一管理职能。计划的结果可能得出一个决策，即无需进行随后的组织、领导、协调及控制工作等。例如，对于一个培训新干警的计划研究工作来说，如果得出的结论是新干警培训在经济上是不合算的，那也就没有筹备、组织、领导和控制新干警培训的问题了。计划具有地位领先性的原因，还在于计划影响和贯穿于组织、领导、协调和控制等各项管理职能当中（如图4-1）。

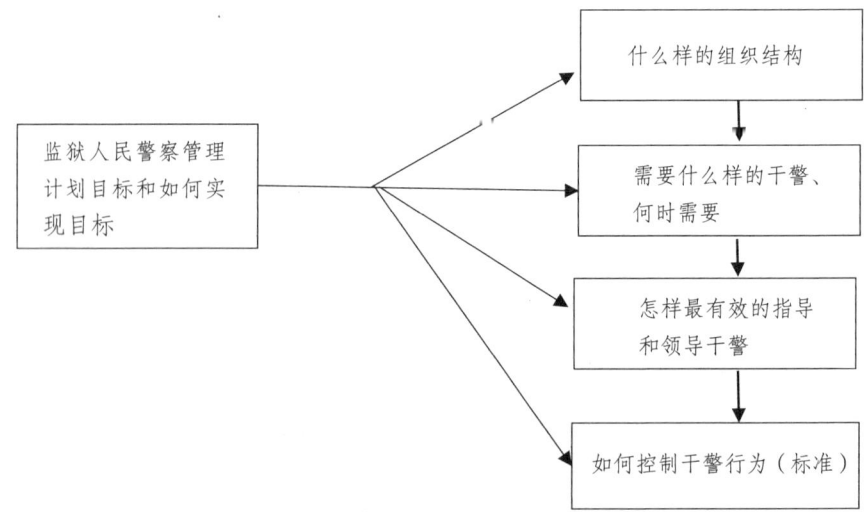

图4-1 计划领先于其他管理职能

尽管所有的管理职能在实际工作中都是交织在一起的，形成了一个行动的系统。但是，监狱人民警察管理计划在为监狱管理活动确定必要的目标方面上有其特殊地位。此外，在主管干警知道为完成监狱管理目标需要什么样的组织和合格的人选，按照什么方针来指导和领导下级，以及采取什么样的控制方法和标准之前，都必须把实现这些目标的计划制定出来。当然，如果想使监狱人民警察管理的其他职能有效，也必须先对它们进行计划。

（三）权威性

监狱人民警察管理计划是周密考虑了各种因素后提出的监狱所有成员在相当长的一个时期内必须共同遵守的行动纲领。对监狱来说，计划是正式的权威文本，具有严肃性和权威性。监狱的实际活动必须按照计划"按部就班"地进行，而不能放任自流。否则，计划便毫无意义，监狱的活动也会变得漫无目的。因此，监狱人民警察管理计划一经制定并下达，就必须坚决执行，执行中即使遇到困难也要努力完成，而不能随意修改变更。计划的随意变动不利于监狱人民警察的统一行动，不利于监狱管理目标的实现。

（四）科学性

计划是管理者遵循客观规律，根据现实条件，充分发挥主观能动性，精心规划，使不可能发生的事成为可能，使可能发生的事成为现实。因此，计划具有科学性。监狱人民警察管理计划必须具有科学性，否则，就失去了计划的意义。这要求监狱人民警察管理者制订计划时必须要有求实的科学态度，一切从实际出发，量力而行；必须要有可靠的科学依据，包括准确的信息、完整的数据资料等；必须要有正确的科学方法，如科学预测、系统分析、综合平衡、方案优化等。这样才能使监狱人民警察整体计划建立在科学的基础上，既富有创造性，又具有可行性，真正发挥监狱人民警察管理计划的功效。

（五）效率性

计划不仅要确保组织目标的实现，而且要从众多的方案中选择最优的方案，以求得合理利用资源和提高效率。因此，计划要追求效率。计划的效率，可以用计划对组织目标的贡献来衡量。贡献是指实现的组织目标及所得到的利益，扣除制定和实施这个计划所需的费用和其他因素后，能得到的剩余。在计划所要完成的目标确定的情况下，同样可以用制定和实施计划的成本及其他连带成本（如计划实施带来的损失、计划执行的风险等）来衡量效率。如果计划能得到最大的剩余，或者如果计划按合理的代价实现目标，这样的计划是有效率的。特别要注意的是，在衡量代价时，不仅要用时间、金钱或者生产来衡量，而且还要衡量个人和集体的满意程度。监狱人民警察管理的计划也要追求效率，可以用监狱人民警察队伍的战斗力、凝聚力以及罪犯改造效率与质量等指标来衡量。

三、计划的种类

计划的种类很多，可以根据不同的标准进行不同分类。目前流行的主要分类标准有：计划的重要性、时间界限、明确性和抽象性等。但是依据这些分类标准进行划分，所得到的计划类型并不是相互独立的，而是密切联系的。

（一）按计划的重要性划分

从计划的重要性程度上来看，可以将计划分为战略计划和作业计划。应用于整体组织的，为组织设立总体目标和寻求组织在环境中的地位的计划，称为战略计划。规定总体目标如何实现的细节计划称为作业计划。战略计划与作业计划在时间框架上，在范围上和在是否包含已知的一套组织目标方面是不同的。战略计划趋向于包含持久的时间间隔，通常为 5 年甚至更长，它们覆盖较宽的领域，不规定具体的细节。此外，战略计划的一个重要的任务是设立目标；而作业计划假定目标已经存在，只是提供实现目标的方法。比如监狱人民警察队伍建设规划就是战略计划，而 20××年监狱人民警察招聘计划就属于作业计划。

（二）按计划时期的长短划分

按计划期的时期界限可以将计划划分为长期计划、中期计划和短期计划。长期通常指 5 年以上，短期一般指 1 年以内，中期则介于两者之间。长期计划描述了组织在较长时期（通常 5 年以上）的发展方向和方针，规定了组织的各个部门在较长时期内从事某种活动应达到的目标和要求，绘制了组织长期发展的蓝图。短期计划具体地规定了组织的各个部门在目前到未来的各个较短的时期阶段，特别是最近的时段中，应该从事何种活动，从事该种活动应达到何种要求，因而为各组织成员在近期内的行动提供了依据。中期计划兼具长、短期计划的特点。比如监狱人民警察队伍建设规划就属于长期计划，20××年监狱人民警察招聘计划就属于短期计划，而×监狱的监狱人民警察 3 年培训计划就属于中期计划。

（三）按计划内容的明确性划分

根据计划内容的明确性指标，可以将计划分为指令性计划和指导性计划。指令性计划是由上级主管部门下达的具有行政约束力的计划。计划一经下达，即具有明确规定的目标，不存在模棱两可，计划执行单位必须遵照执行。比如，监狱人民警察招录计划就是指令性计划，各监狱单位只能严格执行，不可能作出更改。指导性计划只规定某些一般的方针和行动原则，给予行动者较大自由处置权，它指出重点但不把行动者限定在具体的目标或特定的行动方案上，具有参考和导向作用，对执行单位没有行政约束力。比如，监狱人民警察工资增长计划，一个增加工资额的具体计划可能规定未来 5 年内工资总额要增加 20%，而指导性计划则可能只规定未来 5 年内工资总额要增加 15% ~ 20%。相对于指导性计划而言，指令性计划虽然更易于执行、考核及控制，但缺少灵活性，它要求的明确性和可预见性条件往往很难满足。

（四）按计划内容性质和多寡划分

如果按照计划内容性质和多寡划分，可以将计划划分为综合计划和专项计划。综合计划一般指具有多目标和多方面内容的计划。就其涉及的对象来说，它关联到整个组织或组织中的许多方面、许多部门，需要组织的整体努力才能完成。比如，监狱人民警察队伍建设规划就是一个综合计划，内容涉及监狱人民警察的选拔、招录、培养、培训、使用、晋升、工资福利等多个方面，需要多个部门共同协作完成。专业计划是相对综合计划而言的，是指各种职能部门制定的职能计划。比如，监狱政治部门制定的干警思想政治教育计划、人事部门制定的干警法制学习计划等就属于此类计划。专业计划是在综合计划的基础上制定的，它的内容专一性强，是综合计划的子计划，是为达到整个组织的分目标而确立的。

（五）按计划由抽象到具体的层次划分

管理学家哈罗德·孔茨和海因·韦里克从抽象到具体，把计划划分为：目的或使命、目标、战略、政策、程序、规则、方案，以及预算。

1. 目的或使命。它指明一定的组织机构在社会上应起的作用和所处的地位。它决定组织的性质，决定此组织区别于彼组织的标志。各种有组织的活动，如果要使它有意义的话，至少应该有自己的目的或使命。比如，大学的使命是教书育人和科学研究，研究院所的使命是科学研究，医院的使命是治病救人，法院的使命是解释和执行法律，企业的目的是生产和分配商品和服务。监狱人民警察作为国家刑罚执行的主体必然有自己的神圣使命。

2. 目标。组织的目的或使命往往太抽象、太原则化，它需要进一步具体为组织一定时期的目标和各部门的目标。组织的使命支配着组织各个时期的目标和各个部门的目标，而且组织各个时期的目标和各部门的目标是围绕组织存在的使命所制定的，并为完成组织使命而努力。比如，虽然教书育人和科学研究是一所大学的使命，但一所大学在完成自己使命时会进一步具体化不同时期的目标和各院系的目标，比如最近三年培养多少人才，发表多少论文等。由监狱人民警察为主体构成的监狱亦是如此，其目标更加明确，完成多少任务、创造多少产值、改造多少罪犯等就是其目标的真实写照。

3. 战略。战略是为了达到组织总目标而采取的行动和利用资源的总计划，其目的是通过一系列的主要目标和政策去决定和传达一个组织期望自己成为什么样的组织。战略并不确切地概述组织怎样去完成它的目标，这是无数主要的和次要的支持性计划的任务。比如监狱人民警察队伍建设战略规划。

4. 政策。政策是指导或沟通决策思想的全面的陈述书或理解书。但不是所有政策都是陈述书，政策也常常会从主管人员的行动中含蓄地反映出来。比如，主管人员处理某问题的习惯方式往往会被下属作为处理该类问题的模式，这也许是一种含蓄的、潜在的政策。政策能帮助事先决定问题处理的方法，这一方面减少对某些例行问题时间上处理的成本，另一方面把其他计划统一起来了。政策支持了分权，同时也支持了上级主管对该项分权的控制。政策允许对某些事情处理的自由，一方面我们切不可把政策当作规则，另一方面我们又必须把这种自由限制在一定的范围内。自由处理的权限大小一方面取决于政策本身，另一方面取决于主管人员的管理艺术。比如监狱人民警察招考政策。

5. 程序。程序是制定处理未来活动的一种必需方法的计划。它详细列出必须完成某类活动的切实方式，并按时间顺序对必要的活动进行排列。它与战略不同，它是行动的指南，而非思想指南。它与政策不同，它没有给行动者自由处理的权利。处于理论研究的考虑，我们可以把政策与程序区分开来，但在实践工作中，程序往往表现为组织的政策。比如，监狱人民警察的招录程序、考试面试程序、晋升提拔程序等，都表现为监狱的政策。组织中每个部门都有程序，并且在基层部门，程序更加具体化，数量更多。

6. 规则。规则没有酌情处理的余地。它详细、明确地阐明必需行动或无需行动，其本质是一种管理决策。规则通常是最简单形式的计划。规则不同于程序：①规则指导行动但不说明时间顺序；②可以把程序看作是一系列的规则，但是一条规则可能是也可能不是程序的组成部分。例如，监狱人民警察工作日中午"禁止喝酒"是一条规则，但和程序没有任何联系；而一个规定为罪犯收监必须发出入监通知书的程序可能表现为一些规则，如在罪犯收监后5日内监狱人民警察必须通知罪犯家属。规则也不等于政策。政策的目的是指导行动，并给执行人员留有酌情处理的余地；而规则虽然也起指导作用，但是在运用规则时，执行人员没有自行处理之权。必须注意的是，就其性质而言，规则和程序均旨在约束思想；因此只有在不需要组织成员使用自行处理权时，才使用规则和程序。

7. 方案（或规划）。方案是一个综合的计划，它包括目标、政策、程序、规则、任务分配、要采取的步骤、要使用的资源以及为完成既定行动方针所需要的其他因素。一项方案可能很大，也可能很小。通常情况下，一个主要方案（规划）可能需要很多支持计划。在主要计划进行之前，必须要把这些支持计划制定出来，并付诸实施。所有这些计划都必须加以协调和安排时间。比如监狱人民警察队伍建设规划等。

8. 预算。预算是一份用数字表示预期结果的报表。预算通常是为规划服务的，其本身可能也是一项规划。比如监狱人民警察工资福利预算等。

四、计划的编制

（一）计划编制的内容

西方国家通常用"5W1H"来表述计划编制的内容：

做什么（What to do it)?

为什么做（Why to do it)?

何时做（When to do it)?

何地做（Where to do it)?

谁去做（Who to do it)?

怎么做（How to do it)?

"做什么"是确立行动目标，"为什么做"是统一组织思想，"何时做"、"何地做"、"谁去做"、"怎么做"是制定行动步骤并提供衡量的基点。监狱人民警察管理计划编制的内容虽然复杂，但至少也要包括上述内容。

（二）计划编制的方法

管理学理论中计划编制行之有效的方法主要有目标管理、滚动计划法和网络计划技术等方法。

1. 目标管理（Management by objectives，缩写为 MBO）。目标管理是以泰勒的科学管理和行为科学管理理论为基础形成的一套管理制度，其概念是管理专家彼得·德鲁克（Peter Drucker）1954 年在其名著《管理实践》中最先提出的，其后他又提出"目标管理和自我控制"的主张。德鲁克认为，并不是有了工作才有目标，而是相反，有了目标才能确定每个人的工作。所以"企业的使命和任务，必须转化为目标"，如果一个领域没有目标，这个领域的工作必然被忽视。因此管理者应该通过目标对下级进行管理，当组织最高层管理者确定了组织目标后，必须对其进行有效分解，转变成各个部门以及各个人的分目标，管理者根据分目标的完成情况对下级进行考核、评价和奖惩。监狱人民警察管理的目标是监狱人民警察人力资源的最优配置，这个目标的实现涉及各个部门、方方面面，需要自上而下的分解与自下而上的保证，适合应用目标管理法制定监狱人民警察管理计划（如图 4 - 2）。

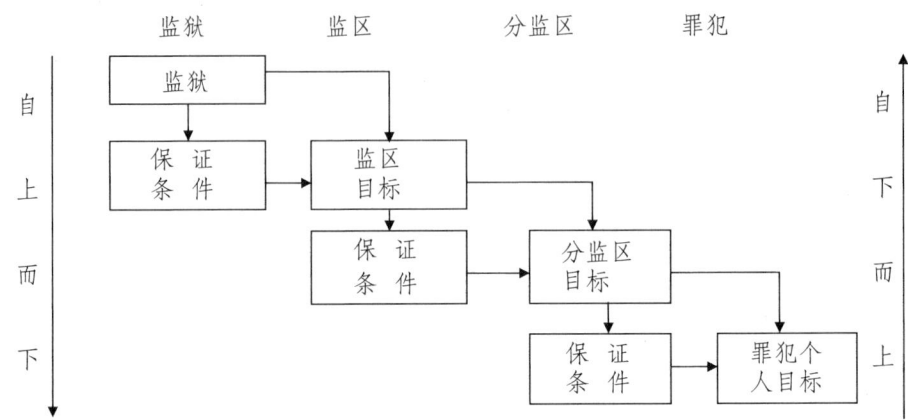

图 4-2　目标管理图

2. 滚动计划法。滚动计划法是按照"近细远粗"的原则制定一定时期内的计划，然后按照计划的执行情况和环境变化，调整和修订未来的计划，并逐期向后移动，把短期计划和中期计划结合起来的一种计划方法。这种方法根据计划的执行情况和环境变化定期修订未来的计划，并逐期向前推移，使短期计划、中期计划有机地结合起来。如图 4-3，就是一个计划的滚动编制过程。

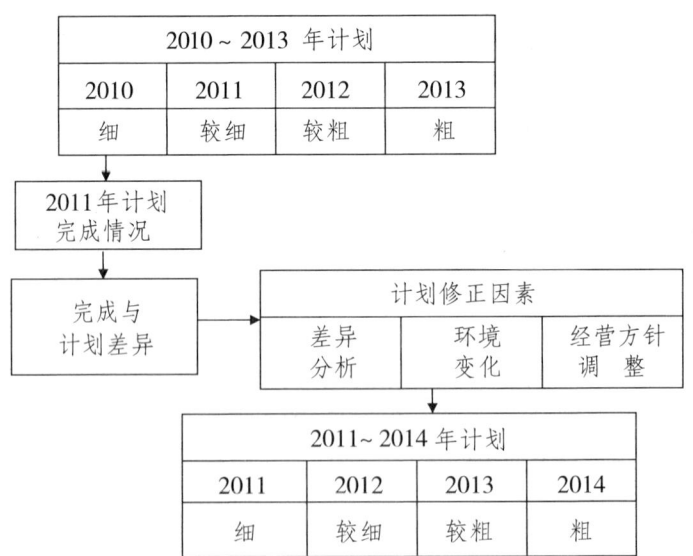

图 4-3　滚动计划法计划修订过程示意图

由于在计划工作中很难准确地预测将来影响监狱人民警察生存与发展的经济、政治、文化、技术、产业、犯罪等各种变化因素，而且随着计划期的延长，这种不确定性就越来越大。因此，如机械地按几年以前编制的计划实施，或机械地、静态地执行战略性计划，则可能导致巨大的错误和损失。滚动计划法可以避免这种不确定性带来的不良后果。具体做法是用近细远粗的办法制定计划。

　　3. 网络计划技术。网络计划技术是指用于工程项目的计划与控制的一项管理技术。20 世纪 50 年代后期在美国产生和发展起来的。这种方法包括各种以网络为基础判定的方法，如关键路径法、计划评审技术、组合网络法等。网络计划技术是一种科学的计划管理方法，它是随着现代科学技术和工业生产的发展而产生的。20 世纪 50 年代，为了适应科学研究和新的生产组织管理的需要，国外陆续出现了一些计划管理的新方法。1956 年，美国杜邦公司研究创立了网络计划技术的关键线路方法（缩写为 CPM），并试用于一个化学工程上，取得了良好的经济效果。1958 年美国海军武器部在研制"北极星"导弹计划时，应用了计划评审方法（缩写为 PERT）进行项目的计划安排、评价、审查和控制，获得了巨大成功。20 世纪 60 年代初期，网络计划技术在美国得到了推广，一切新建工程全面采用这种计划管理新方法，并开始将该方法引入日本和西欧其他国家。随着现代科学技术的迅猛发展、管理水平的不断提高，网络计划技术也在不断发展和完善。目前，它已广泛地应用于世界各国的工业、国防、建筑、运输和科研等领域，已成为发达国家盛行的一种现代生产管理的科学方法。监狱人民警察管理计划的编制可以尝试借鉴网络计划技术的思路和优势，编得更为科学和定量。

　　（三）计划编制的程序

　　任何计划工作都要遵循一定的程序或步骤。虽然小型计划比较简单，大型计划非常复杂，但是，管理人员在编制计划时，其工作步骤都是相似的，大体上依次包括以下内容：

　　1. 分析机会。分析认识机会先于实际的计划工作开始以前，严格来讲，它不是计划的一个组成部分，但却是计划工作的一个真正起点。因为它预测到了未来可能出现的变化，清晰而完整地认识到组织发展的机会，搞清了组织的优势、弱点及所处的地位，认识到组织利用机会的能力，意识到不确定因素对组织可能发生的影响程度等。认识机会，对做好计划工作十分关键。一位经营专家说过："认识机会是战胜风险求得生存与发展的诀窍。"诸葛亮"草船借箭"的故事流传百世，其高明之处就在于他料到了三天后江上会起雾，而曹军有不习水性不敢迎战的问题，因此神奇地实现了自己的战略目标。监狱人民警察管理中也不乏这样的例子。

2. 确定目标。制定计划的第二个步骤是在分析机会的基础上，为整个组织及其所属的下级单位确定目标，目标是指期望达到的成果，它为组织整体、各部门和各成员指明了方向，描绘了组织未来的状况，并且作为标准可用来衡量实际的绩效。计划的主要任务，就是将组织目标进行层层分解，以便落实到各个部门、各个活动环节，形成组织的目标结构，包括目标的时间结构和空间结构。

3. 确定前提条件。所谓计划工作的前提条件，就是计划工作的假设条件，简言之，即计划实施时的预期环境。负责计划工作的人员对计划前提了解得愈细愈透彻，并能始终如一地运用它，则计划工作也将做得越协调。按照组织的内外环境，可以将计划工作的前提条件分为外部前提条件和内部前提条件；还可以按可控程度，将计划工作前提条件分为不可控的、部分可控的和可控的三种前提条件。外部前提条件大多为不可控的和部分可控的，而内部前提条件大多数是可控的。不可控的前提条件越多，不肯定性越大，就越需要通过预测工作确定其发生的概率和影响程度的大小。

4. 拟定可供选择的可行方案。编制计划的第四个程序是寻求、拟定、选择可行的行动方案。"条条道路通罗马"，描述了实现某一目标的方案途径是多种的。通常，最显眼的方案不一定就是最好的方案，对过去方案稍加修改和略加推演也不会得到最好的方案，一个不引人注目的方案或通常人提不出的方案，效果却往往是最佳的，这里体现了方案创新性的重要。此外，方案也不是越多越好。编制计划时没有可供选择的合理方案的情况是不多见的，更加常见的不是寻找更多的可供选择的方案，而是减少可供选择方案的数量，以便可以分析最有希望的方案。即使用数学方法和计算机，我们还是要对可供选择方案的数量加以限制，以便把主要精力集中在对少数最有希望的方案的分析上。

5. 评价可供选择的方案。在找出了各种可供选择的方案和检查了它们的优、缺点后，下一步就是根据前提条件和目标，权衡它们的轻重优劣，对可供选择的方案进行评估。评估实质上是一种价值判断，它一方面取决于评价者所采用的评价标准；另一方面取决于评价者对各个标准所赋予的权重。一个方案看起来可能是最有利可图的，但是需要投入大量精力，而收获很慢；另一方案看起来可能获利较少，但是风险较小；第三个方案眼前看没有多大的利益，但可能更适合公司的长远目标。应该用运筹学中较为成熟的矩阵评价法、层次分析法、多目标评价法进行评估。评估可供选择的方案，要注意考虑以下几点：①认真考察每一个计划的制约因素和隐患；②要用总体的效益观点来衡量计划；③既要考虑到每一个计划的有形的、可以用数量表示出来的因素，又要考虑到无形的、不能用数量表示出来的因素；④要动态地考察计划的效果，不仅要考虑计划执行所带来的利益，还要考虑计划执行所带来的损失，特别注意那些潜在的、间接的损失。

6. 选择方案。计划工作的第六步是选定方案。这是在前五步工作的基础上，作出的关键一步，也是决策的实质性阶段——抉择阶段。可能遇到的情况是，有时会发现同时有两个以上可取方案。在这种情况下，必须确定出首先采取哪个方案，而将其他方案也进行细化和完善，以作为后备方案。

7. 制定派生计划。基本计划还需要派生计划的支持。比如，制定了监狱人民警察年度培训计划，与这一计划相连的有许多计划，如财务计划、生产计划、改造计划等。再如，当一家监狱决定开拓一项新的监狱人民警察培训业务时，这个决策需要制定很多派生计划作为支撑，比如师资计划、经费计划、宣传计划等。

8. 编制预算。在做出决策和确定计划后，计划工作的最后一步就是把计划转变成预算，使计划数字化。编制预算，一方面是为了计划的指标体系更加明确，另一方面是使组织更易于对计划执行进行控制。定性的计划往往可比性、可控性和进行奖惩方面比较困难，而定量的计划具有较强的约束。

（四）计划编制的原则

监狱人民警察管理计划在监狱刑罚执行活动中的重要作用要求我们在编制计划时必须做到科学、合理，为此，在编制计划时必须坚持一定的原则。

1. 短期计划和长期计划相协调。监狱主管人员在制订监狱人民警察管理计划时，常常把注意力集中在非常短期（"明天"）计划工作上，似乎这就是计划工作的全部了，而认为长期计划工作与他们的职责无关。这种在制订短期计划时不顾长期计划的做法是一个严重的错误。因此，把二者结合起来的重要性，无论怎样强调也不过分。如果短期计划无助于实现相关的长期计划，那么就不应该制订短期计划。许多计划工作的损失都是由于做出决策时只考虑当时的情况而没有考虑到对更长远目标的影响。有时，这些短期的决策不仅无助于实现长远计划，而且事实上却阻碍着长期计划的实现，或者要求改变长远计划。负责的主管人员应该不断地详细审查随机做出的决策，以确保使它们有助于长远规划的实现，下层主管人员应该定期由上层主管人员介绍组织的长期计划，以使他们做出与之相一致的短期决策。否则，如果组织的短期计划和决策对长期计划工作没有什么裨益，或不与它相配合，那么，该企业也就不会有成功的计划工作。

2. 灵活性原则。即使是在最精确的预测工作中，也免不了存在未来的不肯定性和可能出现的差错，所以，理想的计划工作是有灵活性的，即当出现意外情况时，有能力改变方向而不需花太多的钱。越是能在计划中体现灵活性，由偶发事件发生造成损失的风险就越小；但使之具有灵活性所需的费用必须与将来承担的任务所带来的风险进行衡量。

对于许多主管人员来说，灵活性是计划工作中最重要的原则。无论环境发生什么变化或甚至计划失败了，但有能力在以较少的耗费和避免发生冲突的情况下来改变计划，有回旋余地，使计划沿着既定的目标前进，这是很重要的。灵活性原则应用于制订具有转变方向能力的计划。如有的监狱常常花比搞定期培训更多的钱去搞短期培训。

需要指出的是，计划的灵活性只在一定限度内才会成为可能：①我们不可能总是用推迟时间的做法来确保计划正确性；②使计划具有灵活性的成本可能太高，以致使实行计划所得到的收益不能弥补成本支出；③一种常见情况是这样的，灵活性根本无法在计划中体现，或者有很大的困难，以致不实用。

在具体的实践工作中，计划本身所具有的灵活性不会自动地修改计划，主管人员必须像航海者一样，不断地检查计划工作过程，并且为达到预期目标不断地改写计划。也就是说，主管人员要学会管理计划，而不是被计划所管理。

3. 计划必须清晰明确。尽管有些计划不可能做到完全肯定，但也不应当使它只是表示一种理想。制订计划必须明确拟订决策所依据的关键的前提条件，确定的目标也应当具有可考核性，策略和政策必须清晰明确，否则，会导致计划工作的紊乱与不一致。计划在实际上是可以做到明确的，它能够包括特定的行动步骤，也能够换算出对人员、材料和经费的需求量，如预算就使计划定量化。但在少数领域可能不清晰。近年在计划工作研究和开发项目中把项目分解成一系列明确的和相互关联的部分，这一经验表明可以大大提高计划工作的明确性。

4. 员工参与性。要保证对计划有充分的认识，使员工对这项工作忠心耿耿，其中一个很好的办法就是让尽可能多的员工参与计划工作。在这种情况下，才能更好地促使员工积极而又明智地执行计划。让职工参与计划工作，可以通过告知他们有关的信息情况，让他们提出建议，与他们进行商量等途径来实现。这些方法都有助于提高计划工作的质量，唤起职工的忠诚感，并能达到良好的管理效果。

5. 具有变革性。企业为了适应竞争的需要，计划中必须包含着一些意味着变革的新内容。但众所周知，人们一般很保守，抵制变革。正如伟大的核物理学家爱德华·泰勒所说的那样："在我一生的科学探索中，我所发现的惰性最强的材料就是人的头脑——只有一个例外，就是人类群体的头脑。"因而可以说，主管人员就是与科学领域中已知的最具有抵制变革性的材料打交道，他必须是在他们的组织中使大家对变革有所了解，具备预测变革的能力，并且对变革采取欢迎的态度。

第二节　监狱人民警察管理决策

被称为"决策理论之父"的美国管理学家赫伯特·西蒙（Herbert A. Simon）认为"管理就是决策"。对于管理者而言，决策的确是最重要、最困难、最花费精力和最冒风险的事情。决策是管理者从事管理工作的基础，是管理的核心，贯穿于管理的全过程，是衡量管理者水平高低的重要标志之一。决策正确与否关系着组织的存亡，我国古代《史记·高祖本纪》"夫运筹策帷帐之中，决胜于千里之外"讲的就是这个道理。也正因为如此，近年来决策活动引起了管理学家、心理学家、社会学家乃至计算机科学家们的极大关注，逐渐成为一门独立研究领域的科学——决策学。对于监狱人民警察管理具有重要的借鉴指导意义。

一、决策的含义

关于决策的含义有许多不同的阐述。美国学者亨利·艾伯斯曾说："决策有狭义和广义之分。狭义地说，决策是在几种行为方案中做出选择。广义地说，决策还包括在做出最后选择之前必须进行的一切活动。"管理学教授里基·格里芬指出，"决策是从两个以上的备选方案中选择一个的过程"。

随着决策科学的发展，人们对现代决策的认识越来越趋于一致。通行的认识是：决策就是决策者为了实现某一目的而制定行动方案并从若干个可行方案中选择一个满意方案的分析判断过程。

如上所述，我们认为：监狱人民警察管理的决策就是监狱人民警察的管理者为了实现监狱人民警察人力资源配置的高效率目标而制定若干可行方案并从中选择一个满意方案的分析判断过程。比如，监狱人民警察的业务培训决策，就有很多可行方案，就是一个决策过程。

理解决策的上述含义必须把握以下几点：

1. 决策要有明确的目的。决策或是为了解决某个问题，或是为了实现一定的目标，没有问题就无需决策，没有目标就无从决策。因此，决策所要解决的问题必须是十分明确的，要达到的目标必须有一定的标准可资衡量比较。

2. 决策要有若干可行的备选方案。如果只有一个方案，就无法比较其优劣，更没有可选择的余地，因此，"多方案抉择"是科学决策的重要原则。决策时不仅要有若干个方案相互比较，而且决策所依据的各方案必须是可行的。

3. 决策要进行方案的分析评价。每个可行方案都有其可取之处，也存在一定的弊端，因此，必须对每个方案进行综合分析与评价，确定各方案对目标的贡献程度和所带来的潜在问题，比较各方案的优劣。

4. 决策的结果是选择一个满意方案。决策理论认为，最优方案往往要求从诸多方面满足各种苛刻的条件，只要其中有一个条件稍有差异，最优目标便难以实现。所以，决策的结果应该是从诸多方案中选择一个合理的满意方案。

5. 决策是一个分析判断过程。决策有一定的程序和规则，同时它也受价值观念和决策者经验的影响。在分析判断时，参与决策的人员的价值准则、经验和知识会影响决策目标的确定、备选方案的提出、方案优劣的判断及满意方案的抉择。管理者要做出科学的决策，必须经过一个分析判断的过程，不宜急于求成。

二、决策的种类

决策的种类有很多，可以按照不同的标准予以分类。通行的分法有以下五种。

（一）按决策的作用范围分类

1. 战略决策。战略决策是为了组织全局长期的发展所进行的大政方针的决策。它主要是为了适应外部环境的变化所采取的对策，其特点一般表现为：关系组织全局的重大问题；实施时间较长，对组织起着比较长远的指导作用；风险性较大，多由组织最高层管理者负责制定。比如监狱监区的警力配备决策就属于战略决策。

2. 管理决策。管理决策又叫战术决策或策略决策，是为了实现战略目标而做出的带有局部性的具体决策，它直接关系着为实现战略决策所需要的资源的合理组织和利用。比如监区干警的岗位配备决策，就属于管理决策。

3. 业务决策。业务决策又叫日常管理决策，是组织为了解决日常工作和业务活动中的问题而做的决策。它是针对短期目标，考虑当前条件而做出的决定，大部分属于影响范围较小的常规性、技术性的决策，直接关系到组织的生产经营效率和工作效率的提高，所以，它往往是和作业控制结合起来进行的。监区干警组织罪犯出工或者收工的决策，就属于业务决策。

（二）按决策时间长短分类

1. 中长期决策。中长期决策是指在较长时间内，一般是三五年或更长时间才能实现的决策。它多属于战略决策，需要一定数量的投资，具有实现时间长和风险较大的特点。比如上述监狱监区的警力配备决策就属于中长期决策。

2. 短期决策。短期决策是指在短时间内，一般是一年以内实现的决策。它多属于战术决策或业务决策，具有不需要投资和时间短的特点。比如上述监区干警的岗位配备决策，就属于短期决策。

（三）按决策者的层次分类

按决策者的层次分类情况如图 4 - 4 所示。

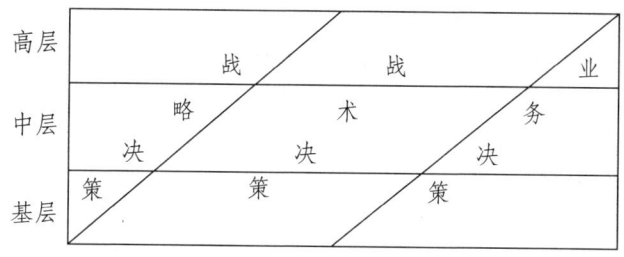

图 4 - 4　不同层次的决策

1. 高层决策。高层决策是指由组织最高层管理者所作的决策，它要解决的是组织全局性的、与外界环境相关的重大问题，大部分属于战略决策、战术决策，极少数属于日常业务决策。比如监狱领导者作出的决策。

2. 中层决策。中层决策是指由组织内中层管理人员所进行的决策，它所涉及的问题多属于安排组织一定时期的生产经营任务，或者是为了解决一些重要问题而采取必要措施的决策，一般属于战术决策，一部分属于业务决策，个别情况下也参与战略决策的制定。比如监狱监区及职能科室作出的决策。

3. 基层决策。基层决策是指组织内基层管理人员所进行的决策。它要解决的是作业任务中的问题，主要包括两方面的内容：①经常性的作业安排；②生产经营活动中偶然要解决的问题。这类决策问题技术性强，要求及时解决，不能拖延时间。比如监狱分监区做出的业务决策等。

（四）按决策问题的不同性质或决策的重复程度分类

1. 程序化决策（programmed decision）。程序化决策又叫规范性决策或重复性决策，是指对常规的、经常重复发生的问题的决策。这种决策多属于业务决策，由于这类决策问题是重复出现的，涉及一些例行活动，因而可以规定出一定的程序，建立决策模式，按规定的程序、方法和标准进行处理，甚至可以由电子计算机处理。程序化决策是管理人员按照上级制定的规章进行的决策，比较简单，一般在基层工作中最为常见。例如，监狱人民警察日常管理的决策。

2. 非程序化决策（nonprogrammed decisions）。非程序化决策又叫一次性决策，是指对不经常重复发生的业务工作和管理工作所做的决策。这种决策不是经常反复进行的，多为偶然发生或首次出现而又非常重要的问题，缺乏准确可靠的统计数据和资料，没有先例，无章可循，由于解决这类问题的经验不足，很大程度上依赖于决策者的知识、经验、洞察力和逻辑思维。一般说来，高层管理者所做的决策多属于非程序化决策。比如监狱高层领导做出的人事任免决策。

（五）按决策问题所处的条件分类

1. 确定型决策。确定型决策是指各方案实施后只有一种自然状态的决策。在这类决策中，各种可供选择的方案的条件都是已知的和确定的，而且各种方案未来的预期结果也是非常明确的，只要比较各个不同方案的结果，就可以选择出满意的方案。比如监狱人民警察招聘的决策。

2. 风险型决策。风险型决策的各种备选方案都存在着两种以上的自然状态，不能肯定哪种自然状态会发生，但可以测定各种自然状态发生的概率。对于这种决策，决策者无法准确判断未来的情况，无论选择哪个方案都有一定的风险。比如监狱人民警察技能训练的决策。

3. 不确定型决策。不确定型决策是指各种备选方案都存在两种以上可能出现的自然状态，而且不能确定每种自然状态出现的概率的决策。在这种决策中，存在着许多不可控的因素，决策者不能确定每个方案的执行后果，主要凭个人的经验估计进行决策。比如监狱人民警察岗位配置的决策。

除此之外，按不同的标准，决策还有其他分类方法。例如，按决策的依据，分为经验决策和科学决策；从决策的主体看，可分为集体决策和个人决策；从决策的起点看，分为初始决策与追踪决策；从决策的量化性看，分为定量决策与定性决策。

三、决策的程序

决策是一个发现问题、分析问题、解决问题的完整过程。决策程序大致可分为发现问题、确定目标、搜集资料、科学预测、拟订方案、方案选优、贯彻实施、反馈追踪等八个过程。这种划分是相对的，既可简化步骤，也可具体细分，有的分三大步骤，有的分七个阶段，但其逻辑顺序和科学要求基本是一致的。监狱人民警察管理的决策大体也分以下八个步骤，如图4-5所示。

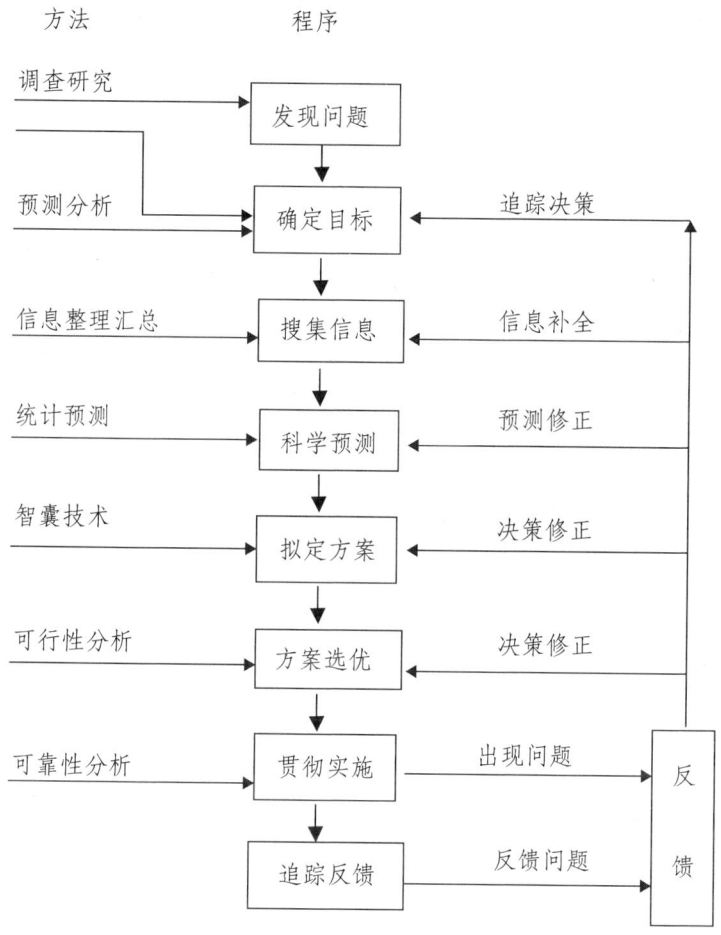

图 4 - 5 决策的一般程序

（一）发现问题

任何决策都是从发现和提出问题开始的。所谓问题，是指应该或可能达到的状况同现实状况之间存在的差距，也表现为需求、机会、挑战、竞争、愿望等，是一个矛盾群，是客观存在的矛盾在主观世界中的反映。矛盾的复杂性决定着决策中问题的复杂程度。矛盾群是决策的问题源。但并非任何问题都要决策，面对纷繁复杂的问题，要经过一系列思维活动，对问题进行归纳、筛选和提炼，善于抓住有价值的主要问题，把握问题产生的关键原因和实质。如果真正的问题没有抓住，或者抓得不准，决策就落不到点子上。比如监狱人民警察的培训决策，存在的主要问题是师资不强，影响师资的主要原因可能是报酬问题，这就找出了主要问题和影响主要问题的主要原因，接下来目标就好定了。

（二）确定目标

发现问题后，接着就要确定目标。所谓目标，是指在一定条件下，根据需要和可能，在预测的基础上所企求的终极要求，或决策所要获得的结果。确定目标是决策中的重要一环，目标一错，失之毫厘，谬以千里。明智的决策者有这样的体会，"目标一旦定好，决策问题已经解决一半"。确立目标要注意以下几个问题：①目标要有层次结构，建立目标体系：由总目标、子目标、二级子目标从总到分、从上到下组成的一个有层次的目标体系，是一个动态的复杂系统；②目标是可能计量其成果、规定其时间、确定其责任的；③要规定目标的约束条件；④建立衡量决策的近期、中期、远期效果的三级价值标准，建立科学价值、经济价值及社会价值指标，并进行综合权衡，以构成价值系统，以此作为评价标准；⑤目标的确定，要经过专家与领导的集体论证。

（三）搜集资料

搜集与决策有关的经济、技术、社会等各方面的情报资料，是进行科学决策的重要依据。情报信息量的大小、正确与否，直接影响到决策的质量。要想在决策上不失误，必须有丰富可靠的情报来源、迅速的情报传递、准确的情报研究，这是决策科学化的重要物质技术基础。没有一批定量的数据，就不可能为决策作出定性分析。因而，要尽可能大量占有数据和资料。资料来源，一方面是统计调查资料；另一方面是预测资料。搜集的情报信息资料要达到以下要求：①资料必须具有完整性，凡与目标要求有关的直接或间接资料，都要尽可能搜集齐全；②资料情报必须具有可靠性，要有依据，要具有时间、地点、对象的连续性要求，数字要准确无误；③对资料要做系统分析，着重从事实的全部总和、从事实的联系去掌握事实，从事物的发展中全面估计各种对比关系，以保证掌握情报信息的科学性；④对一些不确切的问题或疑难问题，要召集专家及有关人员进行集体会诊，以做出定性分析和概率估计。

（四）科学预测

科学的决策要有科学的预测。科学决策需要的科学依据包括经济依据、现状依据、预测依据。对事物的过去和现状进行定量定性分析是重要的，但还是不够的。决策是在今后执行的，而分析历史和现状是为了预测未来。没有科学的预测，就没有科学的决策。我国过去一些决策上的失误，其中一个重要原因，就是科学依据不足，尤其缺乏预测依据。只有通过科学的预测从而获得决策所必要的未来发展的信息，才能有可靠的科学依据。

（五）拟订方案

拟订供选择用的各种可能方案，是决策的基础。这项工作主要是由智囊机构承担的。如果只有一个方案，就没有比较和选择的余地，也就无所谓决策。国外常有这样的说法："没有选择就没有决策。"一些经理人物也常用这样的格言来提醒自己："如果你感到似乎只有一条路可走，那很可能这条路就是不该走的。"我们过去经常是一个方案，一上一下，这种做法似应改进。拟订方案阶段的主要任务是，对信息系统提供的数据、情报，进行充分的系统分析，并在这个基础上制定出备选方案。这要求做到：①必须制定多种可供选择的方案，方案之间具有原则区别，便于权衡比较；②每一种方案以确切的定量数据反映其成果；③要说明本方案的特点、弱点及实践条件；④各种方案的表达方式必须做到条理化和直观化。

（六）方案选优

在方案选择之前，先要对各种备选方案进行评估。要尽可能采用现代科学的评估方法和决策技术，如"可行性分析"、"决策树"、"矩阵决策"、"模糊决策"等技术，对预选方案进行综合评价。这项工作主要由智囊机构的高级研究人员、政策研究人员及从社会上聘请的专家小组来承担。其主要内容是，通过定性、定量、定时的分析，评估各预选方案的近期、中期、远期效能价值，分析方案的后果及其影响。在评估的基础上，权衡各个方案的利弊得失，并将各方案按优先顺序排列，提出取舍意见，交决策机构定夺。

选择最优化方案是决策的关键一环，也是领导的至关重要的职能。在此用得上"一着不慎，满盘皆输"这句警句。做好方案优选，需要满足两个条件：①要有合理的选择标准；②要有科学的选择方法。合理的选择标准包括价值标准、最优标准、满意标准；科学选择方法包括淘汰法、排队法、归纳法，数学方法以及试验法等，这需要决策者认真研判。

（七）贯彻实施

方案择定后，要付诸实施，在普遍实施前进行"试点"。试点要注意选择在整个系统中具有典型性的地方，不能人为地创造某些特殊条件，这样纵然试点成功，也难以实践。在试验实证中，应特别注重"可靠性"分析。可靠性的概念，即在规定条件下和预定时间内，完成任务或达到目标的成败概率。其中"失败率"是一个重要标志。"失效"与"可靠"作为一对矛盾范畴，看其在试行过程中的变化规律。一项决策，有时在早期"失效率"高，转入正常阶段"失效率"下降，到后期因条件变化，需要调整决策时，"失效率"又上升，呈现出一种"浴盆曲线"状态。有的呈现"S"形曲线，是波动式的。采用必要的控制性措施，可以正常实施，达到预定目标。有的"故障频率高"，需要采取排除措施或应变措施加以解决。如果方案在实施试点中根本行不通，那就要推倒重来了。经过可靠性验证后，可以进入普遍实施阶段。在这一步骤上，要抓好以下工作：①把决策的目标、价值标准以及整个方案向下属交底，动员群众、干部和科技人员为实现目标而共同努力，以求实现。②围绕目标和实施目标的优化方案，制定具体的实施方案，明确各部门的职责、分工和任务，作出时间和进度安排；交方案同时要交办法，层层要有落实方案的具体措施，使总目标有层层保证的基础。③制定各级各部门及执行人员的责任制，确立规范，严明制度，赏罚分明，切忌吃"大锅饭"及粗放管理。要把统一指挥同调动群众的积极性结合起来，加强思想政治工作。④随时纠正偏差，减少偏离目标的震荡。

（八）反馈追踪

即使是一个优化方案，在执行过程中，由于主客观情况的变化，发生这样那样与目标偏离的情况也是常有的。因此，必须做好反馈和追踪检查工作。这个阶段的任务，就是要准确、及时地把方案实施过程中出现的问题、执行情况的信息，输送到决策机构，以进行追踪检查。

在贯彻实施方案中一般遇到的问题，大致可归纳为三种情况：①执行人员没有按规定完成任务；②执行中遇到实际困难，发现方案中有不妥当的问题；③已经按方案执行了，但未达到预定目标。对发生的问题要做具体分析，第一种是一个教育和落实的问题；第二种是需要修正方案，使其更加切合实际、日臻完善的问题；第三种，如果属于已危及决策目标的实现，需要对决策进行根本性的修正，甚至要改变决策目标，这就需要进行追踪决策。如果证明原决策是完全错误的，那就不属于追踪决策的问题，而是要推倒重来的问题了。

追踪决策是正常的，但不是注定要发生的或经常大量出现的，否则就失去了决策的科学性了。对追踪决策要有正确的看法，采取冷静审慎的态度。决策过程是一个动态的依赖于时空变量的复杂随机函数，把决策看成一个凝固僵化的东西，是不切实际的。因此，对方案进行必要的修正是不鲜见的，就是对决策进行根本性修正的追踪决策，也是不奇怪的。经过追踪决策使方案达到双重优化，不但会减少损失，而且可以获得更佳的效益。

四、决策的方法

（一）决策方法发展趋势

决策中最古老的办法是凭习惯和个人经验，谈不上决策方法的系统研究。决策方法的改进有两条基本途径：①按常规办事，不必事事重新决策；②建立健全专门的组织机构，赋予其专门处理某类决策的权力和责任，分工明确。但是近年来管理方面的决策方法的改进出现了质的变化，主要是：

1. 数学化、模型化、微机化，同时建立了电子数据处理系统或管理信息系统。这些决策的"硬"技术得到了迅速的发展和广泛的应用。

2. 注意发挥人的智慧的所谓"软"技术，即专家创造力方法。它通过心理学和社会学的研究以及广泛的管理实践，总结出较成功的经验。这两类决策方法既互相区别又相互补充，成为现代决策方法的发展趋向。

（二）决策硬技术及其局限性

决策硬技术是自然科学的方法向管理决策大量渗透的一种趋向，并力图把管理决策这一被人们看成"人的经验和能力的艺术"，变成建立在严格逻辑论证基础上的一门技术科学。现代决策中运筹学、系统分析法及微机的广泛应用，使决策的定量分析方法，从简单到复杂地发展起来。从单目标、单变量、静态、确定型的模式向着多目标、多变量、动态、概率型等方向发展。系统分析法使得运筹学的各种数学模型得到了综合应用，而微机的使用与发展为这些模型的应用开辟了更广阔的前景。决策硬技术方法种类繁多，内容涉及面广，常见的方法有量本利分析法、决策树法、最小后悔值法、线性规划法、收益矩阵、敏感性分析等。

但决策硬技术还有它的局限性，主要表现在：①有些常规决策问题至今还不能通过简便可行的数学方法得以解决；②至今还存在无法数量化的决策问题，如人的心理因素和社会因素，很难反映到数学模型中，无法运用数学方法处理；③目前数学方法所能解决的决策问题，往往还是局部性的问题和不十分复杂的问题。可是现代决策中经常遇到的是大系统战略性的决策问题，多是非常复杂的非程序化决策问题，它需对不同方案在经济上、政治上、社会上及生态环保等方面作综合全面的评价。其中涉及的变量和目标众多，彼此之间关系错综复杂，为迄今数学所不及。所以，复杂的战略决策问题，至今还无法用数学语言来描述。

（三）决策软技术及其局限性

所谓决策软技术，是指应用行为科学、心理学和社会心理学的成果，充分发挥专家集体智慧的决策方法，其主要内容是"专家法"的科学运用，或称"专家创造力技术"。其中心思想就是通过各种有效的组织形式，来充分发挥专家集体智慧的作用。专家法决策主要是依靠决策者的经验、知识和创造性的分析判断能力。现代决策中所面对的问题往往是个体决策人能力所不及的，这就需要发挥专家集体的智慧来完成决策。决策软技术就是设计出有助于充分发挥决策人（个人或群体）创新能力的组织形式，其方法灵便，通用性大，容易运用，特别适合于非程序化决策。常见的方法有头脑风暴法、形态分析法、列名小组法、德尔菲法等。

软技术的局限性主要表现在：①方案通常建立在专家个人的主观基础上，缺乏严格的论证。虽然专家的意见总有大致的集中趋势，但意见的不统一，互相矛盾，使决策者难于下决心。②专家的知识和类型对意见的倾向性往往关系很大。组织者有倾向性地选专家，结果很容易形成结论和意见实际上反映的是组织者的意见的局面。

软、硬技术各有所长，科学决策应该根据问题需要，针对决策过程中各阶段的特点，灵活运用各种方法相互配合才能收到良好的效果。应该注意的是，与硬技术相比，软技术同民族传统、历史条件有更加密切的联系，包含的社会因素更多，因而更需要各级决策者正确对待这方面的经验、技术，不能盲目照搬。

五、决策的原则

（一）信息准全原则

决策是否科学，是同信息工作密切联系的。一方面，在决策过程，只有掌握大量的信息，才可能系统地对信息进行归纳、整理、比较、选择，经过去伪存真，由表及里地对各种资料进行分析，提供准确、可靠、全面、系统的信息，为决策服务。信息越及时、全面、准确，决策者思维的广度和深度也就越大。决策的科学性与信息的数量和质量成正比。不掌握大量的信息，就难免作出错误的决策。另一方面，足够的、正确的信息只提供了决策的现实材料，很少提供有关未来的情况，这就需要利用现实的信息资料，对未来进行预测。否则，离开了足够的信息，决策的质量就会受到严重的影响，甚至出现方向性错误。

（二）可行性原则

决策必须可行，这是科学决策的一个重要原则，也是衡量决策正确性的重要标志。决策方案的选择应从客观情况出发，要充分考虑到主客观条件的有利因素和不利因素。绝不能只强调需要，而不考虑可能；也不能只片面地考虑有利因素和成功的机会，或片面地考虑不利的因素和失败的风险，必须两者兼顾。同时还必须考虑各种各样的未来可能性对决策可能造成的影响。要克服盲目性和片面性，权衡得失，使决策建立在可靠、可行的基础上。

（三）系统原则

系统原则即用系统分析的方法进行决策。现代决策都是在复杂系统中进行的，这就要求在决策中必须做到：①要有整体思想，统筹兼顾，全面安排，以整体目标的最优化为准绳；②分系统和单个项目的发展要以服从整体目标的利益为原则；③强调系统中各部分、各层次、各项目之间的相互关系、先后关系、主次关系，达到系统完整、配套齐全、系统平衡，构成最大的综合能力；④建立反馈系统，实行动态平衡。

（四）选优原则

选优原则，是指决策方案必须是按照一定价值准则对诸多备选方案对比选优产生的。对比选优是从比较到决断的过程，是决策的关键步骤。它要求经过系统地分析和综合，提出种种不同的方案、途径和办法，选定最佳方案，做出最后的决策。对比不仅是把各种不同的方案进行比较，更重要的是把各种方案同客观实际再做一次认真的比较，因事、因时、因地制宜，作出全面的、科学的社会价值的评价。要比较各种方案的结果，考虑人力、物力、财力等各种必要条件，运用现代数学分析及社会学等各种方法选择较优方案。

（五）集体决策原则

集体决策就是充分发挥专家智慧、广泛利用智囊团、实行民主的集体决策。随着社会的发展和科学技术的进步，决策也越来越复杂，已不是个人或少数人所能胜任的，实行集体决策是决策科学化的重要组织保证。决策过程中面临的环境条件复杂多变，在确定目标、拟订方案、方案选择及实施等各个阶段，都必须重视参谋、专家、顾问、智囊团、思想库的作用，发挥集体智慧，把决策建立在科学的基础上。

（六）"满意性"原则

选择决策方案的依据是满意性原则，而非最优化原则，因为最优决策往往只是理论家的幻想，在方案数量有限、执行结果不确定的情况下，人们难以做出最优选择，只能根据已知的全部条件，加上人们的主观判断，作出相对满意的选择。

案例分析

山东某监狱创新教育培训机制提升干警岗位履职能力

"以师带徒"随岗培训。开展"以师带徒"是组织实施育警工程的核心内容，主要抓手是通过优秀老警察的言传身教达到青年警察早成才、快成才的目标：①确定优秀导师开展为期2年的培养管理。由政治处牵头，按照双向选择的原则，为34名新录用的青年警察逐人确定了一名政治素养高、业务能力强、工作经验丰富的优秀老警察作为从警导师，结成师徒开展培养。②建立2年的动态管理机制。逐人建立培养管理档案，发放新录用公务员培养管理纪实册，确定被培养人职业规划和培养人职业规划建议。按照"一年胜任"、"二年成才"的培养管理目标，由政治处牵头组织各单位、部门落实培养措施，建立健全跟踪管理机制，季度一纪实，半年一总结，一年一考核，齐抓共管强力推进此项立足当前、着眼长远的长期育警工程。③抓好青年警察每个成长阶段的考核考评工作。考核考评的内容包括青年警察年度工作绩效、奖惩记录，理论测试以及领导评鉴、导师评价等情况，实施百分制考评，科学、客观地了解掌握青年警察综合表现情况，并形成《年度考评表》，归入青年警察成长管理档案。对考核中发现的成长进步缓慢或周期内波动较大等情况，政工部门及时约谈相关青年警察，帮助剖析问题症结，指明努力方向。"以师带徒"活动开展一年多来，师徒默契配合、相互帮助、相互补位，心往一处想、劲往一处使，产生一加一大于二的合力效应，十余名新警在监狱各项活动中崭露头角，并获佳绩，实现了新老警察共同提高、共同进步的目标。

"技能比武"以赛代训。按照"搭台唱戏"的思路，组织开展"教育改造能手"、"教育改造标兵"评比活动，狠抓青年警察培养任务的落实。制定下发《监狱教育改造能手评选办法》，将队列指挥、队前点名、"四知道"竞赛、个别谈话教育、教育资料、理论研究成果、罪犯思想动态分析、顽危犯转化案例等八项指标作为评选项目，为广大青年警察提供了技能比武的广阔平台。大家纷纷自我加压，立足自身岗位，加强理论学习，提升业务技能。自活动开展以来，出收工队列不用检查考核就整体划一，车间里警察巡逻频次明显增多，个别谈话教育的力度逐渐加强。监管改造秩序持续安全稳定，劳动生产效率再创新高。一些业务技能熟练、自我要求高的青年警察很快脱颖而出，至今已有23名青年警察被评为"季度教育改造能手"、5名青年警察被评为"年度教育改造标兵"，各占58%和50%，进一步激发了青年警察立足本职、敬业奉献的工作热情。

"走出监狱"观摩培训。青年警察参加工作时间短，工作范围有限，认识上难免含有"井底之蛙"之感。该监狱分批组织以青年警察为主体的学习参观团，先后到渝州监狱、乔司监狱、潍北监狱、德州监狱、菏泽监狱、女子监狱、省监狱、鲁中监狱、鲁南监狱、临沂监狱等省内外10所监狱参观学习。参观的过程就是一次解放思想、学习新知的过程，对很多青年警察来说，参观一所监狱就像经历一次头脑风暴。虽然都是监狱，但大家参观的兴致极高，人人都认真细致地去探寻兄弟单位的创新之点、不同之处，加以消化吸收。如在季度"教育改造能手"的评选中，五监区一名警察面对220名罪犯进行队前点名，通畅流利，无一差错。而这名警察之前一向惧怕队前点名，为什么这次进步如此神速？这名警察说："学习了兄弟单位的日常巡逻心中默点名法，值班过程中，边巡逻边在心里点名，一天下来就能点十几遍，岂有不熟之理。"监狱还要求参观完毕后必须写出心得体会，大家将所见所闻、所感所悟诉诸笔端，170余篇文章汇集融合，观点碰撞之音不绝于耳，思维交锋之光频频闪现，在全狱青年警察中传递了解放思想、提升素质，创新发展、干事创业的无穷正能量。

"高校寻师"扩展培训。青年警察思维活跃，求知欲强，追求创新。该监狱组织 90 名在监区一线工作的青年警察赴西南政法大学、浙江大学进行了狱内侦查、企业管理专题业务培训。在两所知名学府上的每一课都"集思想之大成"、"耀知识之精华"。培训时间虽然短暂，但大家沉浸在老师们精彩的讲解中，思想上受到了强烈震撼，理念上有了全面更新，知识上得到了充实提高，重新燃起了对知识的渴望之火。每期培训班都如一剂良药，使人心智洞开。大家不仅储备了知识，更重要的是解放了思想，认识到监狱事业前进的道路不会一帆风顺，需要改革的勇气和担当；认识到本监狱的发展已是时不我待，监狱搬迁、产业转调、用工改革等一个个难题，都亟须去破解。大家紧紧围绕这些重点难点问题，深入研究和思考，将在培训中学到的新知识、新理论融会贯通，提出有深度、有见地的对策和措施，实现了本职工作与学习培训的有机融合，确保学有所得，学有所获。

根据上述材料分析如下问题：

1. 该监狱在监狱人民警察培训过程中做了哪些计划？从计划执行效果看，分析监狱人民警察管理计划的编制原则。

2. 该监狱在监狱人民警察培训过程中做了哪些重大决策？从决策的目标分析决策的程序严谨的重要性。

第五章 监狱人民警察管理的监督、控制

案例导入

山东某监狱深入开展"九查九看"活动

为促进"遵纪守法、廉洁勤政"集中教育活动的深入开展，进一步增强广大干警职工的法制观念和纪律观念，提高遵纪守法、廉洁勤政意识，规范执法和工作行为，某某监狱认真组织开展了"九查九看"活动，仔细对照有关法律、规定、纪律、命令进行了全面的分析排查。

一是查《人民警察法》执行情况，看有没有违反人民警察不得的的十二种行为；二是查《监狱法》执行情况，看有无违反规定在管理罪犯过程中有法不依、执法不严、奖罚不公或打骂体罚罪犯、利用罪犯干私活现象；三是查刑罚执行和行政奖惩程序，看有无暗箱操作、与罪犯及亲属界限不清、利用职权便利为关系犯调换工种、私捎物品和信件和有偿编发稿件等徇私舞弊行为；四是查《禁酒令》执行情况，看有无工作日中午接待饮酒不审批、酒后下监下井和酗酒滋事现象；五是查《司法部六条禁令》执行情况，看有无将手机带入监狱或在狱内使用手机行为；六是查"两个条例"贯彻落实情况，看有无参与黄、赌、毒或煽动群众闹事、警察参与上访或利用小字报侮辱攻击他人的行为；七是查煤炭运销经营环节，看有无违规经营、不按程序办事、接受商业贿赂，或兼职从事煤炭运销、经营活动的行为；八是查工作制度落实情况，看有无脱岗、睡岗、玩岗及有事不请假或下监、下井考勤弄虚作假现象；九是查遵守组织纪律情况，看有无有令不行、有禁不止或制造、传播谣言、失密泄密、故意破坏团结现象。

活动中各单位均对照上述内容认真组织了深入的自查排查。每个人都写出了个人排查的书面提纲，对自身存在的问题敢于揭疤亮丑，并制定出了相应的整改措施；单位根据每个人的自查情况，召开分析会议，对此进行梳理归纳，形成了有针对性的自查排查情况及整改措施，由单位负责人进行责任划分积极落实整改；随后每个人又写出了遵纪守法保证书；主要负责人代表单位和本人向监狱党委作出零违纪承诺。各单位整个活动的情况形成书面材料上报党委。

同时监狱对于排查梳理出的问题，采取及时召开调度会、层层签订零违纪承

诺书等形式，认真加以整改和解决。对梳理反映比较集中的中午不按规定饮酒、执行工作纪律不严等现象，组织督查队进行了专项督察和抽查，并通过组织全员实战演习等有效形式，查广大干警职工快速反应能力和下监、出工、留勤等执行工作纪律情况，并严格落实了考核。对极少数有违规苗头的干警职工，按照三不放过的原则，逐人认真进行了调查落实，并按规定进行了处理。

通过开展"九查九看"专项整顿活动，澄清了广大干警职工思想上的一些模糊认识，化解了矛盾，一些不良苗头得到有效的遏制，广大干警职工的法制观念和遵纪守法意识明显增强，筑牢了广大干警职工公正执法、廉洁勤政的思想防线，工作热情和工作效率得到了提高，取得了明显的教育效果。

第一节 监狱人民警察管理的监督

监督是监狱人民警察管理的重要职能，也是监狱人民警察管理过程中的必要环节。为了实现决策所确定的目标，保证计划能够顺利执行，使各项管理活动有效运行，必须进行强有力的监督。特别是在监狱人民警察队伍建设现代化过程中，实行科学有效的监督，更具有非常重要的意义。

一、监督的含义

监督，就是监察和督导。监狱人民警察管理的监督就是对监狱人民警察活动的监察和督导。监察就是监视和检查监狱人民警察行为，是否符合各种法律、政策、制度等有关规定；考察监狱人民警察参与监狱管理等活动是否符合原定目标的要求，如不符合，则查明出现偏差和导致失误的原因。督导就是对监狱人民警察行为的督促和引导、纠正偏差，确保监狱人民警察管理活动的有效运行。

监督是社会化大生产发展的客观产物，是发展社会主义市场经济和民主政治的客观要求，监督是调整各种利益关系的必要手段，是提高工作效率和效果的重要措施，也是为了维护社会秩序、生产秩序和工作秩序，严肃社会主义法纪，巩固人民民主专政，实现国家长治久安的需要。

监狱人民警察管理的监督作用主要是对监狱人民警察的政治方向和对刑罚执行政策的贯彻执行起保证作用，保护国家、监狱、服刑人员和社会各阶层的合法权益，推进司法行政法制化，建设高素质的监狱人民警察队伍，打造优秀的国家公务人员队伍。监狱人民警察作为社会的一个特殊的利益集团，如果没有有效的监督机制，当监狱目标与监狱人民警察的个人利益相冲突时，实际的情况往往是整体利益得不到保护，个人利益成为第一位的考虑因素。鉴于这种情况，必须对监狱人民警察的执法行为实施有效监督，及时发现问题并加以解决，防止或纠正违法或者不当的执法行为，惩罚其违法犯罪行为，使监狱保持正常的秩序。另外，监狱人民警察在实施行政执法管理活动中，由于种种原因，可能出现违反法律规定，侵犯他人或组织合法权益的情况。实施和加强对监狱人民警察行为的监督，可以尽可能使他人或组织的合法权益免受侵害。即使受到了侵害，监督主体可以根据不同的情况，采取措施，通过适当的方式和适当的手段，使受到的侵害得到相应的补偿。通过监狱人民警察的监督，可以促进监狱人民警察增强国家公务员的公仆意识，促进其更好地为人民服务；可以克服人浮于事、办事拖拉、不负责任、相互推诿等官僚主义现象；可以遏制利用手中的职权牟取私利、行贿受贿、贪赃枉法等腐败现象。

二、监督的功能

（一）防范功能

防范功能即预防违法违纪违规事件的发生，这是监督的主要功能。监狱人民警察监督的主要任务是发现和确认监狱人民警察管理行为出现的偏差，纠正过去和现在的错误行为。但是监督活动更多地要去影响未来，应当把监督看作是一种导向性的活动。通过监督，要防止监狱人民警察管理行为中偏差的发生，为实现监狱人民警察管理计划目标创造必要的条件。

（二）督导功能

督导功能有两方面的含义：①支持、帮助，即千方百计地采取措施协助被监督者尽快解决存在的问题；②强制处罚。在监狱人民警察管理监督中，这两方面是互相联系、互相配合的，不应相互排斥。如果过多地强调支持帮助，就会使监督活动丧失权威，把监督机关变成一个慈善机构，忽视对消极现象和违纪行为的严肃处理；如果过多地强调处罚，就可能违背监督工作的根本目的，处罚的目的是促使当事人改过自新，也是为了教育其他非当事人。有效的监督应当根据主客观情况、具体事实情节和被监督者的认识态度，有区别地灵活地进行处理，该帮的帮、该罚的罚，保证督导功能的实现。

（三）控制功能

监督职能也是控制职能的重要方面。在监狱人民警察管理中，如果运行轨道偏离预定目标和预定方向，就要通过监狱人民警察管理监督纠正偏差，纠正偏差本身就是对监狱人民警察管理的控制。但不能认为监督等同于控制。监督为控制提供依据，也是控制活动的组成部分，但是完整的控制功能除监督之外，还有其他控制手段的使用。监督的这一功能主要体现为它同控制具有一致性。

（四）教育功能

监督既是纠偏防错的武器，又是进行教育的方法。通过监督随时总结正反两方面的经验教训，教育监狱人民警察依据国家的方针、政策和法律法规来进行管理活动。

以上四种功能相互联系、相互配合，构成监狱人民警察管理监督的总体功能。

三、监督的种类

监狱人民警察管理监督的种类非常多，按照不同的标准可以做出如下分类：

（一）按对监狱人民警察管理监督客体经济活动的不同时间进行监督，分为事前监督、事中监督和事后监督

事前监督是指某项管理活动未实施之前，对其决策、计划、执行方案所进行的预防性监督。事前监督的优点是可以防患于未然；事中监督（也叫日常监督），是指某项管理活动在执行过程中，还没有达到预定结果时所进行的监督。事中监督的优点是可以及时发现偏差和纠正偏差，以保证经济目标的实现；事后监督，是指在某项管理活动结束之后，对其科学性、合理性和有效性所进行的审查、评价和鉴证。事后监督的优点，是通过对有关资料的分析，检查各项管理活动的正确性，如决策是否科学，执行是否得力，管理有无失误，制度是否严密等，为加强管理，堵塞漏洞，完善管理制度，提高管理水平提供科学依据。

（二）按监狱人民警察监督的组织关系性质的不同，可分为自我监督、内部监督和外部监督

自我监督是指通过监狱人民警察个人的自我约束和自我检查，来对自己所从事的管理活动进行纠偏和控制，以和监狱组织内其他成员的行为相一致，共同保证组织目标的实现。例如，岗位责任制就属一种自我监督的方式。内部监督，是指监狱内部监督主体对监狱人民警察管理行为的监督。例如，监狱纪委、监察机构对监狱人民警察违法行为的监督，就属于内部监督。外部监督，是指专门的国家机关或社会组织对组织上不属于它的本系统的部门或单位所实行的监督。例如，财政税务部门根据税收政策和财务制度的规定，对监狱人民警察是否履行纳税义务所进行的监督，就属于外部监督。

（三）按监督主体的不同，可分为党的监督、国家监督、社会监督和人民监督

党的监督在我国各种监督中占有首要的特殊重要的地位。中国共产党是执政党，是领导我们事业的核心力量，对各项管理活动，各级管理机构和管理人员，实行全面性监督，是实行党的领导的一种重要方式。因此，在监督体系中居于核

心地位和最高层次，贯穿于全部国家组织和社会组织的活动之中，对其他监督起着表率作用和指导作用。国家监督是指以国家名义、利用国家权力所实行的监督。国家监督，按其监督内容的不同，又分为法律监督、行政监督和经济监督等。国家监督是保证国民经济总体健康运行的必要前提。社会监督，是指以社会组织的名义所实行的监督。舆论监督、群众性政治团体的监督等都属于社会监督。社会监督通常不具有法律权威性。人民监督，在社会主义条件下，人民是国家的主人，行使着广泛的监督权。其形式有两种：①通过各种途径和方式将自己的意志和权力集中表现出来，共同履行其监督职责，如通过选出的各级人民代表大会代表及直接向有关部门举报等；②积极参加各种社会管理活动，通过参与、协商、讨论、决策等进行直接监督。中央政法委出台的《中共中央政法委关于严格规范减刑、假释、暂予监外执行切实防止司法腐败的意见》中就明确指出，监狱人民警察办理罪犯减刑、假释、暂予监外执行必须进行网上公示，接受人民群众的监督。

四、监督的原则

要想使监狱人民警察管理监督科学合理，取得最佳的效果，就必须遵循一些原则，基本的原则应该至少包括如下五个原则：

（一）目的性原则

监狱人民警察管理监督最根本的任务是要保证监狱人民警察管理目标的实现。为此，规划和实施监督活动，首先就要考虑到它是否和管理的目标相一致，这就是监督的目的性原则，也是监督的首要原则。监督的过程，实际上就是发现偏差、纠正偏差的过程。这个过程无非是两种情况：①监狱人民警察管理目标和监狱人民警察管理计划制定得正确，执行中出现了问题，危及目标和计划的实现，这时就需要纠正执行活动的偏差；②监狱人民警察管理目标和监狱人民警察管理计划制定得不科学、不符合实际，继续执行会出现不良后果，这时就需要对目标和计划作相应的修正。这两类问题的纠偏，就实质而言都是为了管理最终目标的实现。因此，管理的目标，也就成为监狱人民警察规划和实施监督活动的基本准则。

（二）客观性原则

监狱人民警察管理监督是一种反馈，是对监狱人民警察管理活动过程的反映。因此，这种反映必须真实、准确、全面、及时。首先，监督主体从思想认识上要注意客观事实，树立实事求是的作风；其次，制定的监督标准必须是客观的，符合实际的；再次，监督过程中对发现的偏差与问题要进行周密的分析研究，弄清产生的原因，做出客观的、实事求是的评价；最后，采取措施纠正偏差

和问题时，也必须采取客观的符合实际的措施。总之，客观性原则是做好监督工作的前提和基础。

（三）异体监督的原则

异体监督，是指对行为主体的监督，是由行为主体以外的他体所实施的，监督者与被监督者不同体，故称异体监督。监狱人民警察管理的异体监督，是指监狱人民警察组织以外的组织和个人对其管理活动的监督。遵循异体监督原则，要处理好权力关系问题：①权力对权力，即对监督主体授予一定的权力，否则没有权力的监督主体难以有效地监督有权的监督客体。②必须大权力对小权力进行监督。监督主体不但要授予权力，而且要授予比监督客体更大的权力。这样才能保证监督的高效性。就一般而言，小权监督大权和平权监督都没有大权监督小权那样具有权威和卓有成效。③运用大权力对小权力监督时必须特别注意监督的公正性。

（四）超前监督的原则

监狱人民警察管理监督的根本目的是为了纠正监狱人民警察管理活动的偏差。偏差发现得越早、纠正措施越及时，甚至在偏差未发生之前就能有预见，并能采取预防措施，防患于未然，监督的效果就越好，这就是监督的超前原则。超前原则要求监督制度、内容及标准公开，使人人参与监督并约束自己的行为；要求对监督发现的问题及处理的措施进行通报，以引起广泛的注意和警惕；要求监督主体提高自身的业务水平，增强预见的能力，尽量在偏差出现之前予以纠正，防止或尽量减少经济损失。比如对监狱人民警察违规办理罪犯"减假保"的问题，必须超前监督，才能维护国家司法的公正。

（五）经济性原则

监狱人民警察管理规划和实施监督活动，还应从经济合理的角度进行考虑，即监督所支出的费用应小于监督活动所能带来的收益，否则就是不合算、不成功的监督活动，这就是监督的经济性原则。监督的经济性原则要求：①监督支出的每一项费用都必须是合理的、有效的。②在监督过程中，监督人员应将注意力集中到对管理运行中一些关键性方面进行的监督，注重研究最重要的最具有特色的事实和现象。这样做既能抓住所应监督的要害性问题，又能防止在枝节问题上花费过多的精力，并减少监督费用的支出，从而取得较好的监督效益。

五、监督的步骤

监狱人民警察管理监督的过程一般分为四个基本步骤：制定监督计划、实施监督检查、采取纠正措施、利用监督成果。

（一）制定监督计划

要进行有效的监督，首先要制定一个科学有效的监督计划。计划的主要内容包括：监督的对象、目的、标准以及何人、何时、何地、采取何种方法等。这一阶段的主要工作：①根据管理目标和计划的要求以及管理过程进行中的具体情况，确定监督的任务和标准；②根据监督的任务，确定监督的组织机构及其相应的职责权限范围；③根据监督的任务确定监督的方式，即通过什么途径，以什么形式来实施监督。这是进行有效监督的必要前提。

（二）实施监督检查

监督计划一经制定，就要付诸实施。即对活动过程进行认真的观察和评价。要观察和研究监督对象最重要和最具有特点的事实和现象，以便从关键点和时间上取得最能说明问题的情报，从而在尽可能短的时间内作出评价。评价的目的是确定实际经济行为偏离计划的程度，估计其动态趋势和后果，为采取适当的纠正措施提供依据。这是监督的具体展开阶段。

（三）采取纠正的措施

实施检查监督后，就要针对所发现的问题和偏差，制定和实行必要的纠正措施。首先是明确在有效时间内能够采取有效行动的措施，其次确定各种措施的范围、方向、内容和执行的时间，进而实施措施，达到监督的目的。制定和采取纠正措施，要根据不同的情况，采取不同的措施。要依据具体情况，灵活掌握随机而宜，才能确保纠偏工作的有效性，确保管理目标的顺利实现。

（四）利用监督成果

在纠正偏差的同时，要充分利用监督的成果。利用监督成果，重点应放在四个方面：①对被监督对象的全部工作成效作出综合测定和评判，为主管部门提供所需要的资料；②在一定范围内对监督的结果进行通报，以引起普遍重视，促进更大范围内工作的改进；③与监督对象一起总结经验，从中吸取改进工作的借鉴和教益；④对监督工作本身的评价，主要是衡量监督工作的效果。

第二节　监狱人民警察管理的控制

一个组织目标的实现，首先表现为如何利用计划来对组织行为进行指导。但实际上，无论计划制定得如何周密，由于各种内部条件和外部环境因素变化的影响，一个组织不能实现或不能完全实现其计划的可能性总是存在的。为了消除这

种可能性或使之降低到最低程度，组织对计划的执行过程进行有效的控制就成为一项十分重要的管理工作。监狱人民警察管理的计划决策执行的效果和质量与监狱人民警察管理的控制息息相关。

一、控制的含义

从管理学的角度上说，所谓控制，是指管理者为了保证实际工作与计划的要求相一致，按照既定的标准，对组织的各项工作进行检查、监督和调节的管理活动。监狱人民警察管理的控制，是指检查监狱人民警察的行为是否按既定的计划、标准和方法进行，并发现偏差，分析原因，采取措施，予以纠正，以确保监狱人民警察管理目标实现的一种管理活动。要把握控制的含义，需要掌握以下几点：

1. 控制是管理过程的一个阶段，它将组织的活动维持在允许的限度内，它的标准来自于管理者的期望。这些期望可以通过目标、指标、计划、程序或规章制度的形式含蓄地或明确地表达出来。从广义上讲，控制的职能是使系统以一种比较可靠的、可信的、经济的方式进行活动。而从实质上讲，控制必须同检查、核对或验证联系起来，这样才有可能使控制根据由计划过程事先确定的标准来衡量实际的工作。

2. 控制是一个发现问题、分析问题、解决问题的全过程。监狱人民警察组织开展各种业务活动，由于受外部环境、内部条件变化和人们认识问题、解决问题能力的限制，实际执行结果与预定目标完全一致的情况是并不常见。因此，对管理者来讲，重要的问题不是工作有无偏差，或是否可能出现偏差，而是能否及时发现偏差，或通过对进行中的工作深入了解，预测到潜在的偏差。只有发现偏差，才能进而找出造成偏差的原因、环节和责任者，采取针对性的措施纠正偏差。

3. 控制职能的完成需要一个科学的程序。要实施控制，需要三个基本步骤：①建立控制的标准；②将实际绩效同标准进行比较；③纠正偏差。没有标准就没有衡量实际成绩的根据；没有标准就无法知道绩效的好坏；不规定纠正偏差的措施，整个控制过程就会成为毫无意义的活动。因而，控制职能的三个基本步骤，需要建立在有效的信息系统之上。

4. 控制要有成效，必须具备以下要素：①控制系统必须具有可衡量性和可控制性，人们可以据此来了解标准；②有用已知标准来比较实际结果和计划结果并评价两者之间差别的方法；③有一种调控系统以保证在必要时调整已知标准。

5. 控制的目的是使组织管理系统以更加符合需要的方式运行，使它更加可靠、更加便利、更加经济。因此，控制所关心的不仅是与完成组织目标有直接关系的事件，而且还要使组织管理系统维持在一种能充分发挥其职能，以达到这些目标的状态。

监狱人民警察管理的控制非常必要：①监狱刑罚执行活动的不确定性决定了监狱人民警察管理控制的必要性。监狱刑罚执行活动是一个庞大系统的复杂活动，有着复杂的内部联系和外部联系，尤其是外部环境，受政治、经济、社会等多种因素的影响，总是存在着一些无法事先把握、难以预料的情况，总有一些不确定因素的存在。虽然通过编制计划、预测和决策，可以使这些不确定性依次下降，但不会完全消失。因此，只有通过控制随时发现问题，随时进行纠正，才能使监狱刑罚执行活动中不确定性因素的影响降到最低限度，从而获得比较好的惩罚改造效果。②监狱人民警察管理计划的缺陷决定了监狱人民警察管理控制的必要性。任何计划不可能是完美无缺的，无论怎样科学和周密的计划，都不可能完全地、无遗漏地反映管理对象的全部客观情况；经济事物的不断运动变化，使人们的认识与客观实际总会有一定的差距。因此，只有通过控制，才能发现计划本身的不足，从而对计划及时地进行修订和补充，以弥补计划本身的缺陷。③监狱人民警察工作能力的差异也决定了控制的必要性。即使组织制定了全面完善的计划，内、外部环境在一定时期内也相对稳定，对监狱刑罚执行活动的控制也仍然是必要的，这是由不同组织成员尤其是计划执行人员的认识能力和工作能力的差异所造成的。计划的实现要求每个部门的工作严格按计划的要求来协调地进行。然而，由于组织成员是在不同的时空进行工作的，他们的认识能力不同，对计划要求的理解可能发生差异；即使每个人都能完全正确地理解计划的要求，但由于工作能力的差异，他们的实际工作结果也可能在质和量上与计划要求不符。某个环节可能产生的这种偏离计划的现象，会对整个刑罚执行活动的进行造成冲击。因此，加强对这些成员的工作控制对于保证计划的顺利实现是非常必要的。

二、控制的类型

控制的种类很多，常见的有以下几种分类方法。

（一）按照控制的逻辑发展分类

据此，可分为试探控制、经验控制、推理控制和最优控制。

1. 试探控制。试探控制也叫随机控制，是一种原始的控制方式，也是其他控制方式的基础。当我们碰到一件棘手的事情，又想不出什么办法来解决时，常常会硬着头皮说："那就碰碰运气，试试看吧。""碰碰运气"或"试试看"就是最简单的试探控制。试探控制是在人们对解决问题所必需的条件不了解，对控制对象的性质不清楚的情况下所能采取的唯一办法。试探控制是完全建立在偶然机遇的基础上的，因而这种控制方式有较大的风险，在成功的同时，常常伴随着失败，对事关重大的活动，一般不宜采用这种控制方式。在人类社会发展的初期，人们的知识十分有限，因而常采用试探控制。但也应该看到，人类对客观世界的探索是无止境的，无论科学怎样发展，客观世界总会存在尚未被认识的事物，因而试探控制始终是一种重要的控制方式。

2. 经验控制。经验控制也叫记忆控制，是一种应用广泛的控制方式。试探控制所得到的直接成果就是经验，把由试探控制得出的结果用于指导下一次控制，就是经验控制。单纯的试探控制并不强调记忆，只是"一次一次地去试"，如果碰得不巧，就要花费很长的时间才能达到目的。改进的办法是增加一个记忆装置，以便把不能达到目标状态的输入都下一个控制过程排除出去，从而提高控制效率。在经验控制中，最重要的是经验的可靠性。它包括两层含义：①真实性；②必然性。所谓真实性是指能反映解决问题的正确方法，它是真的，不是假的。如果把失败的经验作为成功的经验加以运用，就会导致失败。所谓必然性是指经验能反映事物内在的规律性。偶然的经验虽是真实的，但它不反映事物的规律性，它不足以指导以后的行动。正像一个人看到一只兔子撞死在树下，就认为每天都会有兔子来撞，而采取"守株待兔"的办法一样，结果只能是毫无收获。

需要注意的是，事物总是不断发展变化的，而经验都是已经做过的事情。因此，如果对当时的具体情况不做详细地分析，一味照搬过去成功的经验，这样的控制就有可能达不到目的。

3. 推理控制。推理控制也叫逻辑控制，是试探和经验控制相结合的产物。它通过中间起过渡作用的媒介实现控制，因此又叫共轭控制。推理控制就是根据事物之间的相似性，用类比的方法，将一种事物的控制用于另一种事物的控制。这里关键是相似，即事物甲与事物乙的基本性质要大体相似，否则事物乙的经验难以指导对事物甲的控制。科学技术的发明创造，有不少是通过推理控制的方式来获得的。

4. 最优控制。最优控制是控制方式发展的高级阶段，是在前面三种控制方式的基础上，通过精确的分析和推导得出的，是"选优求好"的思想在控制活动中的具体体现。所谓最优控制，就是符合最优标准的控制。其核心思想是：不仅要保证实现控制目的，而且强调要在较短的时间内，以尽可能少的人力、物力、财力的消耗来实现控制目的；或者在同样的时间、资源条件下，使系统的输出达到最佳目标状态。这就要求在实际控制前或控制过程中，提供多种可供选择的方案，以便在实际控制时能够有所选择，使监狱刑罚执行活动能够达到尽可能好的结果。

（二）按控制发生在经济系统运行的不同阶段分类

据此，可分为前馈控制、同步控制和反馈控制。

1. 前馈控制。前馈控制也叫预先控制，是指监狱人民警察管理活动开始之前就进行周密地调查研究和可行性分析，并事先对各种可能出现的偏差采取预防或校正措施，保证工作达到预期效果。这种控制是以预测为基础的：①通过预测把决策作为控制对象，为决策提供大量可靠的信息和多种备选方案，以使决策更符合实际、更科学；②通过预测把计划所要达到的目标作为控制对象，分析目标的可靠性、可行性以及实现目标的条件和可能性，根据预测的情况，或者是调整目标，或者是创造条件去实现目标。因此，前馈控制是一种事前控制，是以输入过程作为控制的着眼点，即在活动开始之前，就发现和纠正偏差，保证输出的结果符合规定的要求，防患于未然。

2. 同步控制。同步控制也叫过程控制，是指从监狱人民警察管理活动开始到完成的全过程中深入工作现场进行检查督促，发现偏差随时解决。这种控制有两种形式：①按事先规定的标准进行控制，如对监狱人民警察培训经费、培训进度和培训质量的控制等；②现场控制，管理者主要是根据自己的经验，直接指导其下属改进工作。同步控制的效果，一是取决于所定标准是否正确，二是取决于控制者个人的素质优劣。

3. 反馈控制。反馈控制是指在管理过程结束或任务完成之后，用实际结果与原订计划标准进行比较，发现偏差，找出原因，采取纠正措施，以控制下一过程的活动。反馈控制的重点是把注意力集中在实际执行结果上，即以输出过程作为控制的着眼点，它根据最终结果与计划目标之间的偏差来指导将来的行动，以过去的信息作为指导或纠正将来行为的基础。反馈控制能够对决策和计划进行评价，能够对预先控制和过程控制进行评价，因而可以通过不断总结经验，提高管理人员的管理能力和管理水平，这实际就是对管理活动的实践、认识、再实践、再认识的不断深化提高的过程。

（三）按控制所采用的手段分类

据此，可划分为直接控制和间接控制。

1. 直接控制。直接控制是指利用行政手段进行的控制。监狱作为国家行政机关，可以采用不同的方法对监狱人民警察进行控制，其中行政命令是一种最直接、最简单、最省力的办法。这种办法通常是监狱有关主管部门向监狱人民警察下达各种命令，监狱人民警察必须服从命令，完成任务。从理论上讲，这种直接控制有力度，容易见成效，但实践证明效果并不好。原因是监狱有关主管部门不可能及时而清楚地掌握监狱人民警察的实际情况，命令呆板，抑制了监狱人民警察的积极性。

2. 间接控制。间接控制是指利用经济手段进行的控制。间接控制是相对于直接控制而言的。当人们发现直接控制无法达到效果最优时，就采取间接控制方法，即利用福利奖金补贴等经济政策对监狱人民警察的管理活动进行控制。

三、控制的程序

控制的过程构成一个循环的系统，其基本步骤是确立控制标准、衡量实际成效、纠正偏差。

（一）确立控制标准

确立控制标准是控制过程的起点。所谓标准就是工作成果的规范，是用以比较过去、当前和未来的准则，包括方针、政策、计划、预算、工作标准、技术标准等。确定控制标准：①应能体现目标，反映监狱人民警察管理计划的要求，即控制标准的确定必须以监狱人民警察管理计划和监狱机关的目标为依据，这样的标准才能保证计划目标的实现。②标准的措辞要简练明确，易于理解，易于操作。③标准必须合理，合理的标准易于被人们接受，有利于控制工作的进行。④标准应该是可以考核的，因此能数量化的应尽量数量化，以便于考核。⑤标准应当相对稳定，不能朝令夕改。控制标准可以分为定量标准和定性标准两大类。定量标准便于度量和比较，但定性标准也是不可缺少的。定量标准主要表现为实物标准、价值标准、时间标准。实物标准有明确的数量，是计划的一种基本形式，也是控制的基本标准；价值标准反映了监狱机关的财务状况，包括支出标准、费用标准、资金标准等，适用范围很广；时间标准为工作的开展提供了时间限制，表现为工时定额、工作周期等一系列的时间指标；定性标准主要是工作质量标准。这些标准的控制对于监狱人民警察管理计划和目标的实现极为重要。为了使定性标准便于掌握，也应尽可能地采用一些可度量的方法。

（二）衡量实际成效

这是控制过程的第二个步骤，它是依据标准衡量计划执行情况，把实际与标准进行比较，对监狱人民警察管理工作作出客观评价以便从中发现偏差。当然，按照标准衡量实际成效，最理想的就是在偏差尚未出现之前就有所察觉，并采取措施加以避免，富有经验的管理者一般是这样的。但是，光凭管理者的经验是远远不够的，必须凭借切实可行的控制标准和测定手段，才能客观评价实际的执行情况。一般而言，实际工作成效的测定方式主要有三种：①管理者定期分析固定信息反馈形式，如统计台账、业务报表等；②管理者听取执行者的口头和书面报告；③管理者进行实地检查。

衡量实际工作成效的状况将直接关系到控制措施的采取，因此要十分重视：

①系统检查，通过调查、汇报、统计、分析等比较全面而确切地了解实际的工作绩效。②力求真实，防止文过饰非，空洞无物。③定期进行，要成为一项经常性的工作。④建立制度，保证系统检查的进行，比如工作进度报告制度、统计报表制度、工作总结报告制度等。⑤抓住重点，对于需要加强的重点之处，则应重点检查，以便使控制更有针对性。

（三）纠正偏差

这是控制过程的第三个步骤，它是在衡量监狱人民警察管理工作成效的基础上，针对被控制对象状态相对于标准的偏离程度，及时采取措施予以纠正，使其恢复到正常状态上来。

这里所谓的偏差是指监狱人民警察管理计划执行过程中的实际情况与所确立的标准间的比较之差。在计划执行中，有三种可能出现的情况：①实际的结果超出了计划或控制标准，这被称为正偏差；②偏差等于零，即实际情况与计划或控制标准基本相符；③实际结果没有达到计划或控制标准的要求，这被称为负偏差。

上述第二种情况即无偏差是最好的状况，但这只是理论上的假定，在现实控制活动中，绝对的无偏差是极为罕见的。这里主要是强调偏差应尽可能地小。第一种情况，即实际的结果超出了原订的标准，一般而言也被认为是一种好的结果，如提前完成、超额计划等。但这种看法是不全面的，在很多情况下，超额与超标准也并不一定意味着好的结果，它有时可能意味着原有计划不科学，计划会出现不平衡，各部门、各环节的衔接也会发生困难；有时甚至意味着浪费资源。对于管理者而言，在控制中应该特别注意第三种偏差，同时也不应忽视第一种偏差。

为保证纠偏措施的针对性和有效性，在制定和实施纠偏措施之前必须找出偏差产生的原因。并非所有的偏差都可能影响监狱人民警察管理活动的最终成果。有些偏差可能反映了计划制定和执行工作中的严重问题，而另一些偏差则可能是一些偶然的、短暂的、区域性因素引起的，从而不一定会对管理活动的最终结果产生重要影响。因此，在采取任何纠正措施以前必须对反映偏差的信息进行评估和分析。首先要判断偏差的严重程度，是否足以构成对管理活动效率的威胁，从而值得去分析原因，采取纠正措施；其次要探寻导致偏差产生的主要原因。

通常产生偏差的原因主要有：因标准本身是基于错误的假设和预测，从而使该标准无法达成；从事该项工作的人员不能胜任此项工作，或是由于没有给予适当的指令；和该项工作有关的其他工作发生了问题；从事该项工作的人员玩忽职守。

针对产生偏差的主要原因，就可以制定改进工作或调整计划与标准的纠正方案。纠偏措施的选择和实施过程中应注意以下问题：

1. 使纠偏方案双重优化。纠偏方案的第一重优化即是在采取纠偏措施与不采取纠偏措施之间进行选择。纠正同一偏差有时可以采取多种不同的措施，如果所有这些措施，其实施条件和效果相比的经济性都要优于不采取任何行动、使偏差任其发展可能给组织造成的损失的话，则应采取相应的纠偏措施。但如果纠偏的费用超过偏差带来的损失的话，此时最好的方案也许是不采取任何行动。第二重优化是在此基础上，通过对各种可行方案的比较，找出其中追加投量少、解决偏差效果最好的方案来组织实施。

2. 充分考虑原先计划实施的影响。由于对客观环境的认识能力提高，或者由于客观环境本身发生了重要变化而引起的纠偏需要，可能会导致对原先计划与决策的局部甚至全局的否定，从而要求监狱人民警察管理活动的方向和内容进行重大的调整。这种调整往往被称为"追踪决策"，即当原有决策的实施表明将危及决策目标的实现时，对目标或决策方案所进行的一种根本性修正。追踪决策是相对于初始决策而言的。初始决策是所选定的方案尚未付诸实施，没有投入任何资源，客观对象与环境尚未受到人的决策的影响和干扰，因此是以零为起点的决策。而追踪决策则不然，管理活动的外部环境和内部条件已经由于初始决策的执行而有所改变，是"非零起点"。因此，在制定和选择追踪决策的方案时，要充分考虑到伴随着初始决策的实施已经消耗的资源，以及这种消耗对客观环境造成的种种影响。

3. 注意消除人们对纠偏措施的疑虑。任何纠偏措施都会在不同程度上引起组织的结构、关系和活动的调整，从而会涉及某些组织成员的利益。不同的组织成员会因此而对纠偏措施持不同的态度，特别是纠偏措施属于对原先决策和活动进行重大调整的追踪决策时。虽然一些原先反对初始决策的人会幸灾乐祸，甚至夸大原先决策的失误，反对保留其中任何合理的成分，但更多的人对纠偏措施持怀疑和反对的态度：原先决策的制定者和支持者会害怕改变决策标志着自己的失败，从而会公开或暗地里反对纠偏措施的实施；执行原决策、从事具体活动的基层工作人员则会对自己参与的已经形成的或开始形成的活动结果怀有感情，或者担心调整会使自己失去某种工作机会、影响自己的既得利益而极力抵制任何重要的纠偏措施的制定和执行。因此，控制人员要充分考虑到组织成员对纠偏措施的不同态度，特别是要注意消除执行者的疑虑，争取更多的人理解、赞同和支持纠偏措施，以保证避免在纠偏方案的实施过程中可能出现的人为障碍。

四、有效控制的基本要求

监狱人民警察管理控制的目的是保证管理活动符合管理计划的要求，以有效地实现监狱人民警察管理的预定目标。而要保证控制的有效性，必须做到以下几点：

（一）控制要讲究客观性

控制作为一种管理活动，难免包含着许多主观因素，但作为管理者必须清醒地认识到，实事求是，一切从客观实际出发，是有效控制的重要保证。管理控制的客观性主要表现在：①控制标准要客观合理、简单明了。控制标准是衡量、评价工作业绩的依据，只有客观合理而又简单明了的控制标准，才能客观地衡量、评价管理工作的业绩，才能保证实施有效的控制。特别是那些无法定量的标准，控制主要依靠管理人员的主观评价、检查和监督，如果失去客观性，不仅达不到控制目的，还会导致一系列不良后果。客观合理的标准对于控制而言也是很重要的，如过高的标准将无法达到，而过低的标准又起不到任何激励作用。简单明了的标准则可使控制者和被控制者易于理解，因而能够更有效地进行控制。值得注意的是，不管是定量标准，还是定性标准，都应当符合控制对象的客观实际情况，都应当是可以测定和可以考核的。②控制方式要客观真实。管理人员在检查和衡量工作成果时，要注意引导被考核者如实汇报情况，避免弄虚作假；同时，管理人员还要深入调查研究，尽量取得第一手材料，以避免主观臆断。

（二）控制要保证适时性

有效的控制，要求能对管理活动中产生的偏差迅速地发现并及时采取措施加以纠正，避免偏差的进一步扩大，或防止偏差对组织产生的不利影响的扩散。适时纠偏，要求管理人员必须及时掌握能够反映偏差产生及其严重程度的信息，否则，即使这种信息是非常系统、绝对客观、完全正确的，也不可能对纠正偏差带来多大的指导作用。控制的适时性要求主要表现在两点：①在偏差还未发生之前，就能准确预见，制定对策，防患于未然。即要求管理人员尽早发现、预见偏差的产生，并及时加以纠正，从而使各方面的损失降到最低程度。预测偏差的产生，虽然在实践中有许多困难，但在理论上是可行的，即可以通过建立组织运行状况的"预警系统"来实现。例如，我们可以为需要控制的对象建立一条警戒线，反映组织运行状况的数据一旦超过这个警戒线，预警系统就会发出警报，提醒人们采取必要的措施防止偏差的产生和扩大。②一旦产生偏差，能够迅速发现，及时纠正，不至于积重难返。在一些监狱人民警察管理比较规范的监狱机关里，每季、每月乃至每旬都要对监狱人民警察管理活动情况进行未来的预测和实际的检查，特别是在某些关键时期（重大节假日、生产旺季、特殊天气）就更重视这方面的工作，这都是为了保证控制的适时性和有效性。

（三）控制要寻求关键点

有效的控制要求在对照计划衡量绩效时需注意有关键意义的因素。在组织系统的运行过程中，选择的最为关键的控制要点被称作"关键控制点"。对于简单的管理活动，管理人员可以通过亲自对工作过程作细致地观察来实行控制。然而，随着组织规模的不断扩大，要确定各部门绩效的各种定量与定性的标准数就大大增加，当管理活动更加复杂及部门的职能不断增多时，管理人员要对每一笔资源、每一个行为过程都给予检查，不仅耗时耗力，而且也不切实际。因此，管理人员应集中于某些关键控制点来检查绩效，以保证整个组织运行过程符合计划要求。由于各单位各部门都有其特殊性，人员构成也不尽相同，再加之有待衡量工作与项目类型繁多，所要执行的计划方案也数不胜数，所以并不存在一种对各管理人员都适用的、专门的控制要点一览表，也没有现成的关于如何选择战略控制点的特定规则可循，因此，只能提出一些一般的指导原则：关键点的建立是为了使主要的工作和事务得到正确的管理；选择的关键点应能及时反映并发现问题；关键控制点应能全面反映并说明工作绩效的水平；关键控制点的选择应注意平衡等。

（四）控制要考虑灵活性

控制的灵活性是指控制应能适应影响管理的各种因素的变化。一个组织在活动过程中，其所处的环境总是在不断地变化，其原来所制订的计划和标准也会不断地受到影响，因而大部分计划和标准在执行过程中都可能出现偏差，有时甚至会变得无法执行。因此，要求控制工作必须相应地具有一定的灵活性。一般来说，控制具有一定的刚性，凡不符合计划标准的结果一定要纠正，但当出现计划失误，标准不符合客观实际，或出现未曾预料到的情况时，原计划或标准已不适应，就应加以调整，使之适合实际情况，以此保持控制的有效性，因此，决不能把控制工作死板地同不合理的计划联系在一起，以免使控制失效。控制的灵活性还包含有另一层含义，即控制应当从实现组织计划和目标的目的出发，采用多种灵活形式达到控制的目的。不能过分依靠正规的控制，如监督、检查、报告等，因为它们都有自己的不完善之处。检查、报告等有时会与实际情况有较大的差异，过分依靠它们有时会导致指挥失误、控制失灵。因此，要实行弹性控制，制定能随机应变的控制方式和方法，如追踪控制、抽样检查等。

（五）控制要注意经济性

一切组织活动都应以较少的费用来取得较多的收益，即都应注意经济性，控制工作也不例外。在管理中究竟把控制工作做到什么程度，要根据费用效益分析来决定。所谓费用效益分析是指把为进行活动所支出的费用与通过活动取得的收益加以比较，以期收益大于费用。有人认为控制越全越好，越细越好，这种观点是不科学的。控制的经济性要求虽然简单，但做起来却很复杂。一个管理者很难了解哪个控制系统是值得的，以及它所花费的费用是多少，即存在控制系统的相对经济性，因而就在很大程度上决定了管理人员只能在他认为是重要的方面选择一些关键问题来进行控制。因此可以说，如果控制技术和方法能够以最小的费用或其他代价来探查和阐明偏离计划的实际原因或潜在原因，那么它就是有效的，因而也是符合经济性要求的。

要实现控制的经济性，首先，应根据组织规模的大小，所要控制问题的重要程度，以及控制所能带来的收益等几个方面，设计出详略程度不同的控制系统。其次，所选用的控制技术和控制方法应该是能够以最少费用就可以检查和阐明工作偏差及其原因的。最后，不要追求所谓的"全面控制"，要防止在无意义的控制上花费时间和财力，要把着眼点放在组织工作最重要的方面和最关键的环节上。

（六）控制要具有适应性

控制是由管理者实施的，而且每一项控制工作都必须依照计划和目标在一定的组织机构内进行。因此，控制的方法应该与管理者的具体情况、专业特点、计划种类和组织结构相适应：①与计划相适应。每一项计划都有自己特殊内容和特点，不同的计划采取不同的方法。②与工作特点相适应。不同的工作有不同的特点和要求，因而采取不同的控制方法。如宏观控制和微观控制方法不同，微观控制中的财务控制和质量控制也不同。③与组织结构类型相适应。组织结构的类型不同，其职权划分就不同，对计划执行中的偏差所承担的责任就不同，因此，确定控制方法还必须考虑组织结构的类型。④与管理者的具体情况相适应。建立控制系统和进行信息传递的目的是为了协助领导者行使其控制职能的，如果控制系统及其所传达的信息不能为领导者所理解、信任和使用，它们就不会有多大的用处。不同的人提供的信息形式是不同的，统计人员和会计人员喜欢用复杂的数据和表格形式来表达信息；工程技术人员喜欢用数据或图表形式来表达信息；还有人则喜欢用数学模型来表达信息等。而一般情况下，管理人员对控制系统的理解与其个性有着密切的关系。同时，由于知识水平所限，管理者不可能样样精通，所以也就未必都能理解、喜欢上述信息表达形式。因此，建立（或设计）控制系统必须符合每个管理人员的情况及其个性，使他们能够理解它，进而能信任它并自觉运用它。控制技术也是如此，不同的管理人员适用不同的控制技术。

五、控制的一般方法

管理控制中，控制方法同时也是计划方法，大体分两类：①预算控制法；

②非预算控制法。监狱人民警察管理的控制方法，也可以这样分类，简单介绍以下几种控制方法：

（一）预算控制

预算是广泛运用的一种传统的控制方法，无论是国家各级政府还是企事业单位都要进行预算。预算是对一定时期内资金来源和资金使用的计划，是用货币量来表示的数字化的计划。预算控制最清楚地表明了计划与控制的紧密联系。预算是计划的数量表现，预算的编制既是作为计划过程的一部分开始的，而预算本身又是计划过程的终点，是一种转化为控制标准的计划。就其性质来说，预算可认为是一种以货币为单位，用财务方面的术语来表示的计划。预算作为一种重要的控制方法，其作用主要表现在以下几个方面：通过预算，便于了解和控制管理过程中资金的来源及分配，有效地控制组织的资金财务状况；通过预算，还可以控制组织中所有与资金发生联系的活动，调节和控制着组织中各项活动的轻重缓急和规模大小；通过预算，可以从宏观上通过货币量标准在不同任务之间加以比较，合理安排，控制全局；通过预算，有助于控制和降低管理成本，并有利于对组织运营的收支规模起能动的制约作用。

（二）非预算控制

非预算控制方法很多，适合于监狱人民警察管理控制的方法主要有如下几种：

1. 视察。视察可能算是一种最古老、最直接的控制方法，它的基本作用就在于获得第一手的信息。基层主管人员通过视察，可以判断出工作质量的完成情况、劳动纪律的执行情况以及设备运转情况等；职能部门的主管人员通过视察，可以了解到红头文件、规章规制、生产工艺等是否得到了认真的贯彻，管理计划是否按预定进度执行，管理过程中存在哪些偏差和隐患等；而上层主管人员通过视察，可以了解到组织的方针、目标和政策是否深入人心，可以发现职能部门的情况报告是否属实以及干警的合理化建议是否得到认真对待，还可以从与干警的交谈中了解他们的情绪和士气等。所有这些，都是主管人员最需要了解的，但却是正式报告中见不到的第一手信息。

视察的优点不仅仅在于能掌握第一手信息，它还能够使得监狱人民警察的管理者保持和不断更新自己对监狱机关的感觉，使他们感觉到事情是否进展得顺利以及组织这个系统是否运转得正常。视察还能够使得上层监狱人民警察主管人员发现被埋没的人才，并从干警的建议中获得不少启发和灵感。此外，亲自视察本身就有一种激励下级的作用，它使得下属感到上级在关心着他们。所以，坚持经常亲临现场视察，有利于创造一种良好的组织气氛。当然，主管人员也必须注意视察可能引起的消极作用。例如，也存在着这样的可能，即下属可能误解上司的视察，将其看作是对他们工作的一种干涉和不信任，或者是看作不能充分授权的一种表现，这是需要引起注意的。尽管如此，亲临视察的显著好处仍使得一些优秀的管理者始终坚持这种做法。一方面，即使是拥有计算机化的现代管理信息系统，计算机提供的实时信息，作出的各种分析，仍然代替不了主管人员的亲身感受、亲自了解；另一方面，管理的对象主要是监狱人民警察，是要推动监狱人民警察去实现监狱组织的目标，而监狱人民警察所需要的是通过面对面的交往所传达的关心、理解和信任。

2. 报告。报告是用来向负责实施计划的监狱人民警察主管人员全面地、系统地阐述计划的进展情况、存在的问题及原因、已经采取了哪些措施、收到了什么效果、预计可能出现的问题等情况的一种重要方式。控制报告的主要目的在于提供一种如果有必要，即可用作纠正措施依据的信息。对控制报告的基本要求是必须做到：适时；突出重点；指出例外情况；尽量简明扼要。通常，运用报告进行控制的效果，取决于主管人员对报告的要求。管理实践表明，大多数主管人员对下属应当向他报告什么，缺乏明确的要求。随着监狱规模及其经营活动规模的日益扩大，监狱人民警察管理也日益复杂，而主管人员的精力和时间是有限的，因而，定期的情况报告也就越发显得重要。

通常情况下，负责计划实施的监狱人民警察主管人员，为了实施控制，需要报告以下四个方面的情况：①投入程度——主管人员需要确定他本人参与的程度；他需要逐项确定他应在每项计划上花费多少时间，应介入多深。②进展情况——主管人员需要获得哪些应由他向上级或向其他有关单位（部门）汇报的有关计划进展的情况，诸如：我们的进度如何；怎样向我们的管理对象介绍计划进展情况；在费用方面我们做得如何；如何向管理对象解释费用问题等。③重点情况——主管人员需要在向他汇报的材料中挑选哪些应由他本人注意和决策的问题。④全面情况——主管人员需要掌握全盘情况，而不能只是了解一些特殊情况。

3. 程序控制。在讨论计划的种类时，已阐述过程序的概念。程序是对操作或事务处理流程的一种描述、计划和规定。组织中常见的程序很多，例如决策程序、审批程序、主要管理活动的计划与控制程序、操作程序、工作程序等。凡是连续进行的、由多个环节组成的管理活动，只要它具有重复发生的性质，就都应当为其制定程序。程序作为一种控制标准，可以通过文字说明、格式说明和流程图等方式，把一项业务的处理方法规定得一清二楚，既便于执行者遵守，也便于主管人员进行检查和控制。程序所隐含的基本假设是，管理中的种种问题都是因为没有程序或没有遵守程序而造成的。

实践经验表明，主管人员在对程序进行控制时，应遵循下列准则：使程序精简到最低程度，努力克服程序控制固有的缺点，比如增加文书工作的费用，压抑人们的创造性，对改变了的情况不能及时作出反应等；确保程序的计划性，程序的设计必须考虑到有助于实现整个组织的（而不仅仅是个别部门的）目标和提高整个组织的效率，必须是必要的、能收到预期效果的、能有助于实现计划的；把程序看成是一个系统，一个程序都包含着许多活动的呈网络关系的程序系统，需要从整体的角度细微地分析和设计程序，务必使各种程序的重复、交叉和矛盾现象减少到最低限度，追求系统整体的最优化而不仅仅是局部的次优化；使程序具有权威性。程序要发挥应有的作用，一方面取决于它设计得是否合理，另一方面取决于它执行得是否严格。程序要求人们按既定的方式行事，但人们往往总是想按照习惯的方式或是随意性的方式处理事情，这就给程序的实施带来不少阻力，因而也就对程序的控制提出严格的要求，这就是使程序具有权威性原因。

程序的重要性是毋庸置疑的。但由于程序的计划和控制单调枯燥，看似简单平凡，所以主持其事的人往往得不到最高主管部门人员的关心和支持。在我国，真正对程序的计划和控制持认真态度的组织还不多，即使在这些组织中，有的也只是"认真"过一个时期，后来因为各种原因而流于形式。所以，真正实行程序化、标准化管理并不是件容易的事。不过，我们也应当看到，随着改革开放的深入进行，随着各方面管理工作的不断完善以及引进、吸收、消化国外先进的管理方法、技术、手段等，有不少组织也已真正开始重视并认真对待其管理当中有关程序的制定和控制，并已取得良好的效果。实践经验证明，推行管理的程序化和标准化，是改革传统管理方式，实现管理现代化的重要步骤。

4. 计划评审。当代的管理活动有两个显著的特点：①时间成为做任何事都必须考虑的重要因素；②协作关系十分复杂。例如，大型的军事工程、大型水坝的建设工程、企业中关键设备的检修工程等，都是要求在规定的时间里，利用有限的资源去完成十分复杂的工程项目。这就对计划与控制提出了很高的要求，需要有一套科学的计划与控制方法。计划评审技术就是适应这种需要而发展出的一种行之有效的科学管理技术。所谓计划评审技术，是把工程项目当作一个系统，用网络图或表格或矩阵来表示各项具体工作的先后顺序和相互关系，以时间为中心，找出从开工到完工所需时间最长的关键线路，并围绕关键线路对系统进行统筹规划、合理安排以及对各项工作的完成进度进行严密控制，以达到用最少的时间和最低的资源消耗来完成系统预定目标的一种计划与控制方法。计划评审技术最初是美国海军特别规划处在建造北极星核潜艇的过程中发展起来的一种管理方法。由于应用了计划评审技术，使该项工程比原计划提前两年交付使用，取得了巨大的成功。随后，这种方法推广应用于民用工程管理和企业管理中。我国从20 世纪 60 年代初期开始在国防、建筑、水利和冶金等部门推广使用，称之为"统筹法"，也取得了显著绩效。由于这种方法通常都是对大型项目工程的控制，监狱人民警察管理活动非常复杂，远非如此庞大，可以借鉴应用，在此不再赘述。

5. 绩效审核。一般而言，大多数控制方法都是根据特定的控制对象而具体设计的，例如政策控制、程序控制、质量控制、费用控制、现金预算等。这些控制方法一般只针对组织某一方面的工作，其控制的重点是管理过程本身或是其中的某个环节，而不是管理工作的全部绩效和最终成果。但经验表明，高效率不一定带来高效益。因此，还必须提出一些能够控制组织整个工作绩效的方法。此外，在一些实行分权管理或事业部制的组织中，如何对那些具有相对独立性的单位或部门进行有效的控制，在不干预其内部管理过程的前提下使之达到预期的目标，也需要有一些有效的综合控制方法。

综合控制首先要解决的问题是确定衡量全部绩效的标准。从根本上说，衡量一个组织全部工作绩效的综合标准和最终标准应是经济方面的指标，比如对企业来讲就是利润和利润率。因此，一般说来，综合控制主要是财务方面的控制，也就是说从财务的角度控制那些直接影响经济指标（利润和利润）大小的因素，例如投资、收入、支出、负债等。但是，利润和利润率高并不意味着企业就一定是管理完善，因为即使管理得很差，也可能因为在经营方面，例如销售、投资或利用环境机会方面做得出色而取得成就。经营毕竟不等于管理，经营顺利掩盖了其管理不善，这样的企业，一旦外部环境恶化，就会陷于困境甚至破产。因此，组织绩效的综合控制，还应包括对管理工作质量和水平的评价和控制。目前，这方面比较有效的控制方法之一就是绩效审核。鉴于监狱机关的特殊性，监狱的政治目标远远高于其经济目标，甚至安全目标也高于经济目标，所以如何通过绩效审核，控制监狱人民警察的管理活动，是摆在每一位监狱人民警察管理者面前的课题。无论如何，通过绩效审核控制监狱人民警察的管理活动都不失为一种科学的、高效的控制方法。

 案例分析

山东某监狱查纠并举开展综合督察 着力推进制度执行力建设

为维护规章制度的严肃性，提高各级领导班子和全体民警职工的执行力，该狱自 8 月底开始，对 2007～2009 年监狱出台的 57 项重要规章制度的贯彻落实情况，开展了一次警务和执法执纪综合督察，全体民警职工大局意识、纪律意识、责任意识进一步增强，队伍的执行力进一步提高，推动了监狱党委各项决定、决议的全面贯彻落实和正确实施。

1. 党委高度重视，周密安排部署。监狱党委对本次综合督察工作高度重视，将本次综合督察作为推动制度进一步落实，推动队伍建设，推动监狱工作科学和谐健康发展的一项重要任务来抓，在党委会上进行专题研究部署。各单位按照监狱的安排部署，分别组织民警职工召开动员会议，进行了宣传教育。为确保督察能够顺利进行，监狱制定下发了《关于对 2007～2009 年监狱重要规章制度贯彻落实情况进行警务和执法执纪综合督察的通知》，明确了检查范围、内容、步骤、方法和要求，推动了本次综合督察顺利开展。

2. 认真调查摸底，精心组织实施。为制定切实可行的督察方案，全面掌握 2007 年以来监狱制定出台的规章制度的实际执行情况，纪委监察室通过查阅文件档案和调查摸底，梳理出 68 项监狱制定出台的规章制度，其中，没有废止仍在继续执行的重要规章制度 57 项。鉴于综合督察涉及单位多、内容广泛，为保证本次督察规范有序进行，专门制定了活动实施方案，按照制定制度的责任单位进行了细化分解，制定下发了自查自纠表格和督察通知单，并坚持督察通报制度，保证了督察按计划实施。

3. 严格自查自纠，注重实际效果。坚持把自查自纠工作摆在重要位置，在抓好监区、科室自查工作的基础上，将自查范围扩大到股室、分监区，形成了"一级抓一级、层层抓落实"的自查自纠工作机制，推动了自查自纠工作向纵深开展。大部分单位均能按照监狱的安排部署，分阶段、分步骤，积极有效地抓好监狱重要规章制度贯彻落实情况的自查工作，对照 57 项规章制度，逐条进行自查，建立自查整改台账；针对查找出来的问题，根据自身实际工作，认真进行分析，实事求是、详细具体地填写两个自查表，形成有针对性的自查分析报告，并制定出符合客观实际的整改措施，认真进行整改，自查效果明显。针对极个别单位对自查工作不够重视，敷衍了事，消极被动、措施不力，没有查出问题的情况，纪委监察室要求相关单位重新进行了自查，并在局域网上进行了通报，提高了自纠效果。

4. 强化督察检查，夯实整改实效。本次综合督察，结合监狱 9 月、11 月警务和执法执纪两次集中督察，采取重点检查、现场检查、专项督察等形式对各单位制度执行情况进行全面深入的督察检查：①重点抽查。对重点岗位、重点区域、重点时段等重要环节进行抽查检查，切实查出问题、堵塞漏洞。②现场检查。采取密集式、突击式、全方位、不定时的督察形式，现场纠正、定期通报、下发督察通知，督促解决存在的各类问题。③专项督察。根据监狱党委在不同时期确定的督察重点，先后开展了以保卫"国庆、十一运"安全稳定、"甲流感"防控确保防疫安全、吸取呼和浩特第二监狱脱逃事件教训确保监管安全为重点的三次专项督察，推动了监狱安保、防疫、监管安全防控的制度化、规范化建设，共计查出在勤政廉政、财务营销、生产安全、监管改造、办公通讯、防疫安全等9个方面的77个具体问题。对查出的问题，结合自查自纠情况，根据问题的轻重缓急制定整改措施，认真进行了整改，达到了预期效果。

　　根据上述材料分析如下问题：

　　1. 什么是监督？分析该监狱开展警务和执法执纪综合督察的步骤和程序。

　　2. 什么是控制？分析该监狱在开展警务和执法执纪综合督察过程中是如何运用控制原理的？

第六章　监狱人民警察保障管理

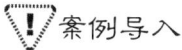案例导入

某省监狱局加强财务管理，保障监狱良性运转

结合 2015 年预算编制及执行，省局财务装备处对近期加强财务及资产管理工作提出以下几点意见：

1. 关于审计问题。近期有三次审计工作涉及省直监狱系统：①国家审计署通过对省财政厅的预算执行审计，发现了很多财务收支和资产管理方面的问题，涉及监狱系统的，省财政厅责成业务主管处通知到省局并进行问责。省局财务装备处随即通知了相关单位落实整改。②省财政厅行政资产管理处委托会计师事务所，用两年的时间对所有省直监狱单位的行政资产进行了全面审计。目前，审计发现的主要问题已通知省局，具体报告及处理处罚决定还没有下发。③省审计厅年初组织了对省监狱管理局 2013 年度"三公"经费等五项专题情况审计。对于类似问题，省局及各单位虽然做了大量解释沟通工作，但还是留下了不少问题。每个单位留下一个问题，汇总起来省直监狱系统 30 个预算单位就是 30 个问题，就是一大堆问题，就是个省局不能承受的重量，站在监狱系统外部看，省直监狱系统在财务管理方面就是问题成堆。这对我们的影响也是无法用数字估量的。提请各单位注意：①高度重视并积极应对各项审计工作，对自身存在及审计发现的问题要敢于负责、敢于担当，迅速整改。②同监管改造、队伍建设、生产经营工作一样，在执行和遵守财经纪律方面，在资金、资产管理方面也不能出问题。

2. 关于清理结余结转资金及预算执行问题。这两项工作都是经常性工作。需要强调的是：一方面请各单位珍惜每一分来之不易的资金，花好每一分钱。既不能浪费，也不能年末形成大额资金结余。另一方面，预算下达后，请各单位按照预算批复的项目和金额均衡花钱、规范花钱。不能形成账外账，更不能搞"小金库"。

3. 关于 2015 年预算编报。强调三点：①高度关注明年及今后预算变化的内容。在省财政厅召开的预算布置会上，领导讲，"国家的政策在变化，省里的规定也在变化，我们要跟上这种变化的步伐。明年预算总的精神是压减项目支出，

调增基本支出"。请各单位吃透文件精神，编好明年预算。②财务科要向单位党委汇报好预算精神，逐步改变预算观念。今年及以前年度能办的事情，明年及今后可能就不能办或者办不成。我们要按照中央和省里的要求，安排单位的工作及资金支出，而不是相反。③及时跟进制度建设。对预算管理、政府采购、公务卡结算、"三公经费"以及差旅费、会议费、培训费、物业费等项业务，中央和省里都有新的管理要求，请各单位注意克服困难，及时跟进制度建设，严格遵守财经纪律，切实提高预算管理和执行水平。

4. 关于政府采购。①根据现行规定，政府采购、大额资金财政直接支付是项目预算管理及执行的不二形式，我们只能按规执行，没有选择的余地。②按照规定，政府采购将成为省局及各单位一项经常性的业务工作，请各单位在财务科固定一名同志负责政府采购业务办理，便于省局财务装备处联系工作。

 第一节　监狱人民警察保障管理的含义

监狱人民警察承担着改造和惩罚罪犯的神圣职责，国家必须为此提供应有的的权利和保障。

一、保障的含义

保障一词，与保护、保证、保卫等含义相似，但却有不同，有保护屏障之意。按照百度百科的解释，保障是指作为社会成员之间的某种意义上的、交互动态的有限支撑和支持，比如：基本生存、基本生活、基本医疗、基本养老、居住条件、就业失业等。这个概念似乎非常抽象，但保障必须建立在全社会的文明程度逐步提高、财富逐步增加和法治建设逐步完善的基础上来实现。

二、警察保障的含义

警察保障有广义和狭义之分。广义的警察保障是指对警察一切事务的保障，包括警察的工作和生活；狭义的警察保障是指对警察从事警务执法活动的保障。本章只涉及狭义的警察保障。

所谓警务活动，是警察机关和人民警察为了维护国家安全和社会治安秩序，保护公民的人身安全、人身自由和合法财产，保护公共财产，根据法律、法规的规定所进行的预防、制止和惩治违法犯罪的活动。这个概念主要包括三个方面的内容：①警务活动的主体是警察机关和人民警察；②警察机关和人民警察履行的是国家法定的任务；③警察机关和人民警察是在法律、法规规定的范围内行使职权。这三个方面在警务工作中的关系是密不可分的，它们充分反映了我国警务的本质、范围和目的。

警务保障是指国家和政府根据警察机关和警察人员开展警务活动的实际需要，从法律上、物质装备上等所提供的先决条件，是我国警察法律体系中的一个重要组成部分。警务保障的主要内容是有关对警务实施保障的主体、保障的内容和方法以及保障的原则、标准与规格的规定。即警务保障是调整警务与保障的关系，增强警务效能、保障警务顺利实施的法律规范。

根据《人民警察法》的规定，警务保障的内容是多方面的，即包括确定人民警察的法律地位，明确人民警察职责权限，建立健全警察队伍的管理，保障人民警察有效地进行社会管理的法律保障；也包括各个有关部门对人民警察的工作在物质装备、经费、社会福利等诸方面提供必要物质保障。如本章节导入案例中的"财务保障"就属于该类案例。

监狱人民警察保障是对监狱人民警察警务活动的保障。监狱人民警察承担着国家刑罚执行的重要使命，履行惩罚改造罪犯、预防和减少犯罪的神圣职责，从事的警务活动非常复杂。从罪犯收监到释放，从罪犯监管到处遇，从罪犯惩罚到权益保护，从罪犯处罚到教育，从服刑人员到守法公民，都需要国家和政府提供大力的保障，否则，监狱的职能和功能就失去作用或者无从发挥。

三、警察保障的特征

（一）保障对象的特殊性

警察保障的对象当然是人民警察，而作为保障对象的监狱人民警察具有特殊性。监狱人民警察是人民警察中的特殊警种，代表国家的监狱依法行使刑罚执行权，其职责是惩罚和改造罪犯、预防和减少犯罪行为发生，各类保障必须围绕这一神圣职责提供。

（二）保障主体的专门性

警察保障的主体是指与人民警察警务活动有关的组织和个人；监狱人民警察保障的主体是与监狱人民警察警务活动有关的监狱主管部门（包括司法部、厅、局、监狱管理局）、住狱武警部队、公安部门、当地人民政府、社区街道及相关社会保障部门等专门部门。

（三）保障客体的特定性

警察保障的客体是警察机关和人民警察依法执行职务的行为；监狱人民警察保障的客体是监狱人民警察依法惩罚改造罪犯的行为，具体体现为监狱人民警察的权利义务，这些权利义务是法定的，具有特定性，不能任意扩大，也不能随意缩小。

（四）保障目的的明确性

警察保障的目的是保障警察机关和人民警察依法有效发挥警察的作用，实现国家机器的职能。监狱人民警察保障的目的比较明确，从理论上讲就是保障作为国家机器的监狱的良性运转，这种运转取决于代表监狱行使刑罚执行权的实践主体——监狱人民警察的"操作"，只有正确的操作才有机器的有效运转，因此保障监狱人民警察目的的明确性就比较清晰。

（五）保障内容的全面性

警察保障的内容涉及方方面面，后面专章阐述。监狱人民警察保障的内容更为全面具体，不但包括罪犯监管改造方面的保障、教育改造方面的保障及劳动改造方面的保障，而且还包括监狱人民警察自身队伍建设方面的保障。

四、警察保障的意义

警察警务保障作为《人民警察法》所必不可少的组成部分，在《人民警察法》中占有重要地位。《人民警察法》从国家要保障人民警察依法执行职务的立法指导思想出发，从思想上、组织上、法律上以及物质上等方面明确规定了"警务保障"，保证了人民警察队伍的正规化、现代化、法制化建设。对于监狱人民警察具有非常重要的意义。

（一）保证监狱人民警察有效地完成国家赋予的任务

监狱人民警察的性质、特点和任务，决定了国家必须从各个方面保证监狱人民警察有效地完成各项任务。监狱人民警察是国家政权的重要组成部分，是人民民主专政的重要工具之一。监狱人民警察是国家刑罚意志的忠实执行者，必须根据国家的法律法规，代表国家行使刑罚执行权力，承担惩罚改造罪犯、预防和减少犯罪以维护国家安全、社会稳定和保障人民合法权益不受侵犯的重要任务。因此，国家必须以强大的力量去维持和保护监狱人民警察依法执行警务，只有这样，才能有效地保证监狱人民警察圆满地完成国家赋予的各项任务。前几年，由于监狱经费保障的不足，干警福利待遇落后，导致许多监狱单位唯生产经营效益，使罪犯的思想改造大打折扣，严重影响了国家刑罚执行目标的实现。

（二）保障监狱人民警察的合法权益，提升监狱人民警察依法行政的自觉性

当代中国，人民警察承载了全社会很高的期望，由于保障不及时、不到位，我国的人民警察成为和平时期为公众利益牺牲最多的一个群体。监狱人民警察又甚。长期以来，监狱人民警察因其行业的特殊性和历史原因，大多战斗在远离城市的边远地区，默默无闻，守卫着"火山口"、"炸药库"，用青春、健康甚至鲜血乃至生命履行着使命，为保护人民群众根本利益和维护社会和谐稳定做出了重大贡献。近年来，我国在作为监管对象的罪犯权益保障方面有了长足的进步，但

在监狱人民警察的权益和保障方面还相对比较落后，在立法和制度层面出现义务性、禁止性的要求多，而权利性、保障性的要求较少的现状。比如，监狱一旦发生重大问题，事后总要处理一批警察，轻则处分，重则辞退。很多监狱人民警察抱怨说，人家公安每发生一个问题，都要激励提拔一批警察。同样的问题，不同的思维，产生截然不同的结局和结果。这让监狱人民警察倍感郁闷和不解，挫伤了监狱人民警察依法行政的自觉性和积极性，直接影响了监狱人民警察队伍的战斗力。因此保障监狱人民警察的合法权益，保障监狱人民警察在依法行使职权时，执法活动受到法律保护，个人正当权益不容侵犯，具有十分重要的现实意义。

（三）保障促成和推动监狱人民警察警务活动的开展

警务活动的开展同任何事物一样，一方面要有其内在的根据，即警察机关和警察人员的自身具有完成法定任务与职责的素质和能力；另一方面，要使警务能够正常的开展和取得应有的成效，必须要有外部条件的支持和保障。监狱人民警察的警务保障有利于监狱人民警察依法执行警务活动。比如，随着国家经济发展方式的转变，监狱生产面临着大的布局调整和产业调整，大多数监狱单位罪犯开始从事劳务加工，监狱生产的现场管理变得更加重要，由于监狱技术装备保障的不到位，每年都会发生罪犯脱逃等重大恶性事故，严重影响了监狱人民警察的警务执法活动。这些问题的解决亟待国家保障的到位。

（四）保护罪犯合法利益，排除各种执法干扰

监狱人民警察警务保障的相关规定，有利于排除各方面对监狱人民警察执法的干扰，为监狱人民警察依法、严格、科学、文明、直接管理罪犯，保护罪犯合法权益创造一个良好的监管环境，不断提高监狱人民警察的执法权威。监狱人民警察是监狱的核心和灵魂，是国家法律赋予监狱的职责的具体行使者，是国家法律赋予监狱的权利和义务的具体享受者和承担者。但现实中，由于保障的问题，监狱人民警察的作用发生了偏差。比如，由于国家财政负担过重，国家对监狱的改造经费实行全额财政拨款不能达到监狱建设的实际要求，导致监狱单位的生产任务的重心没有发生根本变化，在遇到生产任务较重、交货时间较紧的情况下加班加点，在一定程度上侵害了罪犯的合法权益。另外，近几年由于受到外部市场经济环境的影响，部分监狱人民警察执法犯法，利用罪犯想减刑假释的心理大肆收受贿赂、敲诈罪犯家属、与罪犯家属发生不正当关系等，严重损害了罪犯的合法权益。因此必须加强监狱人民警察的保障，确保其警务活动的合法性，以保障国家刑罚执行的公正性和权威性。

当前，我国正处在一个新的历史发展时期。警务活动面临的形势空前复杂，

监狱人民警察的任务更加艰巨繁重。因此，不断加强和完善监狱人民警察的保障建设，使保障工作与警务活动的实际需要相适应，并力求保障的实用性、针对性，具有非常重要的战略意义。

第二节　监狱人民警察保障管理的内容

《人民警察法》第五章对警务保障作了专门的规定。该章共 10 条，主要规定了四个方面的内容：①法律保障，即人民警察依法行使权利、履行职责，受国家法律法规的保障；②社会保障，即指社会各界和广大人民群众对人民警察依法执行职务的行为所给予的支持和协助；③物质保障，即指人民警察在执行警务活动中，国家保证对警察物质、经费、装备、基础设施技术方面的保障；④工资福利、抚恤优待的保障。

监狱人民警察从事警务执法活动，也必须得到国家、社会上述各个方面的保障。根据监狱行刑活动的实践，监狱人民警察的保障主要包括：法律保障，经费和物资保障，工资、津贴和保险等福利保障，优抚保障，公民、法人、各种社会保障等。这些保障有力地支持了监狱人民警察执行职务。

一、法律保障

即国家法律对监狱人民警察执行职务行为所提供的强大支持和有力保护。《监狱法》第 5 条明确规定："监狱的人民警察依法管理监狱、执行刑罚、对罪犯进行教育改造等活动，受法律保护。"《监狱法》对监狱人民警察的法律地位、职权等都作出了明确规定，提供了法律保护。尤其是《人民警察法》，对全体人民警察执行职务规定了较为全面的保障，同时也为各警种的执行职务提供了充分的依据。例如，《人民警察法》第 5 条就明确规定："人民警察依法执行职务，受法律保护。"法律保护还体现在，对拒绝或阻碍人民警察依法执行职务的，特别是非法制造、贩卖、持有、使用人民警察制式服装、警用标志、警械、证件的，将被依法追究法律责任。这个规定对警察执行职务提供了更全面的保护。再如，《人民警察法》第 35 条规定："拒绝或者阻碍人民警察依法执行职务，有下列行为之一的，给予治安管理处罚：①公然侮辱正在执行职务的人民警察的；②阻碍人民警察调查取证的；③拒绝或者阻碍人民警察执行追捕、搜查、救险等任务进入有关住所、场所的；④对执行救人、救险、追捕、警卫等紧急任务的警车故意设置障碍的；⑤有拒绝或者阻碍人民警察执行职务的其他行为的。以暴

力、威胁方法实施前款规定的行为，构成犯罪的，依法追究刑事责任。"可见，人民警察执行职务绝不是个人行为，是代表国家执法，抗拒或阻碍警察执行职务实质上是对国家权力的抗拒和阻碍，国家对此种行为当然是要打击、制止的，对警察执行职务也必然坚决地予以强有力的保护。法律保护不但是最强大和最有力的，而且是其他各项保护的基础和依据。

二、社会保障

社会保障也称为群众保障，它是指公民及社会组织要积极协助、支持人民警察依法执行职务，并且这种行为受到法律保护。

社会保障也是警察保障的重要内容之一。《人民警察法》第 34 条确定了人民警察执行职务的社会保障原则："人民警察依法执行职务，公民和组织应当给予支持和协助。公民和组织协助人民警察依法执行职务的行为受法律保护。对协助人民警察执行职务有显著成绩的，给予表彰和奖励。公民和组织因协助人民警察执行职务，造成人身伤亡或者财产损失的，应当按照国家有关规定给予抚恤或者补偿。"而《监狱法》第 44 条规定："监区、作业区周围的机关、团体、企业事业单位和基层组织，应当协助监狱做好安全警戒工作。"第 68 条规定："国家机关、社会团体、部队、企业事业单位和社会各界人士以及罪犯的亲属，应当协助监狱做好罪犯的教育改造工作。"

人民警察来自于人民，是人民群众中的一员，人民警察力量源于人民、属于人民。长期以来，我们的警务活动都坚持了"党领导的群众路线"，也坚持了"专门机关与广大群众相结合"的方针，因而我们取得了辉煌的成就。人民警察在党和政府的领导下，宣传、组织、依靠广大群众，同一切犯罪分子做斗争，维护了社会治安秩序，保证了国家的稳定和安全。为此，我们一定要协调好警民关系，把警民合作的巨大潜能转化为现实力量。人民警察则不断加强自身能力素养的修养，在执行职务时，执法严明，目标明确，热情为群众排忧解难，注意在群众中树立良好、文明的形象，争取群众的信任、理解、支持和配合，真正建立起牢不可破的警民鱼水关系，这样警务保障才更具威力。

一般来说，社会保障的主要内容有：①协助人民警察执行职务是公民和组织的光荣义务；②公民和组织协助人民警察执行职务的行为受法律保护；③公民和组织协助人民警察执行职务的行为应当给予表彰和奖励。

三、后勤保障

人民警察后勤保障主要是指从物资、设施、经费、装备及科技成果应用方面保障警务的需要。

后勤保障的主要内容包括以下几个方面：

（一）装备保障

装备保障主要包括警械、武器、服装、交通设施、通信设施、专门技术设施、资料档案设备、电子计算机系统、闭路安检监控系统等。

其中警械、武器是监狱人民警察最重要、最特殊的装备。警械包括驱逐性警械（警笛、警棍、特种音响报警器）、制服性警械（催泪弹、高压水枪、特种防暴枪）、约束性警械（手铐、脚镣、警绳），其中约束性警械又叫戒具。武器主要是指枪支，包括个人专用手枪、公用手枪、狙击步枪。为了保障监狱人民警察正确使用戒具、武器，《监狱法》第45条规定了使用戒具的情形："监狱遇有下列情形之一的，可以使用戒具：①罪犯有脱逃行为的；②罪犯有使用暴力行为的；③罪犯正在押解途中的；④罪犯有其他危险行为需要采取防范措施的。前款所列情形消失后，应当停止使用戒具。"第46条规定了使用武器的情形："人民警察和人民武装警察部队的执勤人员遇有下列情形之一，非使用武器不能制止的，按照国家有关规定，可以使用武器：①罪犯聚众骚乱、暴乱的；②罪犯脱逃或者拒捕的；③罪犯持有凶器或者其他危险物，正在行凶或者破坏，危及他人生命、财产安全的；④劫夺罪犯的；⑤罪犯抢夺武器的。使用武器的人员，应当按照国家有关规定报告情况。"

上述装备的配置，实践中要严格控制，严格管理。在配置过程中，要建立严格的登记制度、档案制度，做到专人专用、专业专用，要保护保养好。不准转借、转送、转租和丢失。这样才能体现出警察装备的专用性。从实际情况看，这方面工作存在着一些薄弱环节和漏洞，如服装制式、规格、面料、颜色不统一，有些专用装备保管不当，损失、丢失现象时有发生，让别有用心者钻了空子，造成不良后果。

（二）基础设施保障

《人民警察法》第38条规定："人民警察工作所必需的通讯、训练设施和交通、消防以及派出所、监管场所等基础设施建设，各级人民政府应当列入基本建设规划和城乡建设总体规划。"《监狱法》第8条也对此作了相应的规定。

基础设施是各警种开展警务工作必需的物质保障，也是必备的基本条件之一。各级人民政府应当列入基本建设规划和城乡建设的总体规划，不能临时救急。《监狱建设标准》、《监管改造环境规范》规定的监狱人民警察的基础设施保障主要有：狱政警戒设施，又称隔离设施，是指在监狱周围设立的用于封闭监区，防范罪犯脱逃及外界入侵的安全设施，重点在于警戒和隔离，包括监狱的围墙、岗楼、电网、监狱门卫、警戒隔离带等；狱政监管设施，从广义上说，监狱所建造的一切设施，都是为监管罪犯、改造罪犯而设置服务的都应当称之为监管设施，包括监管用房、监管防护设施、对内外界设施的监控、对内部设施的监控、对内部活动场所的监控。

（三）科技成果应用保障

为了适应发展形势的需要，必须不断改进人民警察装备，努力应用、推广先进的科技成果，用最新的材料、装备、设备，充实武装人民警察队伍。其办法有两个：①人民警察系统自身加强科学研究，不断推出先进的科技成果；②密切注意国内外科技动态，尽可能较快地将有关的科技成果推广、应用到人民警察装备现代化上来，以缩短技术上的差距。

从我国实际情况来看，人民警察警务活动中的装备技术保障远远达不到需要，体现不出装备技术的先进性，而且供需矛盾长期未能妥善解决。今后，应在法律保障的前提下，一方面加强装备技术的基础性研究；另一方面在改进和应用新技术成果上，要保证专项经费，保证实验、改进、推广的顺利进行。

（四）经费和物资保障

《监狱法》第 8 条第 1 款明确规定："国家保障监狱改造罪犯所需经费。监狱的人民警察经费、罪犯改造经费、罪犯生活费、狱政设施经费及其他专项经费，列入国家预算。"第 8 条第 2 款规定："国家提供罪犯劳动必需的生产设施和生产经费。"第 9 条规定："监狱依法使用的土地、矿产资源和其他自然资源以及监狱的财产，受法律保护，任何组织或者个人不得侵占、破坏。"这样，监狱的财政保障体制和投资保障体制由法律予以确立，监狱人民警察依法执行公务应予装备的交通车辆、通讯、武器、警械，以及监控、防暴等各种基本装备和设施都由国家提供，这就为监狱完成惩罚改造罪犯任务所必需的物质条件提供了切实的保障。

国家提供切实的经费和物资保障具有重要意义。由警察的性质和特点决定，警察队伍必须装备精良、保障有力，否则，如果经费不足，装备陈旧，就很难有效地打击和制止一些用现代化装备武装起来的犯罪，而且大大加重了警察的工作压力和难度。

所以，经费和物资保障是人民警察实现现代化、正规化、规范化的最基本的保障，更是提高人民警察整体战斗力的物质基础。

四、其他保障

其他保障是指国家给予人民警察物质待遇方面的保障，主要以人民警察的生活保障为主要内容，包括工资、津贴、保险、福利、抚恤等。

人们生活、工作的最基本保障当属生活的保障，人民警察也不例外，生活保障问题解决的好与坏，对于队伍的稳定，个人工作的积极性、主动性的发挥有重要作用。《人民警察法》第 37 条规定："国家保障人民警察的经费。人民警察的经费，按照事权划分的原则，分别列入中央和地方的财政预算。"第 40 条规定，人民警察实行国家公务员的工资制度；还规定，人民警察享受国家规定的警衔津贴，规定人民警察享受国家规定的保险福利待遇和其他津贴，如养老保险、医疗保险、伤残保险等。法律的上述规定，使人民警察没有后顾之忧，可以全身心投入工作。特别是对于监狱人民警察，结束了多年来比较杂乱和不稳定的工资来源而步入法律保障体系。福利保障也是很重要的方面，主要包括：专项福利费、夏季高温费及其他福利待遇经费。这些都是国家为"从优待警"所提供的保障。

此外，国家还为人民警察提供优抚保障。《人民警察法》第 41 条规定："人民警察因公致残的，与因公致残的现役军人享受国家同样的抚恤和优待。人民警察因公牺牲或者病故的，其家属与因公牺牲或者病故的现役军人家属享受国家同样的抚恤和优待。"

 案例分析

云南省政协委员呼吁：重视监狱民警权益保障

天刚蒙蒙亮，监狱女民警赵冬玉（化名）疲惫地喝了一口茶，虽然刚下夜班，但她又要接着开始新的一天的工作。28 岁的她自警校毕业分配到云南某女子监狱工作 5 年以来，春节从没有休过假，而且常常夜班之后就接着上白班。看着电视里对春节各岗位加班的报道，赵冬玉心里嘀咕："怎么没有对监狱警察的报道呢。"她说，由于警力资源配置、警力不足等因素，超负荷工作在监狱一线民警中具有普遍性。监狱工作具有特殊性、突然性、不确定性和不可离岗性等特点，每天 24 小时都有民警在上班，一线民警平均每月要值 8 ~ 10 天的班，还有大量的中心工作、阶段性工作和临时性工作。加之节假日、双休日往往是监管安全的重点防范期，2/3 以上的一线民警无法安排休息，长期处于超负荷工作状态。

对此，云南省政协委员、云南曲靖市麒麟房地产公司董事长郭湘表示担忧。他在日前结束的云南省第十届政协委员会第三次会议上，积极呼吁重视对监狱民警权益的保障。他说："近年来，随着经济、社会、利益、文化多元化发展的影响，社会公众和媒体特别关注罪犯、劳教人员等被监管者的权利，对监狱民警的权益关注却明显不够。"

他指出，监狱及其警察的执法权是法律赋予的，应当在监管改造中得到充分行使。但事实上，在监狱执法环境中，改造和反改造的矛盾仍十分尖锐，罪犯自

伤、自残、自杀等非暴力抗改行为时有发生。有的罪犯受到法律制裁后，把怨气对准警察，肆意诬告、造谣中伤、无理纠述、纠访。狱中再次犯罪的危险性较大，对抗警察的管理教育，袭击、辱骂民警，甚至恶性案件等暴力行为时有发生。如 2009 年呼和浩特第二监狱 4 名囚犯杀死 1 名狱警后越狱的事件，手段就极其残忍。此外，一线民警的工作场所环境普遍较差，噪音大、灰尘多。对艾滋病、精神病等特殊罪犯的监管改造，职业暴露风险较大，存在被感染、受攻击等经常性威胁。防逃、防暴狱、防重大恶性事故发生等任务，以及由此可能引起的经济、行政甚至刑事处罚，以及检察机关对监狱监督力度越来越大，对监狱警察执法的要求和标准也越来越高，都是监狱民警必须承受的压力。同时，不少民警还面临着发展的压力，有的警察工作到一定的年龄，仍然没有长足发展，只能去门卫室当值班员、车间当带班队长。

对此，赵冬玉深有感触。她说，治安警察的压力是一阵子过后再接一阵子，有一个空隙缓冲区，而监狱警察却是长期面对服刑人员，没有缓冲区和调整空隙。长期与罪犯接触，容易将工作中的情绪带到家里，与家庭和朋友产生沟通和情感障碍。"家里人和朋友常常说我声音又大又凶，我自己心里也不好受。"她说。

郭湘指出，监狱民警的权益保障水平，取决于财政的保障状况。但由于体制上的因素，监企不分，监狱经费没有实行全额财政预算，一部分仍需要监狱靠生产经营来补贴，造成监狱民警收入总体相对偏低。部分监狱原来制定有改造、风险安全奖，但相关政策规范津补贴后，各项津补贴一律取消，高风险、高强度岗位的民警再无任何补贴和相应保险，没有体现工作的特殊性。

郭湘认为，监狱警察享有国家赋予的强制力，公众关注更多的是如何对监狱警察进行严格监管，但往往忽视了对其权益的保护。其原因主要是社会对监狱民警工作状况了解不深，认为罪犯已经关押在大墙内，已经与社会隔离，其社会危害性大大降低，民警的执法风险相对较小，责任也相对较小，受到袭击的可能性不大，因而在制定政策时对监狱民警的待遇也相对于其他警种要低。

此外，监狱警察承担着教育改造和生产管理的双重任务，在市场经济体制下，这种既要教育改造罪犯，又要管理罪犯从事双重劳动的做法，越来越不适应形势发展的需要，监管和生产给监狱民警带来了两个安全的重压。

郭湘说："从严治警也要从优待警，只有监督执法者与保护执法者并举，才能使监狱民警履行教育改造服刑人员的职能充分发挥。"为此，他建议建立健全监狱民警保障法律体系，尽快建立监狱在职民警职业风险和职业暴露感染保险制度；推进监狱体制改革，实现监企分开，财政全额保障监狱经费。

根据上述材料分析如下问题：

1. 什么是警察保障？分析监狱人民警察权益保障不足的原因。

2. 运用保障理论谈谈如何提高监狱人民警察的保障水平。

第七章 监狱人民警察人事管理

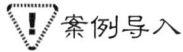案例导入

山西长治公务员考录弊案起诉书还原事件过程

日前，山西省长治市郊区人民法院（以下简称"长治郊区法院"）收到了一份编号为"郊检刑诉（2012）31号"的起诉书。

这份5页纸的起诉书所记载的内容，与去年夏天发生在长治市的公务员考录弊案息息相关。自2011年11月9日起，《中国青年报》刊发系列报道，报道了长治籍考生宋江明在参加山西省行政机关2011年录用公务员考试中，获得笔试第一、面试第一、总分第一，却遭遇"被贫血"的离奇经历。

报道后有关方面成立的调查组发现，长治市人力资源和社会保障局（以下简称"长治市人社局"）、长治医学院附属和平医院（以下简称"和平医院"）有关人员和递补考生家长涉嫌严重违纪违法问题。而在调查期间，又发生了已被和平医院院方封存的该院体检中心血液检测设备遭到人为破坏，体检数据被人为删除的事件。

2012年1月16日，山西省纪委监察厅通报了长治市公务员考录违规事件的调查进展——共有10人受到党纪政纪处分，其中8人因涉嫌犯罪被移送司法机关处理。

2月17日，长治公务员考录弊案的首批5名责任人被提起公诉，他们是：长治市人社局原副局长赵波、长治市人社局公务员管理科原科长吉新瑞、递补宋江明参加体检的考生贾美玉的父亲贾志红、和平医院健康体检科原主任韩玉梅和和平医院健康体检科原检验师杨文芳。

第一节 监狱人民警察人事分类管理

对国家公务员制度进行科学有效的管理并非易事，这就要求必须对公务员进行人事分类。人事分类是指按照一定的标准将公务员划分为不同的类型，然后根

据不同类型制定科学的标准，以作为公务员选拔、任用、考核等方面的依据。世界上通行的人事分类制度有两种：品位分类和职位分类。

一、品位分类

品位分类是以人为对象的分类制度，是指国家主管部门依据国家法律、行政法规或者当权者的意志，根据个人学历的高低、资历的深浅、职务的高低和工资的多少为标准进行分类的制度。其最早在英国推行，是英国公务员制度的基础。我国自魏晋开始实行的"九品中正制"大概属于这种形式。法国、德国、意大利、韩国、新加坡、阿根廷、加纳等国也采用此种形式。

品位分类具有如下特点：

1. 品位分类建立的是以"人"为中心的分类体系。品位分类的对象是人以及人格化的职务等级与其他资格条件，重视公职人员的学历、资历、经验和能力。背景在公职录用和升迁中起着至关重要的作用，任职年限、德才表现等通用资格条件成为公职人员晋升的主要依据。因此，品位分类体现的是人在事先。

2. 品位分类强调公职人员的综合管理能力。品位分类注重公职人员具备的德才、贡献、能力水平、任职年限等通用的资格条件，强调的是"通才"而非特殊知识或技能。

3. 职责划分简单。品位分类对职位的分类以职务划分的形式表现出来，而职务的工作与责任内容较为广泛。总体来说，以品位分类为基础建立起来的人事架构比较简单。

4. 官位和等级职位可以分离。在采用品位分类的国家，官等是任职者的固有身份，具有永久的个人属性；官等和职位可能不一致，薪酬则取决于官等而不取决于所从事的工作。

品位分类制的优点为：

1. 品位分类制度没有严格的分类程序和依据，职位划分简单，在实践中简便易行，在应付特殊情况和紧急需要时具有优势。

2. 是注重公职人员的综合管理能力，实行官随人走的品位分类，有利于公职人员的正常流动，使他们了解更多的工作门类和工作内容，成为通用型人才。

3. 注重学历背景，有利于提高公共部门人力资源的整体素质，吸纳优秀人才。

4. 强调年资、官职相对分离，使公职人员不致因职位调动而引起地位、待遇变化，有利于公共部门人力资源队伍的稳定。

品位分类制的不足为：

1. 由于品位分类强调的是人在事先、因人设岗，按此形成的行政组织结构比较松散，容易造成机构臃肿、人浮于事的局面。

2. 过于注重公职人员的学历、资历、身份、地位等条件，不利于学历低、资历浅但能力强、水平高的人才脱颖而出，不利于人尽其才和充分合理地使用人才，影响公务效率和工作积极性的提高。

3. 全部公职人员划分为若干不同的等级，容易滋生上下隔阂、彼此歧视的心理，服务意识、团队合作精神差，工作步调难以一致与整齐。

4. 缺乏对公职人员的规范化工作要求，使公职人员的考核、培训、晋升等缺乏客观依据。

5. 以官阶定待遇，容易导致同工不同酬的现象，不利于对公职人员的激励。

二、职位分类

职位分类是以工作职位为对象，将所有的职位按其工作性质、繁简难易、责任轻重以及所需人员的资格条件予以分门别类，确定名称、评定等级、确定报酬、制定规范，以便实行分类分级管理的一种科学分类方法。

职位分类的对象是职位；职位分类依据是工作性质、繁简难易程度、责任轻重；职位分类的目的是使人事管理科学化、法制化和标准化。职位分类是公务员按劳取酬的依据，并在绩效考核、成本控制、培训、人力资源的优化配置方面具有非常重要的作用。

职位分类的优点有：

1. 因事设人避免了因人设事滥竽充数现象。

2. 可以使考试和考核标准客观，有利于事得其人，人尽其才。

3. 便于实行公平合理的工资待遇和制定工作人员的培训筹划。

4. 可以做到职责分明，淘汰不必要的推诿纠纷，有利于获得职位的最佳人选，避免机构重叠、层次过多、授权不清、人浮于事等问题，提高组织机构的科学化、系统化水平，使组织机构处于合理高效的状态。

5. 有一套严格的法规文件。

6. 以工作决定报酬，实行同工同酬。

7. 为考试录用，考核奖惩，升迁等各项管理提供客观依据。

职位分类的缺点有：

1. 在适用范围上，职位分类较适用于专业性较强的工作和职位，而对高级行政职位、秘密性职位、临时性职位和通用性较强的职位，则不太适用。

2. 实施职位分类的程序繁琐复杂，需要动用大量的人力、物力并需要有履历的专家参与，否则难以达到科学和正确。

3. 职位分类重事不重人，强调"职位面前人人平等"，因此严格限制了每个职位的工作数量、质量、责任，严格规定了人员的升迁调转途径，有碍于人的全面发展和人才流动，个人积极性不易得到充分发挥。

4. 职位分类在考核方面过于注重公开化和量化指标，使人感到繁琐、死板、不易推行。

三、我国公务员职位分类的内容

我国国家公务员的职务分为领导职务和非领导职务两个序列。领导职务指副科长以上的职务和各级政府职能部门的领导职务；非领导职务序列包括办事员、科员、副主任科员、主任科员、助理调研员、助理巡视员、巡视员。

国家公务员的级别，既体现公务员所任职务的等级、责任的轻重和职位难易程度，又反映公务员的德才表现、工作实绩和资历等素质条件和工作状况。国家公务员的级别分为十五级。

公务员级别对应关系为：

国务院总理——1级。

国务院副总理、国务委员——2～3级。

部级正职、省级正职——3～4级。

部级副职、省级副职——4～5级。

司级正职、厅级正职、巡视员——5～7级。

司级副职、厅级副职、助理巡视员——6～8级。

处级正职、县级正职、调研员——7～10级。

处级副职、县级副职、助调员——8～11级。

科级正职、乡级正职、主任科员—9～12级。

科级副职、乡级副职、副主科员—9～13级。

科员——9～14级。

办事员——10～15级。

其中，非领导职务在中央行政机关可设到正司级，在地方国家行政机关最高不能超过本级政府各部门的领导职务。

第二节　监狱人民警察的录用

我国人民警察是一支队伍庞大、任务繁重、工作极为重要的特殊群体，如何把这一群体塑造成立场坚定、组织严明、具有忠诚奉献精神的队伍着实重要。通晓相关法律法规，掌握基本工作原理，具有较强管理、组织、协调能力又是对他们进一步的要求。因此，警察队伍的管理就成为一项当务之急的任务。

一、录用的条件

警察的录用是进入警察队伍的第一道门户，是提高警察素质的第一关口。因此，警察的录用工作对警察队伍的素质建设就显得尤为重要。它不仅关系到人民警察的工作水平、质量和战斗力，还关系到警察队伍和警察工作的正规化、现代化建设和发展前途。

警察的录用是指警察机关通过法定的程序，招收符合条件的人员从事警察工作，并与之建立警察权利和义务法律关系的活动。

《人民警察法》第26条对担任人民警察的基本条件规定为：

（一）年满18岁的人民

这是法律规定的人民警察的法律年龄。即年满18周岁的中华人民共和国人民。

（二）拥护中华人民共和国宪法

宪法是国家的根本大法，是国家意志的体现，是全国人民共同意志的反映。人民警察必须拥护中华人民共和国宪法，只有拥护宪法，才能自觉遵守宪法；只有拥护宪法，才能秉公执法；只有拥护宪法，才能更好地为人民服务。

（三）有良好的政治、业务素质和良好的品行

政治素质是人民警察素质中的首要素质，警察必须保持高度的政治警觉性，保持清醒的政治头脑，时刻把党和人民的利益放在第一位，正确地规范自己的行为，自觉地为社会的稳定和发展做出应有的贡献。业务素质是人民警察开展工作的保证。具有过硬的业务素质是党和国家对各警种人民警察的共同要求。只有具备了相应的业务工作能力，才能出色地履行职责，完成任务。遵守社会公德，遵守法纪，思想正派是人民警察必需的基本道德规范。

（四）身体健康

拥有健康的体魄是人民警察在警务工作中的最基本的要求。

（五）具有高中毕业以上文化程度

具有高中毕业以上文化程度，这一文化标准在现在社会已经远远落后。警察立法时规定的这一标准是鉴于当时的条件，但是随着社会的进步发展，实际录用人民警察的文化条件已经远远高于此。《公务员法》第11条明确规定须具有符合职位要求的文化程度。

（六）自愿从事人民警察工作。

警察工作艰苦，责任重大，国家和社会对人民警察的要求标准也高，法律为

人民警察规定了必须履行的义务。作为人民警察就意味着奉献，意味着牺牲，所以报考者必须对警察的性质、任务和特点有一定的了解，自愿报考并从事警察工作。

对于每一个合格的公民来说，必须同时具备上述六个条件才有资格报考人民警察，但这并不是说所有符合上述条件的任何一个公民都有资格从事警察工作。《人民警察法》第26条对此也作了明确规定，有下列情形之一的，不得担任人民警察：①曾因犯罪受过刑事处罚的；②曾被开除公职。人民警察同时也是国家公务员，所以《公务员法》第24条对公务员录用的限制条件同样也适用于人民警察。较之《人民警察法》的规定，《公务员法》增加了一个条件，即"有法律规定不得录用为公务员的其他情形的"。

二、录用的原则

在录用人民警察工作中，必须遵循以下原则：

（一）公开的原则

公开原则是国家公务员制度最根本的特征之一。它是杜绝用人制度上的种种弊端的有效手段，有助于政府选拔贤能和提高公务人员整体素质。录用人民警察的公开工作是指招录政策的公开；招录的警钟、数量、拟任岗位、资格条件、责任、待遇的公开；招录办法、时间、考试科目、招录程序公开；考试成绩和录取结果张榜公开。

（二）平等的原则

平等是指人与人之间在政治经济、文化等各方面处于同等的地位，享有同等的权利。在警察录用工作中，平等就是指所有符合报考资格条件的公民考试和录用的机会均等。不因民族种族、性别、家庭出身、城市农村、宗教信仰等原因而受到不公正待遇。任何具有资格的人都可以报考、参加考试，在录用标准面前人人平等。

（三）竞争原则

人民警察录用的竞争原则是指人民警察机关在同一条件下公开、平等地让报考者参加考试，以成绩论取舍的一种录取行为。竞争就是同一起跑线上优胜劣汰。只有竞争才有选拔，才能得到出类拔萃的人才。人民警察机关通过竞争的原则有效地选拔优秀人才，充实警察队伍，增强警察队伍实力。

（四）择优原则

择优是竞争的必然，竞争的目的就是择优，选择最优秀的人进入警察队伍，为国家和人民提供高质量、高效率的服务。报考者通过竞争性考试，综合其成绩、资历、学历、品德、健康状况等条件进入被选程序，由高到低进行排列，择优录取。

三、录用的法定程序

为了确保录用警察人员工作的质量，在录用警察人员时必须按照规定的程序进行。《人民警察法》第 27 条规定："录用人民警察，必须按照国家规定，公开考试，严格考核，择优选用。"同时人民警察也属于国家规定的公务员范畴，因此录用人民警察也应参照《公务员法》的规定。《公务员法》第 26～32 条明确规定了公务员录用的程序，即公告、资格审查、考试、考核、审批、试用等。据此人民警察的录用程序同样适用。

根据法定的录用程序，录用人民警察的具体步骤是：

（一）编制录用计划

录用计划是录用工作的基础和依据。录用计划要明确招录的数量、警察的种类、职位名称、所需专业、任职资格，以及招录的对象范围和测试方法等。国家明确规定了公务员录取的前提，即《公务员法》第 25 条规定："录用公务员，必须在规定的编制限额内，并有相应的职位空缺。"警察人员的录用要根据警察工作的发展需要和国家核定的编制和职位空缺等情况，编制录用计划。录用计划由警察机关人事部门向同级政府人事部门申报，政府人事部门综合平衡各用人部门申报的录用计划，根据国家下达的编制定员计划，制定统一警察录用计划。录用计划一般由中央和省两级录用考试主管机关确定。

（二）发布招考公告

《公务员法》第 26 条第 1 款规定："录用公务员，应当发布招考公告。招考公告应当载明招考的职位、名额、报考资格条件、报考需要提交的申请材料以及其他报考须知事项。"警察机关通过各种媒体向社会公开考试录用的有关事项。招录公告一般都是在考试前公布，以便广大公民了解情况，并有所准备。

（三）对报考人员进行资格审查

资格审查是保证录用人民警察质量的第一道程序。招录机关根据报考者递交的申请表对其报考资格进行审查。主要是核查报名申请材料和有关证件是否符合规定的报考条件。包括地域要求、文化程度、专业类别、年龄等。政治条件审查中如有下列情节不具备报考资格：①组织或参加违法的社会团体；②有反党反社会主义言行；③因失职、渎职受过刑事处罚、劳动教养或行政开除处分；④因贪污盗窃、行贿受贿、泄露国家主要机密、道德败坏等原因受到党纪政纪处分；⑤正在接受审查或党内团内及行政处分未到期者。符合规定的条件者允许其参加考试，对于明显不符合条件则予淘汰。

（四）进行公开考试

考试是录用的关键和基本依据。通过考试选拔人才是国内外通用的一种选才方法。考试分为笔试和面试。笔试，主要是系统地考查报名者是否具备岗位所要求的基础知识、专业知识、相关知识和综合能力。笔试的内容包括通用基础知识、专业知识和行政职业能力三个部分。面试主要是考查报考者是否具备岗位所要求的运用知识分析和解决问题的实际能力、口头表达能力、应变能力、思维敏捷性以及气质、作风等基本素质。面试的内容还包括理想、愿望、动机、进取意识、团队意识，以及性格、情绪、意志品质等个性心理特征，等等。

（五）考察人选的确定，报考资格的审查、考察

完成考试后，招考机关按照规定的程序和标准，要对笔试、面试合格者的德、智、体及工作、学习业绩诸方面作综合考查核实并作出评价。考核的主要内容有：报考资格条件复审、职务回避、政治素质、道德品质、学习工作表现与实绩等。考察的方法主要是查阅报考者的档案，向其所在单位、住地公安派出所等部门了解情况，召开小型座谈会等。考核的结果要形成报告，并明确提出是否录用的意见。考核尽量做到全面、客观、公正。

（六）体检

通过笔试和面试的人员，应到指定的医院进行体检，体检不合格者，不能录用。体检工作由市（地）以上公安机关按照录用主管机关的统一要求组织实施。体检的项目和标准根据职位要求确定。具体办法由中央公务员主管部门会同国务院卫生行政部门规定。

（七）录用

招录机关根据考试成绩、考察情况和体检结果，提出拟录用人员名单，并让拟录取人员填写《录警审批表》，报有关部门审批。审批机关审批后，用人单位张榜公布录取名单，发录用通知书，并予以公示。公示期满，中央一级招录机关将拟录用人员名单报中央公务员主管部门备案；地方各级招录机关将拟录用人员名单报省级或者设区的市级公务员主管部门审批。录用特殊职位的公务员，经省级以上公务员主管部门批准，可以简化程序或者采用其他测评办法。

（八）试用

《公务员法》第 32 条规定："新录用的公务员试用期为 1 年。试用期满合格的，予以任职；不合格的，取消录用。"即新录用的人民警察，在试用期内，要进行新入警培训和工作实习。用人单位要对其政治素质、业务能力、工作表现、身体素质等方面整体把握，才能正式转正，成为一名警察。

第三节　监狱人民警察的教育培训

一、警察教育培训的含义

教育培训是警察机关对人民警察实施的一种有组织、有目的、有计划的系统教育活动。教育培训是提高政治素质和业务素质的基本途径，是新时期加强人民警察队伍建设的一项根本性措施，在人民警察队伍建设中居于至关重要的战略地位。

（一）警察教育培训所遵循的基本原则及内容

人民警察教育培训遵循理论联系实际，按需施教、学用一致、讲求实效的原则。

（二）警察人员教育培训的内容

1. 政治理论教育。政治理论教育是提高人民警察的理论素养、职业道德的有效手段。培训内容主要包括：马列主义、毛泽东思想，以及职业道德、职业纪律、职业规范等。

2. 法律、文化、科技知识的教育。法律知识教育主要包括《宪法》、《刑事诉讼法》、《人民警察法》、《公务员法》，以及与其警察工作相关的法律、法规。通过法律知识教育，增强警察人员的法制观念、提高执法水平。

3. 业务知识教育。业务知识教育可以进一步提高警察人员的业务水平和能力，使警察队伍更加专业化。

4. 警察技能训练。警察技能主要包括队列、射击、驾驶、格斗等内容。警察技能的提高不仅是初任培训必不可缺的项目，同时还是警察人员定期或不定期的经常性训练。

二、警察教育培训的种类

监狱人民警察教育培训的种类有：

（一）初任培训

初任培训是指对经过考试择优录取的监狱人民警察，在其试用期阶段所进行的培训，包括学习国家公务员法，工作性质、职业道德、业务范围等的培训。

（二）任职培训

任职培训是指对晋升新的领导岗位的监狱人民警察进行的培训。按照领导者出任新职的要求和条件，业务和能力进行培训。

（三）专业培训

专业培训的目的是使监狱人民警察掌握某方面的专门业务和新技术所进行的

培训。

（四）更新知识培训

更新知识培训是向监狱人民警察传授最新的科学技术知识，使其更新知识结构，吸收新的科学知识，开阔视野，提高业务水平。

监狱人民警察的培训是监狱警察制度建设的重要内容之一。通过培训制度法律化、培训机构专门化、培训终身化等方面的建设，可以不断开发监狱人民警察的智能，提高监狱人民警察素质。

 ## 第四节　监狱人民警察的交流与回避

国家公务员的交流制度与回避制度是国家公务员制度的重要组成部分。国家公务员的交流制度对于保持国家公务员制度的活力，促进国家行政机关的廉政建设具有十分重要的作用。国家公务员的回避制度直接有利于国家行政的廉政建设。

一、监狱人民警察的交流

监狱人民警察的交流是指监狱机关根据工作需要或个人愿望，通过调任、转任或挂职锻炼的形式，将所属警察在监狱机关内部转换工作岗位，或是调出监狱机关从事其他工作，以及由其他机关调入监狱机关从事警察工作的一种人事管理活动。其方式是调任、转任和挂职锻炼。

（一）警察交流的原则

1. 优化配置原则。现有职位上的监狱人民警察有：国家行政机关干部过渡人员；经过国家公务员考试新录用的人员；通过调任新调入的人员；政府组成人员；等等。由于来源的多样化及其素质的差异就可能出现能力和志趣与职位要求的错位。这样既不利于监狱的高效率原则的实现，也是一种资源浪费。因此，对警察进行交流，就是努力实现优化配置。

2. 效益合理原则。效益也是交流的目的，没有效益的交流，既是一种资源浪费，也不利于监狱人民警察队伍的稳定。因此，监狱人民警察的交流，既要注重促进监狱行政机关工作效率的提高，也要有利于人才发展。

3. 服从组织原则。服从组织管理，是其应尽义务的基本内容。监狱机关是一个整体，必须具有统一意志。这种统一意志的体现方式之一就是有计划地组织部分警察进行交流。

4. 依法原则。交流制度规定了交流的条件、对象、程序、管理机构等。监狱机关对警察进行流动时，必须遵循这些规定，如交流资格的要求、编制及职位空缺的要求、考试的要求、规定程序的要求等。

（二）警察交流的形式

1. 调任。调任是指警察机关以外的工作人员调入警察机关担任领导职务或助理调研员以上的非领导职务，以及警察调出警察机关到其他机关或企事业单位任职的一种交流方式。

调任是取得或解除监狱人民警察身份的一条途径。不具有警察身份的人员，通过国家行政机关的调动，可以取得监狱警察身份，并在经培训合格后任职，但主任科员以下的非领导职务不能调任。同时，监狱人民警察也可根据个人意愿，提出调出国家公务员队伍，解除警察身份。一般职务不得以调任方式补充，而对调出国家公务员队伍的不加职务限制。

调任必须符合规定的条件。调入监狱机关必须具备下列条件：

（1）有国家规定的编制空额。每个监狱都有编制限额，任何人无权超编补充人员，只有当监狱机关出现编制空缺时，才能可能以调任方式补员。这是调任（调入）的首要条件。

（2）符合回避规定。《公务员法》明确国家公务员实行回避制度。调入时也必须遵守这一规定，即监狱人民警察之间有夫妻关系的，不得在同一机关担任双方直接隶属于同一行政首长的职务或者有直接上下级领导关系的职务，也不得在其中一方担任领导职务的机关从事监察、审计、人事、财务工作。

（3）调入人员必须具备拟任职务所要求具备的政治思想水平。调入人员是要充实到领导职位上的，职责重大，必须具备较高的政治思想水平，才能适应岗位职能的要求，保证其政治上的可靠性，达到调任目的。

（4）必须具备相应的工作能力和任职资格。即政治思想水平是一个方面，还要有相应的业务能力、领导能力，同时，根据职位对任职资格的要求，还要符合诸如年龄、职级、学历等资格条件。

（5）健康的身体。

（6）国家法律规定的其他条件。

就调出监狱机关而言，必须是工作不受影响，本人同意，有关组织批准。

调任必须符合法定程序：

（1）由监狱机关按比例预留相应职位，编制年度国家公务员调入计划。

（2）监狱机关以外单位推荐或自荐，或政府人事部门选调。

（3）按照国家公务员管理权限进行考核。

（4）按国家公务员管理权限审批调入。

（5）到行政学院或其他指定培训机构接受培训。培训是调入人员任职的一个重要程序。

（6）经培训合格后的被调人员，由任免机关正式任职，取得国家公务员身份。不合格者，另行安排。

监狱人民警察调出监狱机关，如属监狱机关主动提出的，应事先征得当事人同意，办理调出手续；如属监狱人民警察主动提出调离监狱机关的，应提前一定时间向其所在监狱提出调离申请，按国家公务员管理权限报请任免机构批准。经批准同意的，办理调出手续。这两种方式离开人民警察队伍的均不再保留其国家公务员身份和警察身份。

2. 转任。转任是指警察因工作需要或其他正当理由，在警察机关内部以及在国家行政机关内部平级调动的一种交流形式。

监狱人民警察的转任必须具备一定的条件：

（1）具有监狱人民警察身份，在监狱机关内部调动。只有具备监狱人民警察身份的人才能通过转任方式转换到另一工作职位上。

（2）符合回避规定。即国家公务员有夫妻关系、直系血亲关系、三代以内旁系血亲及姻亲（即配偶的父母、兄弟姐妹、儿女的配偶及儿女的配偶的父母）关系，不得通过转任在同一监狱机关担任双方直接隶属于同一行政首长的职务或者有直接上下级领导关系的职务，也不得在其中一方担任领导职务的监狱机关从事监察、审计、人事、财力工作。

（3）符合拟转任职务所要求的资格和条件。监狱机关实行职位分类制度，根据职位分类，设置警察的职务和级别。转任是一种内部流动制度，可跨地区、跨部门流动。由于每个职务都具有不同的特点，对任职人员有特定的条件，因此，必须具备拟转任职务所要求的任职资格。这是保证监狱行政机关工作连续性的必要条件。

（4）必须有编制空额和职位空缺。也就是说，监狱机关接受转任国家公务员，必须在编制员额限制内，同时还要符合该单位领导职位和非领导职位结构的要求等。

（5）具有正当理由。如监狱机关工作需要；监狱机关机构调整、撤销、合并或缩减编制员额和职数；本人难以胜任现任职位，如欠缺专业知识、解决个人生活困难（如夫妻两地分居、照顾父母等）；等等。无正当理由不得转任。

转任程序：转任是一种行政行为，基本程序是监狱机关要求警察转任时，必须提前一定时间告知当事人转任意向，说明拟任职务的具体情况，并征求本人的意见；按照国家公务员及警察管理权限进行审批；任免机关解除原职务，由新单位任免机关办理任职手续。个人申请转任时，应以书面形式，写明理由和拟转任单位，交任免机关审批。

3. 挂职锻炼。挂职锻炼是指警察机关有计划选派在职警察，在一定时间内到基层单位或行政机关、企业、事业单位担任一定职务，获得丰富工作经验，增长才干的一种交流形式。这是国家公务员内部交流方式之一。其特点是：计划性、时限性。

挂职锻炼是监狱机关培养青年警察的优良传统和做法，我国公务员制度也将其列入交流形式之一，是对其制度化和经常化的肯定。

挂职锻炼的基本内容包括：挂职锻炼的范围，即确定哪些公务员必须要进行挂职锻炼，哪些不需要进行挂职锻炼；挂职锻炼时间，即挂职时限；挂职锻炼的程序；挂职锻炼的待遇；挂职锻炼的监督与执行；等等。

三、监狱人民警察的回避

监狱人民警察的回避制度是指为避免因亲属等因素对秉公执法产生不良影响，而在其所任职务、任职地点、执行公务和执法办案等方面所作出的一些限制性规定。回避制度对于避免复杂的裙带关系，建立正常的组织关系，杜绝不正之风，完善人事制度，以及加强人民警察的革命化建设，都有重要意义。回避制度具有强制性和预防性特点。

回避的种类一般包括：任职回避、公务回避、地域回避。

（一）任职回避

任职回避是指对有某种亲情关系的公务员不得担任与这种亲情关系密切的职务的限制。这是一种任用关系的限制，不允许有规定范围内具有亲属关系的人在同一部门或单位任职。监狱人民警察之间有夫妻关系、直系血亲关系、三代以内旁系血亲及近姻亲关系的，不得在同一监狱机关担任双方直接隶属于同一行政首长的职务或者有直接上下级领导关系的职务，也不得在其中一方担任领导职务的监狱机关从事监察、人事、审计、财务工作。

任职回避的程序，首先是按照回避制度的有关规定进行审核工作；其次是对需要回避的人员进行安排。

（二）公务回避

公务回避是指为了保证监狱人民警察依法公正执行公务而实行的回避。《公务员法》规定，监狱人民警察执行公务时，涉及本人或者与本人有夫妻关系、直系血亲关系、三代以内旁系血亲以及近姻亲关系的人员的利害关系，必须回避。公务回避是一种强制性措施，回避人要自觉申请。同时，监狱机关应有相应的行政约束，使回避真正达到目的。

（三）地域回避

地域回避也称籍贯回避，是指不允许担任一定领导职务的监狱人民警察在原籍、原地区任职。

 第五节 监狱人民警察的辞职、辞退与退休

一、监狱人民警察的辞职

辞职是指人民警察根据本人意愿，依照法律规定辞去现任职务，申请终止与警察管理机关职务关系的法律行为或法律事实。辞职是人民警察的一种权利。公务员辞去公职，应当向任免机关提出书面申请。任免机关应当自接到申请之日起30日内予以审批，其中对领导成员辞去公职的申请，应当自接到申请之日起90日内予以审批。

公务员有下列情形之一的，不得辞去公职：未满国家规定的最低服务年限的；在涉及国家秘密等特殊职位任职或者离开上述职位不满国家规定的脱密期限的；重要公务尚未处理完毕，且须由本人继续处理的；正在接受审计、纪律审查，或者涉嫌犯罪，司法程序尚未终结的；法律、行政法规规定的其他不得辞去公职的情形。

二、监狱人民警察的辞退

辞退是指警察机关的用人部门或单位依照法律规定的条件通过一定的法律程序，在法定的管理权限内做出解除与人民警察职务关系的行为或事实。辞退是国家警察机关的法定权力。辞退必须基于一定的法定事实，同时必须遵循必要的法定程序。

根据《公务员法》第83条的规定，对人民警察辞退的条件可以归纳为以下五种情形：①在年度考核中，连续两年被确定为不称职的；②不胜任现职工作，又不接受其他安排的；③因所在机关调整、撤销、合并或者缩减编制员额需要调整工作，本人拒绝合理安排的；④不履行公务员义务，不遵守公务员纪律，经教育仍无转变，不适合继续在机关工作，又不宜给予开除处分的；⑤旷工或者因公外出、请假期满无正当理由逾期不归连续超过15天，或者1年内累计超过30天的。

人民警察有下列情形之一的公务员，不得辞退：因公致残，被确认丧失或者部分丧失工作能力的；患病或者负伤，在规定的医疗期内的；女性公务员在孕期、产假、哺乳期内的；法律、行政法规规定的其他不得辞退的情形。

人民警察被辞退后的法律后果是：职务关系消失，不再保留人民警察身份；被辞退后可根据国家有关规定领取辞退费或者根据国家有关规定享有待业保险。

辞退公务员（人民警察）的程序如下：

1. 提出辞退建议。即由公务员所在机关在核准事实的基础上，经领导集体研究提出建议，填写《辞退公务员审批表》，按管理权限报任免机关审批。

2. 任免机关人事部门审核。任免机关人事部门要初步审查辞退建议和《辞退公务员审批表》的填写是否规范，并提出审核意见，报任免机关审批。

3. 任免机关审批。即有权任免被辞退公务员的机关，在人事部门审核的基础上，应进行认真的审查和复核。任免机关认为符合辞退条件和程序的，应及时作出辞退决定。县级以下国家机关辞退公务员，须报经县级人民政府批准。

4. 书面通知本人。如果公务员对辞退处理不服，要求予以复议，任免机关应当在一定时间内完成复议。经过复议，如果认为原决定正确，应予维持；如属处理不当，应予纠正。如果公务员对复议决定仍然不服，有权向处理机关的上一级机关或监察机关提出申诉。如果被辞退者对监察机关的裁决仍然不服，可向上一级监察机关申诉，上一级监察机关的裁决为最后裁决，当事人必须服从。

5. 办理交接手续。工作、财物等交接手续；接到辞退通知的 30 日内持有关证件到政府人事部门指定的机构登记；人事档案自作出辞退决定之日起 15 日内转至相关部门。

关于对公务员辞退的复议时间，《公务员法》有如下规定：公务员对涉及本人辞退处理不服的，可以自知道该人事处理之日起 30 日内向原处理机关申请复核；对复核结果不服的，可以自接到复核决定之日起 15 日内，按照规定向同级公务员主管部门或者作出该人事处理的机关的上一级机关提出申诉；也可以不经复核，自知道该人事处理之日起 30 日内直接提出申诉。

三、监狱人民警察的退休

退休是指从事警察工作达到一定年限和规定的年龄，或丧失工作能力，按规定退出工作岗位后享受相应的政治、生活待遇，由国家给予基本保障并妥善安置的一种养老保险形式。退休制度有利于人民警察队伍保持旺盛的生机和活力，也体现了我国社会主义制度的优越性。

退休分为法定退休、自愿退休、延缓退休三种。

退休条件主要包括年龄或工作年限（工龄）两种。法定退休条件是：国家公务员男满 60 周岁，女满 55 周岁，或因公致残完全丧失工作能力的，应当退休。自愿退休条件是：男满 55 周岁，女满 50 周岁，且工作年限满 20 年的，或者工作年限满 30 年的。

《公务员法》第 89 条规定："公务员退休后，享受国家规定的退休金和其他待遇，国家为其生活和健康提供必要的服务和帮助，鼓励发挥个人专长，参与社会发展。"警察人员退休后的待遇，是其退休后依法享有的权利。合理确定警察人员的退休待遇，关系到整个警察队伍的切身利益，也关系到社会的安定和发展。

 案例分析

某监狱干警李某 1 月份请事假，后无任何理由逾期不归。在年底（12 月 1 日）时回到所在监狱，被监狱告知已经将其开除，李某认为监狱对其作出的处分不合理，决定向有关部门申诉。

根据上述材料分析如下问题：

1. 监狱对李某的处分是否符合有关的程序规定？为什么？

2. 李某应该向哪个部门或者机关提出申诉？

3. 公务员提出申诉的时间限制是多长？本案中李某具体应该在何时以前提出申诉？

某监狱在新一批干部任免的公示期间，该监狱一名干警向监狱提出意见：认为该监狱一名拟任科长的公务员应该执行任职回避。监狱审查后直接作出了该名同志的任职回避的决定。

根据上述材料分析如下问题：

1. 某监狱作出的人事回避的决定是否程序合法？为什么？

2. 列出需要任职回避的几种亲属关系。

3. 公务员本人能否申请公务回避？其他人是否有权申请公务员回避？

第八章　监狱人民警察的激励管理

案例导入

正确激励　科学管理

张警官是某监狱一名干警，热爱监狱事业，能力强。近日他被提拔为监区副监区长，工资有所增加，但是近期他不但没有热情，反而有些情绪。为什么升职、加薪反倒起到相反的激励效果呢？原来张警官的不满情绪来自他的监区长。监区长对刚提拔上来的副手颇不放心，担心他做不好工作，总是安排一些简单的工作，并且也经常干预他的工作。张警官能力强，解决问题效率高，对监狱长的干预很不习惯，并逐渐导致产生不满情绪。

张警官为什么提升了职位并且增加了工资却情绪不高，是物质奖励不够还是其他因素？张警官的领导是一个成功的领导吗？他是否真正了解下属，并给予下属正确的激励？综上我们可以看出领导不能只用单一的物质奖励对待所有下属，如果没有深入了解不同干警的具体需要而采取相应的激励措施，是不能达到预期效果的。加薪激励只是一个方面，无薪激励才更能体现管理者的领导能力和监狱管理水平。监狱领导要通过上下级沟通、给下属安排挑战性工作、适当授权等具体措施真正实现激励的良好效果。

第一节　监狱人民警察的考核激励

一、监狱人民警察考核激励的含义

激励是现代管理学中一个常见的概念，激励是"激发"、"鼓励"的意思，是指激发人的行为动机的过程。在监狱人民警察管理的语境中，激励管理是指监狱机关运用各种激励手段和方法激发监狱民警的工作欲望和动机，强化监狱民警工作主动性、积极性的管理方式。

监狱人民警察的考核，是指有考核权限的部门按照考核的内容、标准、程序和方法，对监狱人民警察的思想品德、工作实绩、工作能力及工作态度等方面的定期和不定期的考察与评价。

二、监狱人民警察考核的作用

(一) 依据作用

考核是监狱人民警察管理活动中的基础性工作，是提高监狱人民警察工作积极性、主动性的有效方法。它是对监狱人民警察进行奖惩的依据，如果没有对监狱人民警察日常工作的考核，就使得对监狱人民警察的奖惩失去了依据，就会出现奖惩不准、奖惩不公的现象，也就使得考核奖惩失去了意义，考核的激励作用也就难以发挥。因此，考核是奖惩的基础和依据，考核要准确可靠、科学有效。

(二) 检验作用

在监狱人民警察管理活动中，考核是警察组织对警察个体进行管理的一个有效手段。通过考核，可以检验每个不同岗位的警察个体的工作态度、工作能力、工作成绩、工作作风以及工作标准落实的状态等具体情况。通过平时考核与年终考核相结合的方式，使组织对每个警察个体的具体表现掌握得清楚准确，使组织决策更具有准确性和针对性，从而不断提高警察队伍的整体素质和战斗力。

(三) 发现作用

通过对监狱人民警察的考核，首先，可以发现工作中的不足，并进行及时的改进。如通过考核可以发现警察的工作作风、工作态度和纪律性、责任心等方面的问题，及时提醒和告知相关警察个人。这样可以及时堵塞工作漏洞，防止出现大的问题；这也是对警察个人负责任的办法和保护措施。其次，可以发现优秀人才，并及时予以表彰和提拔重用。通过考核，对那些工作态度认真、工作作风扎实、工作实绩突出、责任心、事业心强的优秀警察，通过各种形式进行宣传表彰，使得大家学有榜样，并通过合法程序予以提拔重用；这样，有利于组织内部形成"后进赶先进，先进更先进"的良好氛围，有利于促进政治生态的健康文明。总而言之，考核是"知人"的过程，是"善任"的前提。

(四) 评价作用

对监狱人民警察的正确考核，能够客观真实地反映警察个体的现实工作状态，考核的结果即是对警察个体的总体评价。通过平时考核与年终考核，使每个警察个体的考核结果是能够"量化"的，而量化的好处是简单明了，每个警察可以清楚地了解自己在组织中的排序情况，警察个体之间有了明显的"可比性"。这种真实而明确的评价，有利于警察个体找准自己在组织中的位置，从而找出自己的不足而迎头赶上。

三、监狱人民警察考核的原则

监狱人民警察的考核原则，是做好监狱人民警察考核工作的基础和保证，主要是遵循以下原则；

（一）客观公正原则

"客观"，就是要实事求是地对监狱人民警察做出评价，全面准确地反映监狱人民警察的政治、业务素质和实际工作情况，避免片面性。在考核工作中，不因警察的性别、出身、职务、资历、文化程度及远近亲疏关系，而有所区别，这是考核工作的重要前提。"公正"就是对任何警察都要按照规定的程序进行考核，评定考核结果要公道，使考核结果与平时表现相一致。考核结果的使用也要公道，使其成为激励警察奋发向上的有效手段。

（二）民主公开原则

民主公开原则主要有三个方面的公开：①考核目的、范围、内容、方法、标准公开，便于群众监督；②考核结果的形成公开，争取群众的意见，采用民主评议、群众参与的方式；③考核结果向本人公开，使被考核者了解组织评价，被考核人对考核结果有异议时，也可以及时反映，保证考核的准确性。

（三）分类考核的原则

考核对象不同，考核的内容和标准、方法应有所区别。对领导成员的考核，按照干部管理权限，由党委及其上级组织部门负责；对非领导成员的考核，根据民主评议的结果，由机关负责人或者由其授权的考核委员会确定；对专业技术人员的考核，应采取与考核综合管理类公务员有所不同的考核标准和方法，应重点考核其专业水平和专业能力。

（四）全面考核与重点考核相结合的原则

全面考核是对公务员德、能、勤、绩、廉五个方面逐一进行考核，因为这五个方面是相互关联、互为补充、不可分割的统一体，缺少任何一个方面的考核都不是全面考核；全面考核有利于掌握公务员个体的综合情况。重点考核就是重点考核工作实绩，并将其作为评价公务员的主要依据。因为工作实绩是衡量公务员对社会贡献大小的重要标准，是对公务员思想、能力、素质、作风等的整体检验。重点考核工作实绩可以防止领导者凭个人好恶和主观印象来评价公务员；同时也是一种导向，有利于培养公务员脚踏实地的工作作风。在考核中，必须正确理解和把握好全面考核与重点考核的相互关系，把全面考核与重点考核有机结合起来。

四、监狱人民警察考核的内容

对监狱人民警察的考核，以其职位职责和所担负的工作任务为基本根据，全面考核德、能、勤、绩、廉五个方面，重点考核工作实绩。

1. 德。这是指思想政治素质及个人品德、职业道德、社会公德等方面的表现。主要包括贯彻执行党的基本路线和方针政策，遵守国家的法律法规和监狱的工作纪律、遵守社会公德和职业道德。

2. 能。这是指履行职责的业务素质和能力，是反映监狱人民警察从事本职工作必备的发现、分析、解决问题的能力和独立开展工作的能力，主要考核学识水平、工作能力和身体素质。学识考核，包括文化水平、学历、工作经历；工作能力考核，包括岗位专业能力、思维决策能力、应变决策能力、语言表达能力等；身体素质的考核，包括年龄、健康状况、警察应具备的警用技能等。

3. 勤。这是指责任心、工作态度、工作作风等方面的表现。所谓责任心，就是热爱本职工作，勤勉尽责，勇于担当，甘于奉献。工作态度主要看工作是否积极主动，认真负责，能否遵守工作纪律。工作作风重点看工作是否深入实际，调查研究，尊重群众的首创精神。勤奋精神是考察是否善于开动脑筋，刻苦钻研业务，精益求精，不断开创工作新局面。

4. 绩。这是指工作实绩，包括完成工作的数量、质量、效率和所产生的效益。

5. 廉。这是指廉洁自律情况，主要看是否遵守党和国家廉洁从政的有关规定，是否廉洁奉公，忠于职守。有无利用职权和职务上的影响谋取不正当利益的行为；有无假公济私、化公为私的行为；是否艰苦奋斗，勤俭节约，有无讲排场，比阔气，挥霍公款，铺张浪费的行为；等等。对监狱领导成员还要考核：是否严格遵守领导干部廉洁从政和廉洁自律的有关规定；是否遵守组织人事纪律，有无借选拔任用干部之机谋取私利，搞用人上不正之风等。

上述内容，是相互联系和渗透的整体。考核时要注意两个问题：①全面考核，德能勤绩廉兼顾；②在全面考核的基础上，以德为先，重点考核工作实绩。

五、监狱人民警察考核的方法

（一）领导考核与群众评议相结合

考核要体现行政领导负责制的精神，以行政领导为主进行；同时，在考核时要充分发扬民主，让群众参与考核。群众参与考核，是使考核民主化、公开化的措施。一般情况下，对监狱人民警察考核，可由行政首长负责，采用上一级考核下一级的方法，但要经过民主评议或测评的程序，在广泛听取各方面意见的基础上，对监狱人民警察做出结果性评价。

（二）定性考核与定量考核相结合

定性考核是对监狱人民警察从德能勤绩廉的质的方面进行的综合评价。定性考核简便易行，但主要依靠考核者的素质、经验，因此，主观性强，随意性大，准确性低。定量考核是通过分解考核要素，制定测量表，通过相对客观的数值量

度来反映人民警察的情况。其特点是，克服了主观性，偏差小，比较准确，结果直观，易于对比。但是存在的问题是：很多事件无法直接对应成考核的数值标准，不能量化；即使可以转化的部分，也有一定比例的主观推断性。所以，在考核中，要把定性和定量结合起来，两者互相补充，最大限度地实现考核结果的客观准确性。

（三）平时考核与定期考核相结合

平时考核是对日常完成工作情况的随时记载、考核，不评定等次。定期考核是按时间的规定或周期进行考核，一般一年一次，考核要按严格的标准程序进行，要给被考核的监狱人民警察写出评语、评定等次，考核结果要与奖励挂钩。平时考核为定期考核提供原始资料和准确数据，是定期考核的基础；定期考核则以平时考核为依据，是平时考核的集中反映。

六、监狱人民警察定期考核的等次

考核等次是对监狱人民警察实际表现优劣的一种高度概括性的评价形式。通过考核，定位监狱人民警察的等次，是一个相对难于把握，但又必须面对的问题。《公务员法》将公务员年终考核等次划分为优秀、称职、基本称职和不称职四个等次：

1. 确定为优秀等次的条件：思想政治素质高；精通业务，工作能力强；工作责任心强，勤勉尽责，工作作风优良；工作实绩突出；清正廉洁。

2. 确定为称职等次的条件：思想政治素质较高；熟悉业务，工作能力较强；工作责任心强，工作积极，工作作风较好；能够完成本职工作；廉洁自律。

3. 确定为基本称职等次的条件：思想政治素质一般；履行职责的工作能力较弱；工作责任心一般，或工作作风方面存在明显不足；能基本完成本职工作，但完成工作的数量不足、质量和效率不高，或在工作中有较大失误；能基本做到廉洁自律，但某些方面存在不足。

4. 确定为不称职等次的条件：思想政治素质较差；业务素质和工作能力不能适应工作要求；工作责任心或工作作风差；不能完成工作任务，或在工作中因严重失误、失职造成重大损失或者恶劣社会影响；存在不廉洁问题，且情形较为严重。

七、考核结果的使用

定期考核的结果应当以书面形式通知监狱人民警察本人。监狱人民警察的考核结果及结果的对应执行情况存入本人档案。年度考核的结果作为调整职务、级别、工资以及奖励、培训、辞退的依据。

监狱人民警察年度考核被确定为称职以上等次的，按照下列规定办理：累计

2 年被确定为称职以上等次的，在所定级别对应工资标准内晋升一个工资档次；累计 5 年被确定为称职以上等次的，在所任职务对应级别范围内晋升一个级别；确定为称职以上等次，且符合规定的其他任职资格条件的，具有晋升职务的资格；连续 3 年以上被确定为优秀等次的，晋升职务时优先考虑；被确定为优秀等次的，当年给予嘉奖；连续 3 年被确定为优秀等次的，记三等功；享受年度考核奖金。年度考核被确定为基本称职等次的，对其诫勉谈话，限期改进；本考核年度不计算为按年度考核结果晋升级别和级别工资档次的考核年限；1 年内不得晋升职务；不享受年度考核奖金。年度考核被确定为不称职等次的，降低一个职务层次任职；本考核年度不计算为按年度考核结果晋升级别和级别工资档次的考核年限；不享受年度考核奖金；连续两年年度考核被确定为不称职等次的，予以辞退。

八、监狱人民警察考核的程序

考核必须依法定程序进行，以保证考核工作的严肃性和结果的公正性。考核的程序，包括以下几个阶段：

1. 建立考核组织机构。

2. 制订具体考核实施方案。

3. 做好考核工作的动员部署。

4. 被考核人员自我总结和述职。

5. 领导成员评议。

6. 群众评议。

7. 考核机构审定考核结果；将考核结果和等次反馈给考核人；本人对考核结果有异议，可提请考核委员会或任免机关进行复议；若对结果不服，可按规定申诉。

第二节　监狱人民警察的奖惩激励

一、监狱人民警察奖惩的含义

监狱人民警察的奖惩，是指监狱机关按照有关法律、法规和政策的规定，对工作中表现突出、有显著成绩和贡献以及其他突出表现的监狱人民警察给予奖赏和鼓励；对工作中凡有过失和违法违纪的监狱人民警察予以惩戒和处罚。对监狱人民警察实行奖惩，是监狱人民警察队伍管理的基本手段，是严格执行法律法规、努力完成管理监狱、执行刑罚和对罪犯进行教育改造任务的重要保障。

二、监狱人民警察的奖励

（一）奖励的条件

根据《公务员法》、《人民警察法》和《司法部关于司法行政系统工作人员奖惩暂行办法（试行稿）》的规定，监狱人民警察个人和集体的奖励条件有：忠实于法律和制度，忠实于人民利益，忠实于事实真相，不徇私情，不谋私利，在工作中成绩显著者；深入调查研究，认真总结经验，勇于改革创新，对开创工作新局面做出较大贡献者；努力学习文化科学知识，钻研业务，有理论突破，有发明创造，勇于改革或提出合理化建议，对改进工作，提高效率有较大贡献者；一贯坚持原则，办事公道，作风正派，敢于向违法乱纪，玩忽职守，不正之风做斗争，事迹突出者；勤勤恳恳，任劳任怨，在艰苦环境下忠于职守，做出显著成绩者；积极参加五讲四美三热爱活动，在宣传法制、解决纠纷，改造罪犯工作中表现突出，成绩显著者；在预防和制止犯罪，排除各种不安全因素，防止事故，保卫国家和人民生命财产的紧急关头，舍己为公、舍己为人，事迹突出者；保护国家机密、维护国家利益，有较大贡献者；其他方面成绩显著，应予奖励者。

监狱人民警察个人凡在工作中坚持四项基本原则，努力学习，积极工作，遵纪守法，作风正派，并有上列表现之一的，应给予奖励。监狱人民警察集体的奖励参照以上条件进行。

（二）奖励的种类

监狱人民警察的奖励分为个人奖励和集体奖励，其中，个人奖励分为：嘉奖、三等功、二等功、一等功、授予荣誉称号（二级英模、一级英模）；集体奖励分为集体一等功、二等功、三等功和嘉奖。

（三）奖励的方式

监狱人民警察奖励的方式有：对受奖的监狱人民警察个人颁发奖章、证书，对集体颁发证书、奖状、锦旗；按照国家有关规定，对受奖励的监狱人民警察，可以提前晋升警衔，并给予一定的物质奖励，包括发给奖金、奖品、工资晋级等。

（四）奖励的程序

按照有关规定，监狱人民警察奖励的程序是：奖励的评定；奖励的申报；奖励的审批；奖励结果的公布；奖励材料归档。

1. 奖励的评定，是由达到受奖条件的监狱人民警察所在单位适时提出奖励意见，通过群众评议和领导确定是否奖励。

2. 奖励的申报，是对确定奖励的监狱人民警察，由所在单位填写奖励审批表，写明受奖人的事迹材料，呈报审批机关。

3. 奖励的审批，是审批机关认真核查报送资料，核实事迹与奖励的条件、种类是否一致，确认是否审批。

4. 奖励的结果，做出奖励决定后，在一定范围内公布。

5.《公务员奖励审批表》存入公务员个人档案；《公务员集体奖励审批表》存入获奖集体所作机关文书档案。

三、监狱人民警察的惩处

监狱人民警察惩处又叫惩罚、处分，是指运用行政手段制裁违法、违纪行为。

（一）惩处的条件

惩处的条件是指警察应受处分或纪律制裁的某种行为。根据《公务员法》、《人民警察法》和《司法部关于司法行政系统工作人员奖惩暂行办法（试行稿）》的规定，监狱人民警察应受惩处的条件有二：①必须有违纪行为。例如，玩忽职守，贻误工作，对抗上级决定和命令；打击报复；弄虚作假，欺骗领导和群众等。②有违法行为尚未构成犯罪，或虽构成犯罪但依法不追究刑事责任而必须承担违纪责任的，如贪污、盗窃、行贿受贿数额没有达到标准或依法不追究刑事责任等行为。

（二）惩处的种类

《人民警察法》第48条第2款规定："行政处分分为：警告、记过、记大过、降级、撤职、开除……"

1. 警告。警告是指监狱人民警察犯有一定错误或有过失时，监狱对其进行警示、告诫的一种行政处分形式。警告的期间一般为6个月。

2. 记过。记过是指当监狱人民警察出现了过错行为时，监狱对其过错行为进行的一种行政处分形式。该形式一旦实施，就会对监狱人民警察当年的评先评优等资格产生直接影响。记过的期间一般为12个月。

3. 记大过。记大过是指当监狱人民警察实施了过错行为时，监狱对其过错行为进行记载后，并记入个人档案的一种行政处分形式。该行政处分形式一旦实施，会影响到监狱人民警察当年的评先评优资格，影响晋升工资、职务，并对其政治前途产生影响。记大过的期间一般为18个月。

4. 降级。降级是指行政机关对违反国家有关法律、法规和政策的监狱人民警察，给予降低职务或级别的一种行政处分。

5. 撤职。撤职是监狱按照法定程序和法定条件，对违反国家有关法律、法规和政策的监狱人民警察，向有管辖权的人事部门提出撤销其现任职务的处分，经审批同意后，执行撤销监狱人民警察担任职务的一种行政处分形式。监狱人民警察受撤职处分的，同时降低级别和职务工资。

6. 开除。开除是指对违反有关法律法规、有关规定的监狱人民警察，根据法定事由，经过法定程序，由法定机关作出开除公职的一种处分。

监狱人民警察在受处分期间不得晋升职务和级别，其中受记过、记大过、降级、撤职处分的，同时不得晋升工资档次。

除以上六种主体处分形式外，《人民警察法》第 48 条第 2 款规定："……对受行政处分的人民警察，按照国家有关规定，可以降低警衔、取消警衔。"第 48 条第 3 款还规定："对违反纪律的人民警察，必要时可以对其采取停止执行职务、禁闭的措施。"第 49 条规定："人民警察违反规定使用武器、警械，构成犯罪的，依法追究刑事责任；尚不构成犯罪的，应当依法给予行政处分。"

（三）处分的方法

监狱人民警察机关对于违反纪律的人员给予行政处分时，要本着严肃和慎重的态度，根据所犯错误的事实、性质、情节、危害和后果，参照本人的一贯表现和对错误的认识程度，分别情况，区别对待。

1. 对于违反纪律，使国家、集体和人民的利益遭受一定损失，仍然可以担任现任职务的警察，可分别给予警告、记过、记大过、降低工资级别的处分；对于严重违反纪律，使国家、集体和人民的利益遭受严重损失和在干部群众中造成不良影响，不宜继续担任现任职务，或不宜在现任岗位上工作的警察，可给予降级或撤职的处分；对于严重违法乱纪、失职，屡教不改，不适合继续在警察部门工作的，可给予开除公职的处分。

2. 警察违反法律构成犯罪，除由司法机关依法办理外，还应由本部门的任免机关办理行政处分事宜；情节轻微、尚不构成犯罪的，应当依法给予行政处分。

3. 监狱人民警察机关发现所属警察违反纪律、应给予行政处分时，必须迅速处理，不得无故拖延。一般应从发现错误之日起，半年内处理完毕。如果情节复杂或有其他特殊原因，也不得超过 1 年。

4. 对受行政处分的人民警察，按照国家有关规定，可以降低警衔、取消警衔。降低警衔、取消警衔不是独立的处分种类，而是一种附加处罚措施，不能独立使用，应结合具体处分的种类使用。

5. 作为共产党员或共青团员的警察因违反纪律给予行政处分时，可以根据党章、团章的规定，给予党纪、团纪处分。

（四）处分的程序

我国现行规定的行政处分的批准权限同奖励的批准权限相同。处分的实施程序一般来说，可分为立案、调查、公布调查结果、提出处理意见、审批、执行六个阶段。

1. 立案。监狱人民警察机关发现人民警察有违纪违法行为需要查处时，根据规定，按照管理权限或案件管理范围，履行立案审批手续，列为处分案件。

2. 调查。警察机关要对立案案件展开调查，听取各方面的意见，作好谈话笔录和证言笔录，查清违纪违法情况。

3. 公布调查结果。调查结束后，在一定范围内公布调查结果，允许本人申辩，允许别人为之辩护。

4. 提出处理意见。在此基础上认真核实材料，提出处分意见，呈报审批机关。

5. 审批。审批机关收到材料后，认真审核，作出处分规定。

6. 执行。要将处分决定交由受处分的监狱人民警察签署意见。如拒绝，单位应注明；受处分的监狱人民警察如对处分不服，在接到处分决定的1个月内向处理机关申请复议，并可向上一级领导机关或行政监察机关提出申诉。经过复议和申诉，原处分确属不当，应该予以撤销。但在复议和申诉期间，不停止对原处分决定的执行。

（五）处分的解除

《公务员法》第58条第2款规定："受处分的期间为：警告，6个月；记过，12个月；记大过，18个月；降级、撤职，24个月。"人民警察在受处分期间有特殊贡献的，可以提前解除处分。解除处分后，晋升和奖励不再受影响。但受到降级、撤职处分的监狱人民警察，解除处分后，不视为恢复原级别和职务。解除处分一定要做到手续齐备，先由本人写出书面申请，经所在机关讨论通过，报原处分机关批准后方可执行。

 第三节　监狱人民警察的警衔激励

一、警衔与警衔制度

（一）警衔的概念

1992年7月1日第七届全国人民代表大会常务委员会第二十六次会议审议通

过《中华人民共和国人民警察警衔条例》（以下简称《警衔条例》）；1992 年 9 月 12 日国务院令第 104 号发布《人民警察警衔标志样式和佩带办法》；1995 年 5 月 16 日国务院对《人民警察警衔标志式样和佩带办法》进行了第一次修订；2000 年 8 月 18 日进行了第二次修订。从而形成了比较系统的人民警察警衔制度。

《警衔条例》第 3 条规定："警衔是区分人民警察等级、表明人民警察身份的称号、标志和国家给予人民警察的荣誉。"

警衔，是除了职务等级以外的一种衔级制度，警衔等级是根据职务等级编制，两者既有联系，又有区别。区别表现在：①确定方式上，行政职务的确定原则是"德才兼备"，而评定警衔不仅根据职务，还根据任职年限、工作年限；②所任期限上，职务实行的是任期制，不宜续任时要相应免除，而警衔即使在免职或离退休时依然保留；③审批权限上，一般情况下，授予警衔的权限高于任免职务的权限。

（二）实行警衔制度的意义

现代警察警衔制度起源于西欧。1829 年英国和法国相继创建现代警察组织时，即对警察人员实行了衔级制度。此后，世界各国都相继实行，逐渐形成了世界通行的一种警察管理制度。我国也与世界各国一样，在警察管理中，除了有职务等级外，也实行了专门的衔级制度。实行警衔制度，对于加强监狱人民警察队伍的管理，充分发挥监狱人民警察的作用，具有十分重要的意义。

1. 实行警衔制度，有利于监狱人民警察队伍的正规化建设。监狱人民警察担负着管理监狱、执行刑罚、对罪犯进行教育改造的艰巨任务，这就要求监狱人民警察队伍必须是一支管理规范、训练有素、业务精通、素质优良的队伍。警衔制度使用明确的标识，树立监狱人民警察的社会形象和地位，以更加严格的标准，警容风纪和良好的组织纪律性，使人民警察队伍浑然一体，克服以往监狱民警一直按照一般行政机关建设的弊端，走监狱人民警察队伍建设的正规之路，严格教育、严格管理、严格训练、严格纪律。

2. 实行警衔制度，有利于增加警察的责任心、荣誉感。警衔是党和国家赋予人民警察的荣誉，是人民警察的地位、权力的象征。它能激励警察增强责任心，促进警察更加珍惜荣誉，明确自己所肩负的责任，时时处处以警察的标准严格要求自己，规范言行，奋发向上，自觉地为警察事业建功立业。同时，警察佩带的等级符号、标志，带有公开性的特点，便于人民群众的监督，有利于增强警察的自律和组织纪律观念，严格警容风纪，有利于警察内强素质，外树形象。

3. 实行警衔制度，有利于人民警察队伍的集中统一指挥和执行警务。人民警察时刻处在同敌对分子和各种犯罪分子做斗争的最前线，工作涉及社会生活各个方面，与广大人民群众有着广泛密切的联系，执勤备战，随时准备处置各种突发事件。由此，必须保持指挥畅通、协调作战、紧密联系。《警衔条例》第5条规定："……当警衔高的人民警察在职务上隶属于警衔低的人民警察时，职务高的为上级。"实行警衔制度后，人民警察有明显的表明身份和等级的标志，可以按照警衔统一指挥、协同作战，保障各种警务工作的顺利进行。

4. 实行警衔制度，有利于提高人民警察队伍的素质。实行警衔制度，意味着建立了新的管理机制，把竞争机制和激励机制引进到人民警察管理之中。首先，《警衔条例》引进了晋升考核机制，明确规定警衔等级除随着职务的升降而作相应的调整外，还规定凡二级警督以下的人民警察，在其职务等级编制警衔的幅度内按照一定的年限和条件实行考核晋升。凡"晋级期限届满，经考核具备晋级条件的，应当逐级晋升；不具备晋级条件的，应当延期晋升。在工作中有突出功绩的，可以提前晋升"。其次，《警衔条例》引进了晋升培训机制，明确规定"警司晋升警督，警督晋升警监，经相应的人民警察院校培训合格后，方可晋升"。最后，《警衔条例》引进了淘汰机制，凡是违反警纪的人民警察要给予降低警衔的处分，被辞退或被开除公职的，其警衔要予以取消。考核机制、竞争机制、"逢晋必训"等规定，能有效地调动人民警察的积极性，激励他们不断进取的精神，有利于提高警察队伍的整体素质。

5. 实行警衔制度，有利于人民警察的国际交流与合作。警衔制度是被国际社会确立和认同的警察管理制度和等级形式。国际社会警衔等级的称谓，大致有两种情况：①实行将、校、尉、士兵等称呼和级别，如朝鲜、波兰、罗马尼亚、泰国、意大利等国家都是以此称谓和划分警察的警衔等级；②以警监、警督、警司、警员等来称呼和划分警衔等级，如日本、德国、法国、英国、丹麦、美国、突尼斯等国家和香港地区都是以此称谓和划分警衔等级的。我国采用了后一种形式的称谓。实行警衔制度，使我国的人民警察在称谓上与国际惯例接轨，有利于我国人民警察参与国际交流与合作。

二、警衔等级的设置和首次授予

（一）警衔等级的设置

1. 警衔等级。警衔等级的设置，是警衔制度的核心。《警衔条例》从我国人民警察的特点出发，在吸收国外经验的基础上，制定了我国的警衔等级。人民警察警衔共设五等十三级：①总警监，副总警监；②警监：一级警监、二级警监、三级警监；③警督：一级警督、二级警督、三级警督；④警司：一级警司、二级警司、三级警司；⑤警员：一级警员、二级警员。

五等十三级警衔的设置中，警监属于高级警官，警督属于中级警官，警司、警员属于初级警官。三个等级警官的分布有利于形成领导指挥人员与基层人员的合理结构，发挥警衔制度的激励作用，调动人民警察的积极性。

2. 职务与警衔等级的对应。《警衔条例》不仅明确规定了警衔的等级，而且充分考虑了人民警察队伍的现状，规定了人民警察实行警察职务等级编制警衔。它分为两大序列：行政职务类的人民警察的警衔和专业技术类的人民警察的警衔。《警衔条例》第8条规定，担任行政职务的人民警察实行下列职务等级编制警衔：①部级正职为总警监；②部级副职为副总警监；③厅（局）级正职为一级警监至二级警监；④厅（局）级副职为二级警监至三级警监；⑤处（局）级正职为三级警监至二级警督；⑥处（局）级副职为一级警督至三级警督；⑦科（局）级正职为一级警督至一级警司；⑧科（局）级副职为二级警督至二级警司；⑨科员（警长）职为三级警督至三级警司；⑩办事员（警员）职为一级警司至二级警员。《警衔条例》对从事专业技术工作的人民警察评定警衔，也作了规定：①高级专业技术职务为一级警监至二级警督；②中级专业技术职务为一级警督至二级警司；③初级专业技术职务为三级警督至一级警员。

3. 警衔的编制。《警衔条例》明确规定按照警察所任职务等级编制警衔，每职设两个或几个衔级，这是符合我国的国情、警情的。采取一职多衔、职衔交叉的办法编制警衔，不仅能更好地体现差别，合理评定警衔，而且可以更好地全面衡量一个警察德才、资历、能力、贡献等综合因素，使广大基层警察在因客观条件而其职务得不到晋升的情况下，还可以得到警衔的晋升，有利于调动大多数基层警察的积极性，有利于新老人员的团结和交替。由于实行一职多衔、衔职交叉，将会出现少数职务高者在警衔上低于职务低者的现象。对此，《警衔条例》第5条规定："……当警衔高的人民警察在职务上隶属于警衔低的人民警察时，职务高的为上级。"

（二）警衔的首次授予

1. 授予警衔的人员范围。根据《评定授予人民警察警衔实施办法》的规定，评定授予警衔的人员，必须属于人民警察建制的在编在职的人民警察，凡不具有人民警察性质的单位和不担任人民警察职务的人员，不属于评授警衔的范围，不能评授警衔。已批准离休、退休的，以及已决定调离警察工作岗位的人员，不评授警衔。不服从组织分配、拒不到职的警察和其他不担任警察职务的人员，也不评授警衔。

属于评定授予警衔范围内的人员，具有下列情况之一的，暂缓评定授予警衔：职务（含职级，下同）未定的，等确定职务后评定授予警衔；连续病休2年以上的，待病愈恢复工作后评定授予警衔；工作不称职的，待培训考察合格后评定授予警衔。

因违法乱纪正在受审查的警察，审查期间不评定授予警衔，待审查作出结论后，属于授衔范围的，可以评授警衔。但对给予留用察看、行政开除，党内留党察看、开除党籍处分的警察，属于应当调离警察队伍的人员，不评定授予警衔。

2. 评定授予警衔的条件。《警衔条例》第 11 条规定："授予人民警察警衔，以人民警察现任职务、德才表现、担任现职时间和工作年限为依据。"第 12 条规定："从学校毕业和从社会上招考录用担任人民警察的，或者从其他部门调任人民警察的，根据确定的职务，授予相应的警衔。"上述规定明确了要从德才表现、现任职务、担任现职时间和工作年限四个方面全面衡量。这是评定授予人民警察警衔应遵循的基本标准。

所谓德才表现，是指人民警察的政治品质、思想觉悟、遵纪守法、联系群众、实事求是、公道正派、廉洁奉公、英勇献身等表现和知识化、专业化程度、实际工作能力、执法水平等。

所谓现任职务，是指按干部管理权限由主管部门正式任命的职务，而不是指临时委派式暂时指定代理的职务。

所谓担任现职时间，是指现任职务从其主管部门正式下达任命通知之日起计算的任职时间。考查现任职务和任职时间，这是实行职务等级警衔制度必不可少的重要一环，而且，首次授衔时间，也是以确定警察职务之日起计算。

所谓工作年限，是指按国家有关规定计算的正式参加工作时间的总和。工作年满 12 个月为工作年限 1 年。工作年限则标志着资历长短，是评定授予何种衔级的一个主要标准。

凡吸收录用、接收调入的人民警察，经培训合格，应当根据确定的人民警察职务，按照《首次评定授予人民警察警衔的标准》，授予相应的警衔。

3. 首次评定警衔的具体标准。在首次授予警衔时，行政序列可对照如下内容，进行评定：

（1）正厅级职务人员：德才表现较好，任现职满 3 年，参加工作满 30 年的，或者任现职不满 3 年，参加工作满 35 年的，可授予一级警监；其余的可授予二级警监。

（2）副厅级职务人员：德才表现较好，任现职满 6 年，参加工作满 22 年的，或者任现职满 3 年，参加工作满 30 年的，或者任现职不满 3 年，参加工作满 35 年的，可授予二级警监；其余的可授予三级警监。

（3）正处级职务人员：德才表现较好，任现职满 5 年，参加工作满 32 年的，或者任现职不满 5 年，参加工作满 38 年的，可授予三级警监；任现职满 3 年，参加工作满 18 年的，或者任现职不满 3 年，参加工作满 22 年的，可授予一级警督；其余的可授予二级警督。

（4）副处级职务人员：德才表现较好，任现职满 3 年，参加工作满 22 年的，或者任现职不满 3 年，参加工作满 26 年的，可授予一级警督；任现职满 3 年，参加工作满 20 年的，可授予二级警督；其余的可授予三级警督。

（5）科级职务人员：德才表现较好，任现职满 5 年，参加工作 32 年的，或者任现职不满 5 年，参加工作满 38 年的，可授予一级警督；任现职满 2 年，参加工作满 20 年的，或者任现职不满 2 年，参加工作满 24 年的，可授予二级警督；任现职满 2 年，参加工作满 10 年的，或者任现职不满 2 年，参加工作满 14 年的，可授予三级警督；其余的可授予一级警司。

（6）副科级职务人员：德才表现较好，任现职满 2 年，参加工作满 26 年的，或者任现职不满 2 年，参加工作满 30 年的，可授予二级警督；任现职满 2 年，参加工作满 16 年的，或者任现职不满 2 年，参加工作满 20 年的，可授予三级警督；任现职满 2 年，参加工作满 8 年的，或者任现职不满 2 年，参加工作满 12 年的，可授予一级警司；其余的可授予二级警司。

（7）科员职务人员：德才表现较好，参加工作满 30 年的，可授予三级警督；参加工作满 18 年的，可授予一级警司；参加工作满 8 年的，可授予二级警司；其余的可授予三级警司。

（8）办事员职务人员：德才表现较好，参加工作满 20 年的，可授予一级警司；参加工作满 12 年的，可授予二级警司；参加工作满 8 年的，可授予三级警司；参加工作满 4 年的，可授予一级警员；其余的可授予二级警员。

三、警衔的晋升

警衔的晋升是指对警察人员在其职务等级编制警衔幅度内，按一定的期限、条件和批准程序晋升警衔等级。晋升警衔时，要按照《警衔条例》的规定，需要到相应的警察院校进行警衔晋级培训，考试合格后，方可晋升。根据《警衔条例》、《人民警察警衔工作管理办法》（以下简称《管理办法》）和其他有关规定，警察警衔晋升主要有以下几种形式：

（一）按期晋升

按期晋升是指二级警督以下的警察，现衔级时间已满晋级期限，经考核具备晋级条件的，可在其职务等级编制警衔幅度内晋升一级警衔。根据《警衔条例》规定，按期晋升警衔的期限为：二级警员至一级警司，每晋升一级为 3 年；一级警司至一级警督，每晋升一级为 4 年。晋级的条件为：①执行国家的法律、法规和政策，遵纪守法；②胜任本职工作；③联系群众，廉洁奉公，作风正派。只要符合以上晋级期限和晋级条件的，就可在其职务等级编制警衔幅度内，按期晋升一级警衔。

（二）选升

选升，是一级警督以上的警察警衔晋升的一种形式，是为了保持职务等级与警监警衔合理的比例结构，根据人民警察所任衔级时间、任职时间、参加工作时间和德才表现、工作实绩，择优选择晋升警衔的方式。根据《关于印发〈人民警察选升警衔的暂行办法〉的通知》的规定，一级警督以上人民警察，德才表现优秀，现衔级期间年度考核称职，在职务等级编制警衔幅度内，符合条件的，可以选升一级警衔。

（三）晋职晋升

晋职晋升主要包括两个方面的内容：①指警察由于职务提升，其警衔低于新任职务等级编制警衔的最低警衔的，予以晋升至新任职务等级编制警衔的最低警衔；②指二级警督以下的警察，在职务提升前，其警衔已达到或者超过新任职务等级编制警衔的最低警衔，且现衔级时间已满晋级期限的，在晋升职的同时晋升一级警衔。

（四）提前晋升

提前晋升，是指对在工作中有突出功绩表现的警察，可以不受必须满3年或4年晋升一级警衔的期限限制，提前晋升一级警衔。根据相关规定，二级警员至一级警司的警察，现衔级满1年；一级警司至一级警督的警察，现衔级满2年，只要警察在自己的工作岗位上做出突出贡献，具有下列情况之一的，可以在其职务等级编制警衔幅度内提前晋升一级警衔：①现衔级期间获得一级、二级英雄模范称号和一等功奖励或国家、省级劳动模范称号者；②现衔级期间获三等以上国家自然科学奖、科技进步奖、发明奖的个人或课题的一名主要贡献者；③现衔级期间获得国家和省级政府特殊津贴奖励者；④其他功绩突出者。

（五）延期晋升

延期晋升，是相对于按期晋升而言的一种延缓晋升警衔的方式，是指二级警督以下的警察虽然已满晋升警衔期限，但由于不具备其他晋级的条件，而推迟晋升警衔。根据有关规定，具有下列情况之一的，予以延期晋升警衔：①受行政警告处分或党内警告处分的，延期6个月；②受行政记过、记大过处分或者党内严重警告处分的，延期12个月；③受行政降级处分的，延期18个月；受留党察看处分的，延期24个月；④不胜任本职工作、纪律松弛并造成不良后果的，可延期3~6个月。警察在上述延期晋升警衔期满后，如确已改正错误，表现好的，可以按规定晋升警衔；仍表现不好的，不予晋升。有立功表现或者做出突出贡献的，延期晋升的期限可适当缩短。

四、警衔的降级、保留、取消和更换

（一）警衔的降级

警衔的降级是指有权限的机关依照规定将人民警察警衔由原衔级调至较低的衔级。人民警察警衔降级有两种情况：①人民警察因不胜任现任职务被调任下级职务，其警衔高于新任职务等级编制警衔最高警衔的，予以调整至新任职务等级编制警衔的最高警衔；②人民警察因违反警纪情节严重的，给予警衔降级处分，其警衔晋级时间按照降级后的警衔等级重新计算，并收回原警衔标志。警衔的降级不适用二级警员。

（二）警衔的保留

警衔的保留是指警察离休、退休的，其警衔予以保留，警衔标志和授衔命令证书由本人保管，但不得佩戴警衔标志；调离警察工作岗位或者辞职、辞退的警察的警衔则不予保留。

（三）警衔的取消

警衔的取消是指被依法判处徒刑、拘役、管制、免予起诉、免予刑事处分；或者被开除公职、警籍、党籍的警察，其警衔相应取消，警衔标志和授衔命令证书均予以收缴。

（四）警衔的更换

已评定授予警衔的人民警察，从行政职务调任专业技术职务，或者从专业技术职务调任行政领导职务的，由所在单位警衔主管部门在本人档案中注明并办理更换警衔标志手续；现衔级需作出调整的，应当按照规定的批准权限和程序办理，并更换警衔标志。

五、警衔的审批权限及其程序

（一）警衔的审批权限

为了突出警衔的荣誉性，《警衔条例》对警衔的审批规定了很高的任免权限。《警衔条例》第13条规定，首次授予人民警察警衔，按照下列规定的权限予以批准：①总警监、副总警监、一级警监、二级警监由国务院总理批准授予；②三级警监、警督由公安部部长批准授予；③警司由省、自治区、直辖市公安厅（局）厅（局）长批准授予；④警员由省、自治区、直辖市公安厅（局）政治部主任批准授予。

（二）警衔的审批程序

根据《警衔条例》、《管理办法》等有关规定，首次授予警察警衔，警察所在单位政工（人事）部门负责对其进行鉴定，填写《评定授予警察警衔审批

表》，按照规定的批准权限逐级上报审批，任免权限机关下达授予警衔命令。警察警衔晋升、降级、更改的审批程序与首次授予警衔的审批程序相同。按照有关规定不保留警衔、更换警衔和取消警衔的，由县级人民警察机构的政工部门办理手续，按照审批权限逐级上报备案。

第四节　监狱人民警察的职务升降与任免

一、监狱人民警察职务升降概述

（一）监狱人民警察职务升降的含义

职务升降是升职和降职的简称。升职是根据机关工作需要和公务员[1]本人的表现，将公务员职务从较低层次升任至较高层次。这一管理活动，对公务员本人来说，是职务晋升，从机构组织的角度来说，则是一种选拔任用。降职是对不称职公务员，依一定程序，降低其原有的职务，由较高层次的职务改任较低层次的职务。晋升意味着公务员职权和责任范围的扩大。降职意味着公务员职权和责任范围的缩小。职务升降是公务员管理的一个重要环节，具有重要作用。

（二）职务升降在公务员管理中的作用和意义

1. 职务升降是保证机关各个职位人事相宜的有效途径。人事管理的主要任务是选贤任能，而职务升降是选贤任能的一条重要渠道。机关由各个职位构成，一定的职位意味着一定的工作内容和工作任务，只有将合适的人选放到合适职位上，机关才能高效运转。当机关某一职位出现空缺时，或者因工作需要而增设新的职位时，除了通过录用、交流来补充人员外，很多时候需要通过职务升降为空缺职位配备人选。机关根据职位的需要和公务员本人的工作能力和工作表现，通过职务晋升或降职来填补空缺，从而做到人适其岗、人事相宜、人尽其才、才尽其用。

2. 职务升降是建立公务员激励机制的重要手段。公务员职务晋升，意味着公务员所处地位的上升，职权和责任范围扩大，是对公务员荣誉需要、物质需要和实现自我价值需要的满足，能够有效激发公务员的工作热情。反之，降职则从负面激励公务员加倍努力，改进工作。一个基本事实是，晋升者在组织中只能是少数人，只有工作业绩优秀者才有可能获得晋升。科学合理的职务升降制度可以

---

〔1〕　监狱人民警察是公务员，为表述方便，这里用公务员的概念，下同。

激励公务员公开、公平的竞争，促使公务员努力工作，积极进取，不断创新。这种竞争有利于提高机关或组织内部的工作效率。

3. 职务升降是实现公务员职务能上能下的重要制度保证。长期以来，干部能上不能下是我国干部人事管理中的一个难点问题。能上能下需要一定的制度形式和制度保证。实行职务升降制度，优秀的和称职的公务员通过规定的程序得以晋升，不称职的予以降职，可以有效解决公务员职务能上不能下的弊端，增强公务员队伍的生机和活力。

二、晋升条件和资格

晋升条件和资格，是对公务员晋升标准作出的规定。规定晋升条件和资格，具有重要作用：①它是选拔合格人才、提高公务员队伍素质的要求。公务员担负着重要责任，必须具有良好的素质。职务晋升通过设定一定的条件和资格，明确标准，严格把关，来保证晋升人选是符合职务要求的合格人员。②有利于职务晋升工作公平合理地进行。条件和资格是一种尺度。明确了条件和资格，也就是明确了一定的尺度。这种尺度，是公开的、透明的，对每个人也都是公平的，可以防止随意性，防止凭个人好恶取人。③对公务员具有有效的引导作用。确定什么样的条件和资格，会引导公务员按照什么样的条件和资格要求自己、塑造自己。科学合理的条件和资格，可以引导公务员努力学习和工作，积极进取。

（一）基本条件

基本条件侧重对公务员素质提出要求，主要包括拟任职务所要求的思想政治素质、能力水平等。对公务员的政治思想提出明确的要求，这也是我国公务员制度的一个特点，与西方国家强调公务员要保持所谓的"政治中立"明显不同。按照干部任用条例，公务员晋升应当符合下列基本条件：

1. 要具有履行职责所需要的马克思主义的基本理论、基本原理和基本方法，努力用马克思主义的立场、观点、方法分析和解决实际问题，始终做到立场坚定，旗帜鲜明，经得起各种风浪的考验。这是对晋升职务特别是晋升领导职务的一条最根本的要求。

2. 要具有共产主义远大理想和中国特色社会主义坚定信念，坚决执行党的基本路线和各项方针、政策，坚持改革开放，积极献身现代化事业，在社会主义建设中艰苦创业，锐意进取。具有共产主义远大理想和中国特色社会主义坚定信念，是十分重要的政治标准。工作实绩是干部德才素质的综合反映，在工作中做出实绩是职务晋升的重要依据。

3. 要坚持解放思想，实事求是，与时俱进，开拓创新，认真调查。研究，能够把党和国家的方针、政策同本地区、本部门的实际相结合，谋事要实、创业要实、做人要实，反对"四风"。坚持解放思想、实事求是的思想路线，弘扬与时俱进、开拓创新的精神，是党在长期执政条件下保持先进性、纯洁性和创造性的决定性因素，也是担任领导职务的公务员应有的品质。

4. 要有强烈的事业心和高度的责任感，有实践经验，有胜任工作的组织能力、文化水平和专业知识。这是做好领导工作需要具备的能力条件。其中，组织能力是担任领导职务的公务员应当具备的核心能力，文化水平和专业知识是现代社会发展对公务员提出的必然要求。

5. 要正确行使人民赋予的权力，依法办事，清正廉洁，勤政为民，以身作则，艰苦朴素，坚持党的群众路线，自觉接受党和群众的批评和监督，做到自重、自省、自警、自励，严以修身、严以用权、严以律己。尤其是要求担任领导职务的公务员要树立正确的政绩观、权力观和地位观，始终把权力用于为国家谋发展、为人民谋福祉。

6. 要坚持和维护党的民主集中制，要有集中指导下的民主和民主基础上的集中，顾全大局，团结同志，包括团结同自己有不同意见的同志一道工作。民主集中制是我们党和国家的根本组织制度和领导制度，特别是领导成员必须自觉坚持和维护。

晋升不同类别、不同层次、不同职位的职务，在条件把握上有所不同。例如，晋升领导职务要求有较强的组织领导能力，晋升非领导职务的，则不一定要求有较强的组织领导能力；晋升专业技术职务的，要求具备相应的专业技术知识和从事专业技术工作的能力。一般来说，晋升的职务层次越高，则要求思想政治素质和工作能力的条件越高。总之，要根据拟任职位的要求来具体掌握其晋升的基本条件。

（二）资格条件

公务员职务晋升的资格侧重对公务员资历提出要求，主要包括工龄、经历、任职年限、文化程度、培训情况、健康状况等方面。按照现行规定，晋升领导职务的资格要求与晋升非领导职务的资格要求有所不同。

1. 晋升领导职务的资格。《党政领导干部选拔任用工作条例》从多个方面对晋升领导职务的资格作出了规定。在工龄和经历方面，提任县（处）级领导职务的，要求具有 5 年以上工龄和 2 年以上基层工作经历，一般应当具有在下一级两个以上职位任职的经历。在任职年限方面，提任县（处）以上领导职务，由副职提任正职的，应当在副职岗位工作 2 年以上；由下级正职提任上级副职的，应当在下级正职岗位工作 3 年以上。在文化程度方面，要求一般应具有大学专科以上文化程度，其中地（厅）、司（局）级以上领导干部一般应当具有大学本科以上文化程度。在培训方面，要求应当经过党校、行政院校、干部学院或者组织（人事）部门认可的其他培训机构 5 年内累计 3 个月以上的培训，确因特殊情况在提任前未达到培训要求的，应当在提任后 1 年内完成培训。身体状况要求健康。

晋升科级正职领导职务，应当任下一级职务 2 年以上；晋升科级副职领导职务，应当任下一级职务 3 年以上；晋升科级正副职领导职务，应当具有高中、中专以上文化程度。

2. 晋升非领导职务的资格。晋升非领导职务与晋升领导职务相比，任职年限要求长一些。晋升科员、副主任科员、主任科员职务，要分别任下一级职务 3 年以上；晋升副调研员、调研员职务，要分别任下一级职务 4 年以上；晋升副巡视员、巡视员职务，要分别任下一级职务 5 年以上。

无论晋升领导职务，还是非领导职务，还需要在近 2 年年度考核中定为优秀或近 3 年年度考核中被定为称职以上，并符合任职回避规定，符合按照管理权限由有关机关根据具体职位需要规定的其他条件。

三、晋升程序

晋升程序是公务员职务晋升规范化的必然要求，也是职务晋升公开、公正的保证措施。目前，公务员晋升领导职务的程序主要是民主推荐、组织考察、讨论决定等。

（一）民主推荐

民主推荐是按照规定的范围、程序和要求，组织有关方面人员推荐晋升人选的方法和活动。它是群众路线在干部工作中的具体运用，是落实群众对干部选拔任用的知情权、参与权、选择权、监督权的重要方式。职务晋升首先要经过民主推荐环节。民主推荐包括会议投票推荐和个别谈话推荐。搞好民主推荐工作要保证参加民主推荐人员的广泛性和代表性，要规范操作，使民主推荐结果真正体现民意。在民主推荐的基础上，研究确定考察对象。

（二）组织考察

考察是组织上了解干部的重要途径和手段。做好考察工作准确了解干部，是正确使用干部的前提。确定考察对象后，要进行严格考察。考察内容包括德、能、勤、绩、廉情况，注重考察工作实绩。考察步骤主要是制定考察工作方案、发布考察预告、广泛深入了解情况、提出任职建议方案等。考察具体方法包括个别谈话、发放征求意见表、民主测评、实地考察、查阅资料、同考察对象面谈等。考察的根本目的，是对考察对象是否适合拟任职务作出准确评价。考察工作要紧紧围绕这一目的，深入细致开展，防止考察失真失实。对拟晋升人选，特别是领导成员职务的人选，在考察前，讨论决定或者决定呈报前，要根据需要在一定范围内进行酝酿，沟通协调，听取有关方面的意见。

（三）讨论决定

讨论决定是职务晋升的决定和决策环节。讨论决定，要严格按照干部管理权限进行，属于本级党委（党组）管理的，由党委（党组）集体讨论作出任职决定，或者决定提出推荐、提名的意见。属于上级党委（党组）管理的，本级党委（党组）可以提出选拔任用建议。市（地）、县（市）党委、政府领导班子正职的拟任人选和推荐人选，由上级党委常委会提名，党的委员会全体会议审议，进行无记名投票表决；全体会议闭会期间，由党委常委会作出决定，决定前要征求全体委员会成员的意见。讨论决定，要坚持民主讨论、集体决策，这是贯彻民主集中制原则的基本要求。

（四）按照规定履行任职手续

履行任职手续是职务晋升的必要环节。对决定任用的干部，由任免机关下发任职通知，并指定专人与干部本人谈话。需要公示、试用的，实行任职前公示、任职试用期。选任制职务，进行依法推荐和民主协商，由选举机关选举产生。晋升非领导职务参照晋升领导职务的程序进行。非领导职务与领导职务职责不同，具有不同的特点和要求，其晋升程序总体上按照晋升领导职务的主要程序进行，但具体环节可以根据实际情况适当简化。

四、逐级晋升和破格、越级晋升

我国《公务员法》第43条第2款规定，公务员晋升职务，应当逐级晋升。特别优秀的或者工作特殊需要的，可以按照规定破格或者越一级晋升职务。

逐级晋升是指按照规定的公务员职务序列顺序由下至上提任职务。公务员职务分为若干层次，公务员的职务晋升，必须按照职务层次，由低向高，逐级晋升。这是因为一个人工作能力的提高与工作经验的积累，需要经过一定时间和一定的过程。在下一层次一个或几个岗位上经过一定年限的实践锻炼，有利于较好地胜任上一层次职务的要求。这也是保证公务员管理有序进行的需要。

破格晋升是指在晋升时适当放宽资格方面的要求，如放宽工龄、基层工作经历、文化程度、任职年限等方面的资格要求。越级晋升是指按照规定的公务员职务序列顺序跨越一个职务层次晋升职务。对特别优秀的公务员，或者在工作特殊需要的情况下，应当允许破格晋升或者越级晋升，这是促进优秀人才脱颖而出的需要，是培养选拔年轻干部能需要，是在公务员晋升中讲资历与不唯资历的辩证统一。破格晋升和越级晋升应当按管理权限和一定的程序报经公务员主管部门同意，以维护法律的严肃性，防止主观随意性。

"特别优秀"、"工作特殊需要"，是原则性规定，实际工作中，情况比较复杂，要具体情况具体分析。近年来一些地方对此进行了积极的实践和探索，如将"特别优秀"的具体情形，界定为连续 3 年以上被评为优秀等次、在急难险重任务中做出突出贡献等；将"工作特殊需要"的情形，界定为选拔党外干部、少数民族干部、年轻干部的需要；等等。

五、降职

在我国公务员制度中，降职不是处分，而是一种公务员任用行为，是一种人才资源调配手段，目的是为了合理使用公务员，为机关的各个职位选择配备适宜的人选。

（一）降职制度的必要性

实行公务员降职制度，有其客观必然性。从识人用人角度看，准确地"识事"和"识人"是相对的，由于多种因素影响往往不能够完全充分地掌握选拔对象的素质、能力、潜能及与职位匹配程度。因此，在公务员职务管理过程中，根据实际情况及时地调整公务员职务就成了必不可少的管理活动。而实行公务员降职制度是构成这种管理活动的有机组成部分。从职位要求角度看，随着经济社会的不断发展，各种领导职位对公务员素质的要求越来越高，客观上就可能存在公务员素质与领导职位要求不相适应的矛盾。解决个矛盾的办法，除了提高公务员的素质和能力外，还要有针对性地对公务员职务进行调整。凡是素质和能力已不适应现任职位要求的，就应调整交流到其他岗位或者降职，把素质和能力更适应岗位要求的公务员选拔上来。从公务员个人角度看，公务员自身素质和能力处于发展变化之中。影响公务员素质、能力发展变化的基本因素是学习和实践。善于学习、善于实践的公务员能够不断提高自己的素质和能力，而不善于学习和实践的公务员往往会难以适应职位的要求。公务员自身素质和能力的这种不同变化，导致了公务员晋升和降职的不同结果。可以说，降职在一定程度上是由公务员本身素质和能力的发展变化决定的。从实践看，长期以来，我国干部人事工作中，由于受"官本位"等思想影响，领导职务能升不能降问题严重，干部一旦升职，即坐上了"铁交椅"，干好干坏 个样，挫伤了干部的积极性，削弱了公务员队伍的生机与活力。通过实行公务员降职制度，及时调整不称职人员，疏通能上能下制度渠道，对促进公务员队伍人尽其才、才尽其用、用人所长，增强组织生机与活力，具有重要意义。

（二）降职的条件和程序

《公务员法》总结公务员管理工作的实践经验，对公务员的降职条件作出明确规定，即在定期考核中被确定为不称职。这一规定根据定期考核结果即可直接认定并实行，易于操作。从实践看，一般情况下，公务员在定期考核中被定为不称职，往往是公务员在思想政治素质、组织领导能力、作风、廉政、工作实绩等方面存在比较突出的问题，达不到所任职务的基本要求，不能正常履行岗位职责。

公务员降职，一次降低一个职务层次，并严格按下列程序进行。首先由所在单位提出降职安排意见，主要包括两个方面：①降职的理由；②降职后的安排去向。对以上两个方面，首先，必须在进行任职情况考核或年度考核的基础上提出，经单位领导集体讨论作出决定。提出的降职理由必须实在、充分。其次，征求本人意见。所在单位在正式上报前，应征求本人的意见。最后，任免机关审批。任免机关审批前，应派人到呈报单位进行复查了解，全面听取意见，进行综合分析，提出审核意见，然后由任免机关领导集体研究决定。任免机关作出降职决定后，本人不服，有申诉的权利。受理机关接到申诉后，按照有关规定作出处理。复核和申诉期间，不停止对公务员降职决定的执行。公务员被降职，其级别超过新任职务对应的最高级别的，一般应同时降至新任职务对应的最高级别。

（三）实施公务员降职制度应注意的问题

我国公务员制度所规定的降职，不是一种惩戒性的行政处分。它与行政处分的区别在于：①目的不同。惩戒是通过惩处违法违纪人员来规范工作人员的行为，以达到维护法纪，制止和预防违纪行为发生的目的。职务升降的降职虽然也含有警示、鞭策、激励的意义，但主要目的却在于为职位选择适宜的人选和合理使用公务员，充分发挥每个公务员的作用，从而保证机关的高效运转。②原因不同。惩处工作人员的原因是有违法违纪行为，对公务员实施降职的原因则是公务员不称职。在实际生活中，不排除有公务员犯了错误或违法违纪而导致降职的情况，但是在这里，犯错误或违法违纪实际上也是不称职的一种表现。行政处分和降职是根据不同的原因来决定的。③实施后果不同。我国公务员制度规定，公务员受处分，在一定期间内，不得晋升职务、级别和工资档次，就是说，某些权利是被限制的。而公务员降职作为职务关系的正常变更，以上方面都不受影响。由于机构精简、撤销等，也可能将公务员安排到低于原职务层次的职位上任职，但这种降职安排不是职务升降意义上的降职，因为这种降职不是由于公务员本人不称职而作出的职务安排。

要搞好公务员降职制度的贯彻实施，首先，要打破旧观念、旧习惯的束缚。公务员降职有了制度上的规定并不等于就能变成日常的管理行为，实行公务员降职制度，不可避免地会受到来自传统习惯、传统观念方面的巨大阻力。必须以改革精神来做好降职制度的贯彻执行工作。其次，要在严格执行上下功夫。执行制度要经常化，使之融入日常管理之中。最后，要正确对待被降职的公务员，创造一种能上能下的宽松环境和氛围。对被降职的公务员，要做好深入细致的思想教育工作。公正评价他们的工作，肯定成绩，指出弱点和问题。被降职的公务员到新的岗位后，要关心和帮助他们，为他们发挥自己的能力和才智创造条件。对在新岗位上工作有成绩的，该奖励的要奖励，该晋升的要晋升，以利于形成既能上能下，也能下能上的新风气。同时，要帮助公务员正确认识降职的含义和意义，提高对降职的心理承受能力，创造一种有利于降职制度实施的政治生态环境。

六、监狱人民警察职务的任免

（一）监狱人民警察的任职

1. 监狱人民警察任职的含义。监狱人民警察职务的任免，是监狱人民警察任职与免职的统称。

所谓任职，是指任免机关根据有关的法律规定和任职的条件要求，通过法定的程序和手续，任用监狱人民警察担任某一职务。它包括三种主要情形：通过考试录用已取得任职资格的人员；在职监狱人民警察在监狱内或监狱系统内的升任、降任和平级转任；从外系统调入人员的任用。

2. 监狱人民警察任职的形式。监狱人民警察的任职形式有：初任、升任、降任、转任、调任、复任、兼任七种。

（1）初任。即对新录用的监狱人民警察试用合格后的最初任用，对试用期满，考核合格的监狱人民警察要确定相应的职务、级别，对考核不合格的，可延长半年或1年试用期，延长期满，考核仍不合格的，可视具体情况确定职务或予以辞退。

（2）升任。即对较低职务升为较高职务的监狱人民警察的任用。升任是高级职位选拔人选的主要途径，升任主要有两种形式：①外补制，即监狱中高级职位出现空缺时，从外部选拔适当的新人补用；②内补制，即空缺的位置由本部门在职较低的监狱人民警察升任。

（3）降任。即对较高职务降为较低职务的监狱人民警察的任用。

（4）转任。即对在监狱系统内部跨部门、单位的平职转换的监狱人民警察的任用。

（5）调任。即对从监狱系统外调进监狱系统担任领导职务的监狱人民警察的任用。

（6）复任。即对因停职或休职、离职（学）的监狱人民警察复出后的任用。

（7）兼任。即对除担任现有职务之外还担任其他职务的监狱人民警察的任用，因工作需要，允许个别监狱人民警察经任免机关批准兼职，但对此有较严格的限制。

3. 监狱人民警察任职的方式。其具体包括：

（1）委任制。由任免机关在权限范围内直接委派监狱人民警察担任一定职务的任用方式，其实质是由上级领导直接决定任职人选。一般做法是，由监狱机关主管领导或有关方面根据一定的职务条件提出任职人选，由组织人事部门对任职人选进行考察，任免机关决定最后正式任命。

（2）聘任制。由监狱用人单位通过契约任用监狱人民警察的一种方式。一般做法是，由用人单位采取招聘的方式决定聘任人选，然后与应聘人员签合同，明确双方的权利义务关系和有效合同期。被聘任人员按合同条款履行职责，并享受相应的待遇和报酬。聘任期满后即自行解聘，需要时双方再协商是否续聘。

（3）考任制。考任制是指通过公开考试的方法考察应考者的知识与才能，并以考试考核的成绩优劣为依据，来选拔所需监狱人民警察的一种任用方式。考试应在一定范围内公开进行，允许符合条件的人员自愿报名考试。可以采用笔试、面试或其他方法，并进行必要的考核。

4. 监狱人民警察任职的程序。其包括：

（1）提名。在组织、群众推荐和个人自荐的基础上，提出拟任职人选。

（2）考察。任免机关人事部门对所管辖级别的拟任职人选进行考核。

（3）审批。任免机关人事部门对所管辖的拟任人选，集体讨论决定是否任职。

（4）任命。任免机关发布任职令，分发任命书，并在一定范围内公布。

（二）监狱人民警察的免职

1. 监狱人民警察免职的含义。所谓免职，是指任免机关根据有关法律规定和免职条件的要求，通过法定的程序和手续，免除监狱人民警察所担任的一定的职务。

2. 监狱人民警察免职的种类。监狱人民警察的免职包括程序性免职和单纯性免职两种：

（1）程序性免职是指委任在职监狱人民警察新的职务之前同时免除其原来所担任的职务，在这里免职不是目的，而是任用监狱人民警察担任新领导职务所不可缺少的程序。

（2）单纯性免职是指以免除现任职务为目的的免职，如因退休、退职、因健康原因不能坚持正常工作、因机构精简领导职位减少不能留任、因年度考核不称职以及不能胜任现职等，而引起的免职。

3. 监狱人民警察免职的程序。这主要包括：

（1）提议。由所在单位、上级或其他有关机关（如纪检、监察机关）提出拟免职人员的建议。

（2）审核。任免机关人事部门对所提建议的拟免职人员的免职事由进行审核。

（3）审批。任免机关对拟免职人员，集体讨论决定是否免职。

（4）免职。任免机关发布免职命令，并在一定范围内公布。

 案例分析

某基层监狱完善激励机制　提高队伍的凝聚力、战斗力

基层监狱级别低，一般为县处级单位，激励机制尤其重要。某监狱领导高度重视，对此专门组织调研，发现问题，解决问题，坚持"正向激励为主，负向激励为辅"的原则，不断完善激励机制，收到了较好的效果。

调研中发现的主要问题有：①薪酬制度不完善，主要表现在：一是正常的工作收入偏低，尽管经过几次调薪，但总体仍然偏低；二是分配中"平均主义"倾向严重，"吃大锅饭"的情况比较突出，反而措施了人的积极性。②考核与晋升激励不足。考核工作中，一是注重定期考核，淡化平时考核，注重定性考核，忽视定量考核，致使考核不准确，奖惩不准确。二是考核与晋升没有联系，考核优秀的不一定晋升，而晋升的不一定是考核优秀的。总体上看，考核奖惩的激励作用没有真正发挥出来。三是培训制度有缺陷。调查发现，只有32.13%的被调查者认为说有过培训机会，有62.02%的被调查者认为只有工作表现好，才能获得培训机会。认为，基层监狱"工学矛盾"突出，对培训工作不太重视，这不利于基层民警整体素质的提高。

调研之后，单位采取了如下完善措施：①进一步完善薪酬激励制度；②进一步完善完善晋升激励机制；③进一步完善培训激励机制；④坚持正激励为主，负激励为辅的原则。通过实行以上改革，激励机制日趋完善，基层民警的工作积极性明显提高。

根据上述材料分析如下问题：

1. 你认为基层监狱民警的激励管理还存在哪些问题？

2. 你认为如进一步完善基层监狱民警的激励管理制度？

第九章　监狱人民警察队伍建设

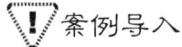 案例导入

2011 年央视十大法制人物——汪家杰

自从 1989 年到江苏徐州监狱参加工作，身处监狱工作一线 22 年的汪家杰，无论是担任管教干事、指导员还是担任刑罚执行科长，在他经办的 3787 起提请减刑、假释案件和 154 起暂予监外执行案件中，无一差错，无一上访，成功转化 70 名挂牌顽固犯。

汪家杰先后获得"全国司法行政系统先进个人"、"江苏省人民满意政法干警"、"江苏监狱系统十大杰出青年"等荣誉称号，记一等功一次、二等功两次，并被评为 2011 年央视"十大法制人物"。

可以说，汪家杰的事迹并不惊天动地。而这普普通通正是千千万万个监狱人民警察的最最普通、最最常见的状态。可以说，在汪家杰的身上，每一个监狱人民警察都可以找到自己的影子。汪家杰的事迹惟其普通、平凡，才更彰显其伟大。

当下的监狱工作，尽管有你死我活。对待囚犯也需要严格、需要规范；对待顽固的囚犯，需要威慑、需要打击。但更多的是需要监狱人民警察的春风化雨，润物无声。对于一个脆弱、纠结、挣扎、逆反、戒备、敌意的心灵，惟其人性、惟其仁爱、惟其拯救，才能让囚犯顽石般的心灵得到感化、得到疏解、得到安慰、得到信心。

所以，汪家杰的事迹，是一个标本，一个活生生的监狱人民警察的标本。因而具有示范意义，具有榜样的力量。

第一节　监狱人民警察队伍建设概述

一、监狱人民警察队伍建设的意义

监狱人民警察担负着依法管理监狱、执行刑罚和教育改造罪犯，维护社会稳

定的重要职责，是构建"和谐社会"的重要力量。加强监狱人民警察队伍建设，是实践依法治国基本方略和实行依法治监的需要，是实现监狱机关严格执法、公正司法，不断提高执法水平、执法质量和防范执法腐败的客观要求，是提高教育改造工作质量，推动监狱工作改革发展的组织保障。

1. 加强监狱人民警察队伍建设，是实践依法治国基本方略、实行依法治监的现实需要。党的十五大提出了依法治国，建设社会主义法治国家的治国方略。党的十七大指出，要加强政法队伍建设，做到严格、公正、文明执法。胡锦涛总书记强调："政法战线的全体同志，既是中国特色社会主义事业的建设者，又是中国特色社会主义事业的捍卫者，责任重大，使命光荣。"这对当前和今后一个时期监狱人民警察队伍建设工作提出了新期待、新要求，对于进一步加强队伍建设，努力建设一支高素质的监狱人民警察队伍具有重要的指导意义。党的十八大报告指出："全面推进依法治国。法治是治国理政的基本方式。要推进科学立法、严格执法、公正司法、全民守法，坚持法律面前人人平等，保证有法必依、执法必严、违法必究。"党的十八届四中全会也指出："把依法治国确定为党领导人民治理国家的基本方略，把依法执政确定为党治国理政的基本方式，积极建设社会主义法治。"依法治国必然要求依法治监，依法治监是依法治国的应有之意。监狱人民警察是具体的执法者，就必须全面认识和深刻领会党的历次重要会议精神和近期习近平总书记的系列讲话精神，牢固树立社会主义法治理念，履行好中国特色社会主义事业建设者和捍卫者的神圣职责，为全面推进依法治国、依法治监做出自己应有的贡献。

2. 加强监狱人民警察队伍建设，是实现监狱机关严格执法、公正司法，不断提高执法水平和防范执法腐败的客观要求。随着依法治国基本方略的持续推进，党和国家对监狱执法工作的要求不断提高，广大人民群众对公正司法充满期待。实事求是地说，监狱执法情况不断优化，但也有不尽人意之处。正如党的十八届四中全会指出的，"执法司法不规范、不严格、不透明、不文明现象较为突出，群众对执法司法不公和腐败问题反映强烈；……一些国家工作人员特别是领导干部依法办事观念不强、能力不足，知法犯法、以言代法、以权压法、徇私枉法现象依然存在。这些问题，违背社会主义法治原则，损害人民群众利益，妨碍党和国家事业发展，必须下大气力加以解决"。"公正是法治的生命线。司法公正对社会公正具有重要引领作用，司法不公对社会公正具有致命破坏作用。必须完善司法管理体制和司法权力运行机制，规范司法行为，加强对司法活动的监督，努力让人民群众在每一个司法案件中感受到公平正义"。要让人民群众在每一个司法案件中感受到公平正义，监狱人民警察就必须做学法、懂法、守法的模范，就必须有正确的法治观念和坚定的法律信仰，就必须对法律心存敬畏，将国家法律内化于心、外化于行，不断规范执法行为，做到严格、公正、科学、文明执法，不断提高执法水平和执法质量，从而有效防止司法腐败，让党放心，让群众满意。

3. 加强监狱人民警察队伍建设，是新形势下推动监狱工作改革发展的必然要求。目前，我国仍处于并将长期处于社会主义初级阶段，人民日益增长的物质文化需要同落后的社会生产之间的矛盾仍然是社会的主要矛盾；同时，随着我国社会经济政治文化的发展和改革进入深水区、攻坚期，多元社会矛盾凸显，各种刑事犯罪也进入多发期，尤其是恐怖暴力犯罪、极端宗教组织犯罪和带有黑社会性质的犯罪，严重危害社会的安全稳定和改革开放大局，维护社会和谐稳定的任务艰巨而繁重。与社会犯罪相适应，监狱押犯构成日趋复杂，特别是《刑法修正案（八）》的实施，限制减刑、不得假释的罪犯比例不断增加，监狱的监管安全压力和教育改造难度加大；同时随着监狱体制改革全面实行，监狱布局调整加快推进，监狱工作迎来了重要发展机遇，但监狱工作面临改革发展的任务更加艰巨繁重。面对新形势、新任务和监狱押犯的新情况、新特点，监狱机关只有大力加强监狱人民队伍建设，不断推动工作理念创新、工作机制创新、工作方法创新，才能充分有效发挥应有的监狱职能作用，更好地适应监狱工作改革发展的需要。

4. 加强监狱人民警察队伍建设，是全面提高监狱人民警察队伍整体素质的客观需要。十八届四中全会指出："加强立法队伍、行政执法队伍、司法队伍建设。""推进法治专门队伍正规化、专业化、职业化，提高职业素养和专业水平。"监狱工作必须服务社会稳定大局，这对监狱人民警察队伍的思想政治素质、业务素质、执法水平、职业道德和工作作风等方面提出了更高要求。监狱系统必须坚持不懈地加强队伍建设，大力开展思想政治教育和业务培训，不断提高队伍的整体素质，使广大监狱人民警察进一步端正执法理念、规范执法行为、提高执法能力、养成良好作风。"建设高素质法治专门队伍。把思想政治建设摆在首位，加强理想信念教育，深入开展社会主义核心价值观和社会主义法治理念教育，坚持党的事业、人民利益、宪法法律至上。"全面推进依法治国，必须大力提高法治工作队伍思想政治素质、业务工作能力、职业道德水准，努力建设一支忠于党、忠于国家、忠于人民、忠于法律的社会主义法治工作队伍，为加快建设社会主义法治国家和全面推进依法治监提供强有力的组织和人才保障。

二、监狱人民警察队伍建设的指导思想和工作任务

监狱人民警察队伍建设的指导思想是：坚持以马克思主义、毛泽东思想、邓小平理论、"三个代表"重要思想、科学发展观和习近平总书记的系列讲话精神为指导，适应构建社会主义和谐社会和全面建设小康社会对监狱工作提出的新要求，树立社会主义法治理念，坚持政治建警、素质强警、依法治警、从优待警，全面加强思想建设，不断提高监狱人民警察队伍革命化、专业化和正规化水平，努力建设一支政治坚定、业务精通、作风优良、执法公正的高素质监狱人民警察队伍，为加快监狱事业改革发展提供坚强的组织保证。

各级司法行政机关和监狱系统要始终坚持把监狱人民警察队伍建设置于更加突出的位置，切实加强领导，采取有效措施，使广大监狱人民警察理想信念更加坚定，党性修养和纪律作风切实加强，思想政治素质和业务素质明显提高，教育改造能力、保持监狱持续安全稳定能力、严格公正文明廉洁执法能力、应对处置突发事件能力和科学发展能力大幅提升，领导班子整体素质和能力不断增强，造就一支忠诚可靠、纪律严明、作风过硬、秉公执法、训练有素、业务精通，适应新时期教育改造罪犯工作的新型的高素质的监狱人民警察队伍。

当前和今后一个时期监狱人民警察队伍建设的主要任务是：

（一）大力加强思想政治建设

1. 切实加强理论武装。教育和引导广大监狱人民警察认真学习马克思列宁主义、毛泽东思想、邓小平理论和"三个代表"重要思想、科学发展观和习近平总书记的系列讲话精神，不断增强贯彻落实党的基本理论、基本路线、基本纲领、基本经验的自觉性和坚定性，始终坚定理想信念，坚定不移地坚持中国特色社会主义道路，坚定不移地坚持中国特色社会主义理论体系，自觉在思想上、政治上、行动上与党中央保持高度一致。深入学习实践科学发展观，全面把握科学发展观的科学内涵、精神实质和根本要求，增加贯彻落实科学发展观的自觉性和坚定性，自觉用科学发展观统领监狱工作。认真学习和深刻领会习近平总书记的系列讲话精神，坚定理论自信、道路自信和制度自信，不断进行理论创新、实践创新。深入持久地开展社会主义法治理念教育，健全社会主义法治理念教育长效机制，准确把握、深刻理解中国特色社会主义司法制度的优越性，始终坚持马克思主义在政法意识形态领域的指导地位，始终坚持党的事业至上、人民利益至上、宪法法律至上。

2. 扎实开展思想政治工作。要不断改进思想政治工作的方式方法，大力开展思想政治建设主题实践活动，监狱每年至少要举办一次政策形势报告会、组织一次理论时事政策测验、组织一次先进典型事迹宣讲。建立监狱人民警察思想预警制度，及时发现思想作风等方面的问题，经常开展谈心谈话活动，有针对性地帮助监狱人民警察解决思想和实际问题。加强警察文化建设，积极组织开展各类有益身心健康的文体活动，丰富监狱人民警察精神文化生活。推进监狱学习型组织建设，建立每周学习日制度，开展多种形式的学习交流。

3. 大力宣传表彰先进典型。要在日常工作中注意培养和及时发现先进典型，大力表彰奖励先进集体和先进个人。广泛开展先进典型事迹的宣传活动，积极组建先进典型事迹报告团巡回演讲，充分运用各类媒体资源，及时宣传在维护社会稳定、严格公正文明廉洁执法、教育改造罪犯等方面的先进事迹，树立监狱人民警察的良好形象。

4. 认真落实从优待警各项措施。严格执行监狱人民警察休假制度、例行体检制度、困难慰问制度、抚恤制度，关注监狱人民警察的心理健康，普及心理健康教育，建立心理健康档案，做好心理辅导、心理咨询和心理危机干预工作。充分利用社会资源，聘请心理治疗专家，有效解决疑难性心理问题。健全完善监狱人民警察人身安全、任职保障等职业保障制度，切实维护合法权益，为监狱人民警察创造必要的工作条件。

（二）大力加强业务能力建设

1. 继续开展大规模培训工作。建立健全符合监狱工作实际、具有监狱特色的教育培训机制，依托司法行政系统所属院校建立教育培训基地，发挥其在培训工作中的主渠道作用。建立符合监狱人民警察职业特点的在职培训机制，加强培训，每人每年累计不少于 30 个学时。突出抓好领导干部，特别是新任领导干部的培训，着力提高教育改造能力、保持监狱持续安全稳定能力、应对处置突发事件能力、严格公正文明廉洁执法能力、监狱内部正规管理能力、改革创新能力和抓班子带队伍的能力，每年培训时间不少于 60 个学时。严格落实初任培训、晋升晋级培训制度，做到"凡进必训"、"凡晋必训"。在少数民族地区，要加强对少数民族监狱人民警察的双语培训，尽快培训一批适应少数民族地区监狱工作需要的双语警察。支持、鼓励自主选学和利用业余时间参加学历（学位）教育。

2. 深入开展岗位练兵活动。建立岗位练兵长效机制，每年都要开展有针对性的专项培训和实战演练，达到人人经过培训、人人通过考核、人人合格上岗。健全完善岗位练兵激励机制，开展岗位技能竞赛，树立岗位标兵，鼓励监狱人民警察努力成为本职工作的行家里手。新进监狱人民警察原则上充实到一线执法岗位，对缺乏基层工作经验的，要采取挂职、轮岗等多种措施组织到基层补课，在实践中提高执法能力。

3. 优化队伍知识结构。依据《公务员法》的要求和各监狱实际人员构成情况，及时招录和补充符合条件的监狱人民警察。监狱补充担任非领导职务的人民警察，主要通过政法院校培养和面向社会公开招考。各省（区、市）监狱局补充担任非领导职务的人民警察，除特殊人才需求外，原则上从监狱具有 3 年以上实践经验的监狱人民警察中遴选。加强专业人才队伍建设，通过培养、考录、选调和引进等多种渠道和形式，把法学、教育学、心理学、管理学等相关专业人才充实到监狱，切实优化专业人才队伍结构，合理、科学配置人力资源。

（三）大力加强作风建设

1. 认真开展纪律作风教育。加强政治纪律、组织纪律、工作纪律、群众纪律教育，强化监狱人民警察的纪律观念。加强执法为民教育，教育引导广大监狱人民警察始终坚持党的群众路线，虚心听取人民群众的意见和建议，自觉接受人民群众的监督，进一步改进执法作风，切实把维护人民利益作为根本出发点和落脚点，把群众答应不答应、满意不满意作为衡量自己工作的标准。

2. 切实加强职业道德教育。进一步加强社会主义核心价值观教育，加强社会主义荣辱观教育，提高监狱人民警察的道德修养，研究制定监狱人民警察职业道德规范，努力培养以公平正义为核心的职业操守。加强职业道德教育，引导监狱人民警察努力做到恪尽职守、公正司法、维护公平正义。

3. 努力加强执法规范化教育。健全完善规范执法行为的各项规章制度，抓住最容易发生问题的岗位、环节，进一步完善明确、具体、操作性强的执法规范，使监狱人民警察执法有章可循。落实执法责任制和责任追究制，实行冤假错案终身责任追究制度。建立对举报、投诉、申诉的办理、督察、查究、反馈机制，推进狱务公开、狱务督察。加强对监狱人民警察执法人员的资格管理，建立完善个人、单位执法档案，全面推进执法资格升级考核制度，考核不合格的，不得上岗执法。开展规范执法行为专项治理活动，切实规范执法行为。

4. 加大警务督察力度。按照《司法部关于加强警务督察工作的意见》的有关规定，建立健全警务督察机构，对监狱及监狱人民警察在执法执勤活动中依法履行职责、行使职权和遵守纪律情况进行现场监督和检查。省（区、市）司法厅（局）、监狱局警务督察机构每月开展不少于两次的督察活动，监狱具体负责本单位的日常警务督察工作，切实解决队伍建设、作风建设方面的问题，促使监狱人民警察严格正确执法，提高监狱整体管理水平。

三、监狱人民警察队伍建设的总体目标

认真贯彻落实中央关于加强政法队伍建设的决策部署和中央领导的重要指示精神，按照严格、公正、文明、廉洁执法的要求，以提高队伍思想政治素质和业务工作能力为重点，大力推进革命化、专业化、正规化建设，全面提高保障国家安全、保证社会大局稳定、维护社会公平正义、服务经济社会发展的能力和水平，努力建设一支素质优良、廉洁高效的监狱人民警察队伍。监狱人民警察队伍建设的工作目标是：

（一）革命化建设有新进步

始终保持党对监狱人民警察队伍的绝对领导，各级党组织、广大党员自觉遵守党章和党内各项规章制度；牢固树立社会主义法治理念，始终保持监狱人民警察队伍服务社会主义和谐社会建设的自觉性和坚定性；始终保持监狱人民警察严明的政治纪律观念，确保政令、警令畅通；始终保持监狱人民警察忠于党、忠于祖国、忠于人民、忠于法律的政治本色。

（二）专业化建设有新提高

构建监狱人民警察专业化建设平台，积极探索和建立分类管理机制，强化专业化基础建设，尝试监狱长资格准入制度；扎实有效开展岗位练兵活动，提高队伍的专业化水平；"自觉学习、终身学习"意识较强，学习型组织基本形成；专业、知识结构更加合理，法律、监狱管理、教育学、心理学等核心专业人员比例达到75%；监狱人民警察知识专业结构更加合理、提高专业化水平的政策机制更加完善。

（三）正规化建设有新突破

重点在建立、健全和完善五项管理机制上取得突破：①健全完善有利于提高队伍整体素质的进、出口管理机制；②建立健全激发工作积极性的工作实绩量化考评和激励机制；③建立推进队伍规范管理的警察职务序列管理机制；④探索建立精简机关、充实基层的警察编制动态管理机制；⑤健全完善有利于促进执法规范化的警务督察工作机制。

（四）领导班子建设有新加强

监狱领导班子年龄、专业结构合理，班子成员至少1名35岁左右，班子成员专业背景符合监狱改革发展方向；监区班子成员全少有1名28岁左右。监狱领导班子成员大学本科以上学历达到80%。提任监狱领导班子副职应当在监区正职岗位上工作2年以上。逐步建立监狱领导任职资格制度和领导班子、领导干部政绩量化考评体系和激励机制。实行领导干部提拔任用责任追究制，领导班子成员违法违纪律为零。

（五）党风廉政建设有新进展

监狱人民警察政治纪律观念和职业道德水平明显增强，社会主义核心价值观、荣辱观深入人心；教育、制度、监督、惩治和预防腐败体系进一步健全完善，切实"把权力关进制度的笼子里"，一些容易滋生腐败的执法环节和重点岗位得到有效监督；监狱人民警察特别是领导干部廉洁自律意识和拒腐防变能力明显增强，违法违纪率从总体上逐年降低。

（六）保障机制建设有新举措

各级领导从优待警意识明显增强；警察工作条件、生活环境逐年有所改善，警察执勤岗位津贴标准有较大幅度提高，专业技术职务待遇保障机制形成；警察法定休假、因公牺牲抚恤待遇、医疗保障、人身意外保险、定期体检和心理疏导等制度健全完善；警察编制数、监狱建设经费投入适应监狱工作需要，长效保障机制逐步建立。

四、监狱人民警察队伍建设的内容

（一）政治建警

政治建警是关于人民警察政治方向、政治立场、政治观点、政治纪律、政治职能等方面的根本性原则要求。政治建警是监狱机关在新的历史时期必须遵循的加强政治思想工作和队伍建设的一条重要的政治原则。坚持政治建警原则，旨在把讲政治的要求贯穿于监狱工作之中，切实加强队伍的政治思想建设，使队伍永远保持政治坚定，旗帜鲜明，始终保持正确的政治立场和政治方向。

1. 政治建警的含义。政治建警包括三层含义：①始终把思想政治建设放在首位，要坚持不懈地用马列主义、毛泽东思想、中国特色社会主义理论体系武装头脑，提高监狱人民警察执行党的基本路线的坚定性、自觉性，强化政治意识、党性意识、大局意识和警察意识、责任意识、岗位意识，始终不渝地同党中央保持高度一致。②要在监狱人民警察队伍中开展理想信念教育、廉洁自律教育、时事政策教育和经常性的思想教育，牢固树立马克思主义的世界观、人生观、价值观和正确的权利观、地位观、利益观；全体监狱人民警察要警钟长鸣筑防线，防微杜渐保气节，自觉抵制腐朽思想的侵蚀、诱惑，始终保持清醒的头脑、保持人民警察忠于党、忠于祖国、忠于人民、忠于法律的政治本色。③适应新的形势任务的需要，把加强监狱人民警察队伍建设作为监狱工作的重中之重，以提高队伍的整体素质为重点，强化队伍管理，努力把监狱人民警察队伍建设成为一支政治坚定、业务精通、作风优良、执法公正的队伍。

2. 政治建警，要求做到以下四点：

（1）把捍卫党的领导和国家政权放在首位。监狱机关和监狱人民警察所肩负的历史使命，要求监狱民警必须提高政治鉴别力和敏锐性，增强忧患意识和政治警觉，对敌对势力的阴谋破坏活动要时刻保持高度警惕，对维护安定团结的政治局面的极端重要性要始终保持清醒认识。对一切工作都要从讲政治的高度出发，都要以捍卫党的领导和巩固国家政权和为指导思想，要以对党对人民高度负责的态度切实肩负起政治责任和历史使命。

（2）要牢固树立服务国家经济建设的意识。只有以经济建设为中心，不断增强综合国力、提高人民生活水平，才能从根本上巩固党的领导地位，巩固和发展社会主义。坚持稳中求进的总基调，保持经济又好又快发展仍然是现阶段的主要任务和最大政治目标。因此要把政治建警落实在主动为经济建设创造良好的社会环境上来。要深入研究政治稳定和社会治安与经济发展的辩证关系，增强服务经济建设这个中心的针对性和实效性。

（3）要以"人民答应不答应，满意不满意"作为衡量执法的重要标准。群众观点，是我们党的基本政治观点；群众路线，是我们党的根本工作路线。因此，在一定意义上讲，没有群众观点也就没有政治观点。在执法工作中必须强化群众观点，树立公仆意识，把人民群众答应不答应，满意不满意作为衡量监狱执法工作的重要标准。积极践行群众路线，牢固树立全心全意为人民服务的宗旨意识，从群众中来，到群众中去，做到情为民所系、利为民所谋、权为民所用，把密切联系群众变为每个民警的行动自觉。同时锻炼提高做群众工作的本领，把密切警民关系作为密切党群关系的重要组成部分。

（4）加强政工队伍建设。政工、纪检队伍是各级监狱机关抓思想政治工作和队伍建设的职能部门。在新的形势和任务下，加强这支队伍建设，对于开展好政治建警工作是十分重要的。各级监狱机关要把政工纪检工作列入重要位置，配齐配强政工纪检干部，为政工纪检工作创造优越的条件，从政治地位、生活待遇等方面重视、关心和稳定这支队伍，充分调动他们的工作积极性。政工、纪检干部也要进一步解放思想、更新观念、激发热情、开拓创新，为政治建警发挥更大的作用。

（二）依法管警

法律、制度是监狱政治工作的根本保障。依法管警也是依法治国、依法治监的重要组成部分。随着社会主义民主和法制建设进程的加快，要求队伍建设也必须走制度化、法制化的道路，用法律和法规来管理和约束每一个民警，教育民警牢固树立法律至上的观念，要对法律心存敬畏。

1. 依法管警的含义。依法管警是指运用法律、法规和规章制度等手段，对监狱人民警察队伍实行法治化管理的过程，包括立法、守法、执法和违法行为的处理等环节，是从严治警方针的体现、发展和完善，是正规化建设的必然要求。依法管警就是要在坚持从严治警的基础上，队伍建设要继续向法治化、正规化迈进，实现从入口到出口到各个管理环节的法治化。

2. 依法管警，主要要做好以下两个环节：

（1）加强立法，有法可依。依法管警，首先要有法可依。在中央政法委、司法部的统一领导下，以《公务员法》、《监狱法》、《人民警察法》为基础，加快建立健全整套与社会主义市场经济相适应、与监狱人民警察工作特点相一致的法律法规体系。体系主要需要在编制机构、人事管理、工资优抚、监督制约等方面加以完善。

（2）严格执法，违法必究。有法可依是重要的，而执法必严同样重要。在有法可依的前提下重要的是组织落实，做到党政齐心协力，步骤、方法明确，把各项规范变成每一个民警的自觉行为；教育监狱人民警察增强法治意识、树立法治观念，自觉地遵守和维护法律、法规，保证各项规章制度的贯彻落实。同时，对那些有法不依的组织和个人也要坚持违法必究，惩前毖后。

（三）从严治警

监狱人民警察手握刑罚执行权，必须严格要求、严格管理、严格监督。从严治警，是监狱人民警察队伍建设的一条重要原则，是指对监狱人民警察队伍严格录用、选配、严格教育、严格训练、严明纪律、严格管理的总称。

1. 严把入口关。为适应监狱事业改革发展的需要，按编制有目的、有计划地吸收、录用新警员和调入领导干部和专业技术人员是必要的。首先，必须严格条件，分别按《人民警察法》第18条和第26条的规定执行。其次，要严格按照《公务员录用规定（试行）》，公开考试，严格考核，择优录用。考核要严把政治、文化、年龄、体检四关。被新录用的监狱人民警察，必须参加任职前培训，系统学习监狱人民警察应具备的基本知识，经考试合格，获取监狱人民警察任职资格，才能正式上岗。为保证录用人员乃至整个监狱人民警察队伍的质量，还应规定1年的试用期。

2. 严格选拔任用程序。选拔、使用监狱民警要坚持以德为先、注重实绩，逐步建立一套与警衔相配套的管理制度，变过去的单一委任制为选举任用、考试任用、招标任用等多种形式并用的任用制度，创造一种有利于人才竞争和能使优秀人才脱颖而出的环境，增强监狱人民警察队伍的活力。①要对各级领导干部实行任期目标责任制。根据监狱机关的具体情况，确定干部不同的任职期限，同时明确规定干部在任职期内所要达到的目标以及监督措施和奖惩办法，以增强责任感和危机感。②要在一般民警中实行岗位职务选聘合同制，在定编、定员、定岗的基础上实行竞争考核上岗。③要在专业技术人员中，按照实绩进行聘任，以事定岗，以岗定人，以职定责，以责定权，根据要求和工作需要，实行评聘分开，按照实聘职务享受待遇。④要在管教民警中实行管教员等级制，按照不同等级，给予不同待遇，以建立竞争激励机制。⑤要对所有民警实行考试任用制。根据工作需要制定现职工作政治、业务素质标准，限期提高，统一组织考试。政治素质、业务素质均合格者，发给上岗合格证书，不合格者，调离现岗，补课学习，直到合格。

3. 严格教育。要按照中央和司法部的统一要求，开展好社会主义法治理念教育，用正确的执法理念指导执法行为。以各种行之有效的方式，扎实抓好遵纪守法教育。通过教育，使广大监狱人民警察在思想上牢固确立遵纪守法观念，熟知各项纪律和规章的条文和内涵，并切实形成自觉行动，建设廉政勤政的监狱人民警察队伍。

4. 严格训练。就是对监狱人民警察从严、从难、从实际出发进行包括纪律作风、警容风纪、警体技能、身体素质、信息技术等在内的业务技能训练。通过严格训练，使广大监狱民警具有英勇顽强的精神、高度自觉的组织观念，不畏艰险的战斗作风、胜任岗位的业务技能。

5. 严明纪律。根据《人民警察法》、《监狱法》、《公务员法》等有关纪律规定制定实施细则，用铁的纪律约束、规范监狱人民警察的执法行为，切实做到令行禁止，政令畅通，真正把监狱人民警察队伍建设成一支招之即来、来之能战、战之能胜的人民警察队伍。对滥用职权、知法犯法、玩忽职守的民警要坚决依法惩处，绝不姑息。

（四）精心育警

监狱人民警察是执法者，其素质的高低，不仅关系到能否把罪犯教育改造成为守法公民，关系到狱内的安全与稳定，而且关系到监狱事业的健康发展，关系到国家和社会的长治久安。必须大力加强对监狱民警的教育培训，不断培养民警的业务素质和执法水平，充分提高警察个人和团队的基本素质和业务水平，努力打造一支让党和人民信得过的监狱人民警察队伍。

1. 深入开展执法规范化建设和岗位练兵活动，大力提高专业化水平。按照中央政法委的要求，在监狱系统深入开展执法规范化建设活动，大力提高警察规范执法的意识和能力。按照司法部的统一部署，以基本知识、基本技能、基本体能和基本职业道德风范为重点，深入开展岗位练兵活动，不断提高广大民警履行岗位职责的能力。在此基础上，建立健全有利于提高履行岗位职责能力和规范执法水平的长效机制，教育和引导广大民警树立"自觉学习、终身学习"的观念，充分调动他们的工作积极性，为推进监狱人民警察队伍专业化建设奠定基础。

2. 以提高教育改造能力为重点，构建专业化建设长效机制。5 年内，监狱人民警察应当接受累计不少于 3 个月的脱产培训，新录用的警察上岗前应当接受不少于 3 个月的岗前培训。按照人民警察管理权限，建立统一领导、分级负责、分类管理的培训体制。依托所属警官院校建立培训基地，加强专兼职师资队伍建设。培训内容要体现监狱工作特色，重点加强教育改造、心理矫治、监所管理、警务管理、信息工程等监狱工作急需专业知识和警体技能的培训。积极争取党委、政府的支持，将警察培训经费纳入当地财政预算，建立培训经费逐年增长机制。

3. 创新用人机制和环境，改善警察队伍知识、专业结构。抓住考录、选调和引进等重要环节，积极吸收符合监狱工作需要的专业人才。积极创造条件，鼓励警察通过自学提高学历。重视发挥学历政策的杠杆作用，将警察自修专业选择引导到监狱工作急需的专业上来，大力改善队伍的知识专业结构。结合监狱人民警察职务、职级分类管理，逐步建立高级专家人才库，实行相应的管理办法，充分发挥他们的带头引导作用。制定对改造教育工作有突出贡献的人才奖励政策，定期评选、表彰优秀教育改造能手，形成有利于人人自觉提高本领、争当改造教育能手的良好环境。有条件的地方，可按照《公务员法》的规定，积极稳妥地开展高级专业人才聘任制试点工作。

（五）从优待警

从优待警，就是从政治上、工作上、生活上关心、爱护、帮助广大监狱人民警察。各级监狱机关的领导同志，要深怀爱警之心，善谋爱警之策，多做爱警之事，要积极争取党委、政府对监狱工作的关心和重视，建立完善长效保障机制，包括经费保障机制、伤亡保险制度和医疗保险制度等，把从优待警的各项制度建立健全并落到实处。

1. 政治上关心。要从政治上关心爱护广大民警，关心他们的进步，帮助他们不断提高觉悟，注意强化公仆观念和主人翁意识，树立依靠民警和为民警服务的观念，加强对民警的培养，使他们找到发挥自己特长的最佳位置。

2. 工作上帮助。要从工作上关心爱护广大民警，鼓励民警积极、主动、独立负责地进行工作。要积极解决民警工作中的实际困难，改变所谓"民警为钱干，领导靠钱管，一切向钱看，无钱玩不转"的管理方式，在提倡民警奉献精神的前提下，注意关心民警必要的、合理的个人诉求。同时，对其工作中的成绩，应给予充分肯定；对其缺点错误及时指正。要积极改善工作条件，创造优美环境，使民警始终保持良好的心理状态和饱满的工作热情。

3. 生活上照顾。领导者必须做到心中有民警，关心民警的冷暖疾苦，想民警之所想、急民警之所急，把民警的实际困难当作自己的困难，从细微之处关心爱护民警。要经常深入基层，了解一线民警的工作和生活情况，帮助解决实际困难，为民警办实事、办好事，增强凝聚力、吸引力。在政策许可的前提下关心和改善民警的福利待遇，千方百计解决好民警生活中的实际困难，解决民警的后顾之忧，调动其工作的积极性、主动性和创造性。

4. 实施"护警工程"。建立保护民警合法权益组织，重点维护监狱人民警察的合法权益，切实把维护民警正当权益作为一项凝聚警心的工程来抓，积极主动地开展维权工作，探索建立保障和维护正当执法权益工作机制。把握警察正当执法难、执法风险大等新情况新问题，依法、科学界定监狱民警执法责任，避免无限责任，确定明确的、有法律依据的"责任边界"，增强执法的信心和勇气，营造监狱机关良好的执法环境，防止"妥协执法"和"超法追究"现象的发生。落实民警抚恤慰问制度，对因公牺牲（病故）、致残、伤病的民警及家属及时进行慰问，对有困难的民警及时给予帮助，做到知警意、暖警心、护警魂。

（六）科技强警

科技强警，是向科技要警力、要战斗力，是现代警务建设的新模式。科技强警就是将社会学、自然科学、工程技术学的先进理论与技术成果应用于警务建设，使警务工作更加适应"新常态"条件下打击犯罪、保护人民、服务社会的需要。它的内涵应包括警察装备和基础设施建设的科技化、现代化，从警人员科学文化素质的不断提高，监狱组织机构设置及管理体制的科学合理等方面。

提高监狱人民警察队伍的战斗力是科技强警的终极目标。警务战斗力的提高是由组织、人员、装备等诸多要素决定的。先进的组织要素要有先进的警察管理理念支撑；监狱人民警察的政治觉悟取决于对与时俱进的一系列政治理论的学习和掌握，法律、业务、技术、技能水平的提高取决于系统不断的教育和训练。警察装备的先进与否取决于其内含的科技含量的高与低，警务信息的科技化更是引发了一场现代警务革命。由此可见，科学所固有的导向性、创造性、激发性、预见性等都是科技强警的支撑。

在警察工作的历史和现实中，现代科学技术不仅是经济和社会发展的直接动力，也是推动警察工作不断发展的动力。加强监狱人民警察队伍建设，提高监狱人民警察装备水平，树立"科技是警察战斗力"的观点，坚持向科技要警力、要战斗力。

科技强警，要做好以下方面的工作：

1. 增强各级领导的科技强警意识。当今社会已跨入科技信息时代，实施科技强警是时代要求和现实要求。各级领导应当具备一种宏观、超前的思维谋略，把科技强警放在应有的战略地位上，将科技人员充实到各个岗位，全力提高全体警察掌握运用现代科技手段的能力，整合一切可以利用的信息资源，多角度全方位地惩罚和改造罪犯，维护监管场所和社会稳定。不断提高我们各项工作的科技含量，加速信息化建设步伐，这既是时代要求，也是新时期提升监狱人民警察战斗力和推动监狱工作可持续发展、科学发展的必由之路。

2. 着力培养专业的警察科技人才队伍。高精尖人才的匮乏，已成为影响监狱工作发展的"桎梏"所在。为此，建立新的符合时代发展需要的人才录用、使用、管理机制，是解决监狱工作人才问题的关键。警察院校应责无旁贷地承担起培养警察科技人才的重任，为科技强警提供人力资源支持；广大民警必须树立终身学习的理念，有学习科技知识、科学技能的欲望，主动把握科技强警的良好机遇，努力争做有利于监狱工作科学发展的有用之才；监狱机关要建立科技人才管理机制，留住人才，为他们施展才华提供舞台和保障。

3. 组建专门的警务科技管理机构。科技强警的实现，没有科技人才不行。有了专业人才队伍，就必须组建一个自上而下专门的警务科技管理机构，为他们营造一个良好的工作、科研环境。要不断改革警务科技管理部门的运行机制与工作模式，且形成一套完整的组织管理系统，进而给警务科技化提供强有力的组织保障，使警务科技工作更有稳定性和可操作性，更好地为各项业务工作提供科技支持。

4. 要加大警务科技建设资金投入。科技强警是实现监狱工作现代化的必由之路，其首要任务就是实现警察工作的信息化。建立各项信息管理系统，实现警察工作信息共享、快速反应和高效运行。信息系统建设要求严、标准高、难度大，更需要一定的资金投入作为保障。此外，改善警察装备，提高科技含量同样需要资金投入。在"全额保障"的前提下，各级监狱机关应该加大科技资金的投入，逐步提高监狱人民警察管理与装备的现代化水平。警务建设资金投入要以科技优先为前提，树立全局和长远观念，想方设法筹措经费，有计划、有规模地进行警务科技建设。

科技强警是监狱机关的一项全局性、基础性、长期性的战略任务，监狱机关必须强化向科技要警力、要战斗力的思想，把先进的科学技术应用到各项警务工作中，努力实现警务工作从经验型向科技型、从人力密集型向科技集约型转变。只有加快科技强警的进程，才能不断提高监狱人民警察维护社会稳定和服务经济建设的能力。

监狱人民警察队伍建设是一个庞大的系统工程，又是一项长期的战略任务，不可能一蹴而就。因此，应该把工作重点放在经常性工作上，常抓不懈。既要制定切实可行的长期规划，又要扎扎实实的抓紧解决当前存在的突出问题，并且把制度建设贯穿其中，追求队伍建设的整体效益和长远效果，不断把队伍建设工作引向深入。只要我们不断改革创新，始终坚持政治建警、依法管警、从严治警、精心育警、从优待警、科技强警，就一定能够开创队伍建设的新局面，推动监狱工作科学发展、可持续发展。

第二节   监狱人民警察领导班子建设

一、监狱人民警察领导班子建设的意义

毛泽东同志曾指出："只有落后的工作，没有落后的群众。"俗话也说："火车跑得快，全靠车头带。"这从一个侧面阐明了领导班子在管理中的巨大作用。领导班子是监狱人民警察队伍的领路人，是监狱各项工作的具体组织者、决策者、指挥者，他们的思想水平、知识水平、工作水平和能力如何，直接关系到队伍建设的成败。班子建设是队伍建设工程的钢筋龙骨，只有一个团结向上、奋发有为、拼搏进取的领导班子，才能带出一支过硬的队伍。因此，不断加强各级监狱机关领导班子建设，是监狱人民警察队伍建设的重中之重。

加强各级领导班子的建设，是正确执行法律、切实贯彻执行党的监狱工作方针政策的需要。只有加强监狱领导班子建设，才能从根本上实现正确的执行法律，维护国家安全和社会稳定这一神圣的任务；它是提高监狱领导驾驭社会主义市场经济能力的前提；加强监狱领导班子建设，提高监狱领导班子的整体功能，是新时期监狱改革发展的需要；是适应新形势、新任务的需要，是改善当前领导班子现状的必然要求。

二、监狱领导班子应具备的基本条件

根据中央组织部提出的要求，结合监狱机关的具体情况，监狱机关的领导班子应具备以下基本条件：

1. 必须具有坚定的共产主义理想与信念，始终坚持社会主义道路，坚持共产党的领导，坚决拥护和执行党的路线、方针、政策和监狱工作方针，遵守国家法律和党的政治规矩，在政治上同党中央保持一致。

2. 必须配备适当，结构合理、符合革命化、年轻化、知识化和专业化的要求，优化年龄结构梯次配备，推进知识层次、专业素质优势配置，以及领导干部个人性格、工作作风、办事风格科学协调，充分发挥群体的优势，真正成为一个富有革命朝气、开拓创新精神、有监狱管理、教育改造和科学发展观念的坚强的领导核心。

3. 必须是一个办事公道、光明正大、作风正派、团结一致、联系群众、廉洁奉公的战斗集体。领导班子的成员，都能从大局出发，以党的事业为重，自觉维护班子的团结，同一切损害党的团结的言行做斗争。能时刻想着广大民警、职

工，密切联系群众，全心全意为群众谋利益，不利用职权谋私利，不搞官僚主义和形式主义，自觉抵制各种不正之风。

4. 必须坚持民主集中制的原则，切实执行集体领导和个人分工负责相结合的制度。班子内部相互支持，齐心协力，不搞内耗，不意气用事、不武断决策，同舟共济，形成合力，提高班子的整体领导决策能力，谋划好各项具体工作。

三、加强领导班子建设的途径

（一）要进一步加强思想政治建设，始终坚持正确政治方向

要坚持不懈地用中国特色社会主义理论体系武装头脑，深入学习实践科学发展观，不断提高推进监狱工作科学发展的能力水平。要坚定理想信念，深入开展社会主义核心价值体系教育和社会主义法治理念教育，始终坚持党的事业至上、人民利益至上、宪法法律至上，坚定不移地做中国特色社会主义事业的建设者、捍卫者。要坚持党对监狱工作的绝对领导，在思想上、政治上、行动上始终与党中央保持高度一致，确保党的路线方针政策在监狱工作中贯彻执行。要坚持和发展中国特色社会主义监狱制度，坚决反对盲目崇拜、照搬照抄西方国家监狱管理、刑罚执行等模式和做法。

（二）加强理论学习，不断提高领导能力和水平

加强理论学习，认真落实党委（组）理论学习中心组制度，增强学习理论的自觉性，不断提高理论素养。加强领导干部党性修养和作风养成，树立和弘扬优良作风，着力增强宗旨意识、强化责任意识，着力树立正确政绩观、利益观，着力增强党的纪律观念，努力使各级领导干部成为政治坚定、作风优良、纪律严明、勤政为民、恪尽职守、清正廉洁的领导干部。以加强执政能力和先进性建设为重点，增强立党为公、执政为民意识，提高科学执政、依法行政的能力，提高领导班子推动监狱事业科学发展的能力，把各级领导班子建设成为"政治坚定、求真务实、开拓创新、勤政廉政、团结协调"的坚强领导集体。

（三）配齐配强领导班子，优化班子结构

按照以德为先、德才兼备的用人标准，把好各级领导班子成员特别是主要领导的提名、考察、审批关。严格执行《党政领导干部选拔任用工作条例》，规范干部的选拔任用工作。党委书纪要有高超的领导艺术和才能，要懂法律、懂政策、政治坚定、办事公道，具有开拓创新精神和处突的指挥能力。根据监狱的工作实际，还需要进一步优化领导班子年龄、知识结构，大胆选拔具有开拓创新精神、业务力强的年轻领导干部，领导班子至少要配备 1 名 35 岁左右的领导干部，领导班子成员大学本科以上学历应达到 80% 以上。根据实际情况，监狱领导班子中至少配备 1 名具有心理咨询师资格的领导干部。加大监狱长、领导班子成员

和关键执法岗位干部的交流力度。要认真做好干部选拔任用工作，提高选人用人公信度。按照干部"四化"方针和德才兼备原则，建设素质优良、数量充足、结构合理的后备干部队伍。

（四）坚持民主集中制，不断增强班子凝聚力和战斗力

坚持和完善党委领导下的监狱长负责制，处理好党委集体领导和行政首长负责制的关系。健全和落实党委职责和议事规则，坚持党的民主集中制原则，加强党委的集体领导，重大问题必须经过党委集体讨论决定。建立健全行政办公制度，明确行政领导的权责，凡属行政工作，由监狱长承担第一位的责任。实行责、权、利的高度统一，提高行政效率。加强领导班子团结，不断增强班子凝聚力和战斗力。

（五）加强对领导干部的监督管理，严格落实各项制度

严格执行民主集中制，落实民主生活会、班子内部谈心、提醒谈话制度，维护和增强领导班子团结。建立体现科学发展观要求的政绩考核办法，真正把领导干部的工作重点引导到重视队伍建设、重视基层工作、重视执法质量、重视源头预防上来。切实加强对领导班子和领导干部的监督与管理，认真开展领导班子和领导干部年终考核工作，落实领导干部离任审计制度、领导干部个人重大事项报告制度。

 ## 第三节　监狱人民警察基层基础建设

一、监狱人民警察基层基础建设的重要性

监狱的监区、分监区是依法对罪犯实行惩罚、管理、教育、改造罪犯的基层组织，处于监狱工作的第一线，直接具体地担负着执行刑罚、监管改造罪犯和组织劳动生产的艰巨任务。党的监狱工作方针、政策和法律法规、工作计划要靠监区、分监区去贯彻，司法部"规范执法行为，促进执法公正"、"岗位大练兵"等专项活动要靠监区、分监区去落实。监狱的决策和计划，只有监区、分监区组织执行得力，才可能收到预期的效果。如果监区、分监区组织松散、混乱，监狱的决策或计划的实现必然受阻，由此可见，监区、分监区基层组织在整个监狱行刑活动中具有非常重要而特殊的地位，发挥着极其重要的作用。

（一）监区、分监区是惩罚和改造罪犯的主体

监区、分监区是监狱的"神经末梢"，处于前沿位置，起着惩罚和改造罪犯

的主体作用，具体表现在：监狱惩罚和改造罪犯的任务，主要由监区、分监区完成。监狱行刑活动遇到的大量的具体问题，能否依据法律法规和政策解决，主要取决于监区、分监区。在对罪犯的刑罚执行过程中，对罪犯的减刑、假释、保外就医、暂予监外执行、释放等刑罚执行的具体、敏感问题，也由监区、分监区提出权威性基础材料。上级的方针、政策、原则等能否贯彻落实，很大程度上取决于监区、分监区。所以，监区、分监区基层组织在惩罚和改造罪犯工作中起着不可替代的主体作用。

（二）监区、分监区是个人潜力的开发者

以人为中心的管理是现代管理的中心内容。发挥人的作用是管理的主要任务之一。监区、分监区管不仅存在如何管人的问题，还有如何用人的问题。人力基本上表现为两种形式：物质形态的力和精神形态的力。前一种力就是现实的劳动力，后一种力则是潜在劳动力。我们常说发掘人的力量实质上是指发挥人潜在的力量，它包括人的智慧、专长、热情等。这种资源的发掘是无限的，不同的方式、方法能发掘出不同的潜能。监区、分监区是发掘基层监狱人民警察潜在力量的有机体，它通过量才用人、专业对口、激励奖惩、环境影响等手段极大地发掘监区、分监区管理人员的潜力，这个过程最终是精神力量化为物质力量的过程。

（三）监区、分监区是现代文明监狱的具体实施者

监区、分监区是现代文明监狱的先行者、建设者。建设现代文明监狱，监区、分监区必须要先行一步，首先实现"治队法制化、监控科学化、管理规范化、待遇分级化、施教分类化、环境整洁化、生产现代化、经济效益化"。监区、分监区在建设现代文明监狱中的作用，是其他单位所无法取代的。忽视监区、分监区的作用就会给整个现代文明建设造成障碍。系统论告诉我们，系统具有整体性、相关性的特征。它们紧密相连，不可分割。如果监区、分监区基层组织警力不足、心态失衡、人才逆流、素质低下，甚至陷入瘫痪，那么势必影响整个监狱系统功能的发挥，现代文明监狱建设也就无从谈起。

二、监狱人民警察基层基础建设的途径

（一）科学设置机构、配备警力

根据《司法部关于加强监狱监区、分监区建设的若干规定》之精神，监狱下设监区、分监区，监狱的监区一般为正科级建制，分监区一般为副科级建制。监区按照500名左右罪犯的标准设置，分监区按照150名罪犯的标准设置。监区的警力配备比例为罪犯总数的3%，分监区警力配备的比例不得低于罪犯总数的8%（高等戒备监区的比例要适当提高）。监区设正、副监区长和正、副教导员，分监区设正、副分监区长和正、副指导员。各监狱要严格按照规定设置机构，精

简机关，充实基层，切实保证监区、分监区警力配备比例。

（二）加强监区、分监区党的建设

《中国共产党党章》第 29 条第 1 款规定："企业、农村、机关、学校、科研院所、街道社区、社会组织、人民解放军连队和其他基层单位，凡是有正式党员 3 人以上的，都应当成立党的基层组织。"监狱机关党的基层组织的设置，也要遵照以上原则，根据管理、教育、劳动等工作需要和党员人数确定，坚持把基层党支部建立在监区、分监区，监区、分监区正式党员不足 3 个的，可与邻近监区、分监区的党员联合组成支部。加强基层党组织的思想、组织、作风建设，充分发挥党的思想政治优势、组织优势和密切联系群众的优势。抓好基层党组织生活制度、工作制度、监狱党委抓党建的工作制度、基层党组织议事规则等方面规定的落实，明确基层党建工作责任制。加强党员队伍建设，加强党员教育、管理和监督，坚持学习制度，提高党员素质，强化党员意识，保证党员认真履行义务，发挥党员模范带头作用。贯彻"坚持标准，保证质量，改善结构，慎重发展"的方针，加强对入党积极分子的培训教育，做好新党员发展工作。

（三）加强监区、分监区领导班子建设

监区、分监区的领导班子应是团结务实、精通业务、廉洁高效，能够率领所属人民警察完成惩罚、教育、改造罪犯及生产经营等项任务的战斗集体；领导班子成员必须坚持四项基本原则，在政治上和党中央保持高度一致；具有履行职责所需的政治水平和专业知识；忠于职守、廉洁奉公、严格执法、公道正派。选配领导班子应注重知识、专业、年龄的合理结构，把政治素质好、作风扎实、事业心强、有一定业务水平和群众基础，具有组织协调能力、工作成绩突出的青年干部充实到监区、分监区的领导班子。新任监区领导干部，必须具有大专以上文化程度，5 年以上工龄；分监区领导干部，必须具有中专（高中）以上文化程度，3 年以上工龄，领导班子成员平均年龄不超过 40 周岁；上岗前必须在指定的院校经过岗位培训，并取得合格证书。切实加强对监区、分监区领导班子的考核，监狱对所属监区、分监区领导班子每年应考核一次。

（四）加强教育和学习，不断提高监区、分监区监狱民警素质

监区、分监区应进行经常性的政治思想教育，认真开展业务培训和业务学习，并保证政治教育和业务培训、业务学习的时间、人员和质量。政治学习的内容是：马克思主义、毛泽东思想、中国特色社会主义理论体系，党的路线、方针、政策、政治经济形势、法律法规、职业道德、警容警纪等。要牢固树立马克思主义的世界观、人生观、价值观和正确的权利观、地位观、利益观，自觉抵制各种错误思想的侵蚀。坚定正确的政治方向，增强大局意识和责任意识，保证党

对警察队伍的绝对领导，确保政令、警令畅通。认真开展社会主义核心价值观、荣辱观教育，践行社会主义法治理念，提高政策理论水平和思想政治素质。业务学习的内容是：监狱法律法规、罪犯管理学、教育学、罪犯心理学、生产经营管理基本知识，队列指挥与擒拿格斗、武器、警戒具使用，突发事件应急处置以及其他为工作所必需的辅助知识与技能等。着重提高履行岗位职责能力、驾驭监狱安全能力、实施科学管理、提高教育改造水平、突发事件应急处置能力，加强警察心理素质、现代警务技能及体能等方面的教育培训。

（五）加强廉政建设，提高队伍战斗力

落实党风廉政建设责任制，加强廉政建设，建立健全廉政监督制约机制，狠抓职业道德、职业纪律和廉政教育，引导广大民警自觉遵守廉洁自律的各项规定，增强拒腐防变能力，严格依法办事，秉公执法，在罪犯减刑、假释、监外执行等工作中，坚持集体研究，实行"两公开、一监督"制度，防止以权谋私、权钱交易等问题的发生。坚决反对行业不正之风，敢于同各种腐败现象做斗争，自觉接受人民群众的监督，建立健全教育、制度、监督并重的惩治和预防腐败体系，把权力关进制度的笼子里，形成不敢腐、不能腐廉政机制。

（六）对监区、分监区的人民警察实行倾斜政策

同等情况下，在晋职、晋级、晋衔、津贴、住房、奖金、学习培训等方面应优先考虑监区、分监区的人民警察。

（七）加强监区、分监区的后勤保障工作

按照建设规范化监区、分监区的要求，采取有力措施，为监区、分监区配备必要的交通、通信、枪支、警戒具、单警装备等。不断加大基层基础投入，改善基层的硬件设施、办公条件和工作环境，全面提高监狱的人防、物防、技防水平。

第四节　监狱人民警察文化建设

一、监狱人民警察文化的内涵

在我国，"文化"一词最早出自《易经》，其中写道："文明以止，人文也。观乎天文，以察时变；观乎人文，以化成天下。"在漫长的中国古代封建社会，文化被理解为"文治"、"教化"，其目的在于"以文化人"。西方学者对文化的概念进行了数百种界定，但至今尚未形成统一的认识。其中较为经典的概括是

1871 年"人类学之父"、英国著名的人类学家、民族学家、民俗学家爱德华·B. 泰勒的界定。他认为："所谓文化或文明，在其广泛的民族学的意义上来说，是知识、信仰、艺术、道德、法律、习惯及其他人作为社会成员而获得的所有能力和习性的复合的总体。"《辞海》对文化的定义有广义和狭义之分。广义的文化是指"人类社会历史实践过程中所创造的物质财富和精神财富的总和"；狭义的文化是指"社会的意识形态，以及与之相适应的制度和组织结构"。

监狱人民警察文化是社会主义先进文化的重要组成部分，是社会主义法治文化的支系，是监狱事业不断发展的重要力量源泉，是监狱民警共同的精神家园。加强监狱人民警察文化建设，是深入贯彻落实党的十八大、十八届三中、四中全会精神，提高监狱人民警察队伍素质，提升监狱机关执法公信力的战略举措和重要途径。适应社会主义先进文化发展要求、提升监狱人民警察文化软实力，要坚持科学理论武装、价值观念引导、先进文化熏陶、高尚精神鼓舞，在解决好"价值观、凝聚力、公信力"的问题上下功夫。不断探索具有中国特色、时代特征、职业特点的监狱人民警察文化建设新路子，努力为监狱工作和监狱人民警察队伍建设提供坚强思想保证、强大精神动力、有力舆论支持、良好文化条件。

二、监狱人民警察文化的特征和功能

（一）监狱人民警察文化的特征

1. 政治性。"一定的文化是一定社会的政治和经济在观念形态上的反映。"政治决定着文化发展的方向，有什么样的政治就会产生什么样的文化；文化反过来又对政治具有反作用。中国特色社会主义的政治，始终高扬人民民主的光辉旗帜，坚持党的领导、人民当家做主、依法治国的有机统一，以保证人民当家做主为根木，以增强党和国家活力、调动人民积极性为目标。这一独具特色的政治发展道路及其相应的政治制度选择和政治文明建设实践，是监狱人民警察文化产生与发展的土壤。它规定着监狱人民警察的理想信念、政治观点、政治立场和政治追求，指引着监狱工作的正确政治方向，深入影响和塑造着中国特色社会主义的监狱人民警察文化。监狱人民警察文化的发展，对于弘扬社会主义法治精神，树立社会主义法治理念，增强全社会学法遵法守法用法意识，对于推动形成办事依法、遇事找法、解决问题用法、化解矛盾靠法的良好法治环境，具有重要的促进作用。

2. 人民性。监狱人民警察文化的人民性是指监狱人民警察在长期司法实践中形成的关于执法司法权源于人民、属于人民、服务人民、受人民监督等一系列思想意识、价值观念与价值准则。人民当家做主、监狱工作必须依靠人民、执法司法权来源于人民和受人民监督，是监狱人民警察文化的价值基础；以人为本、执法为民、维护人民权益，是监狱人民警察文化的价值目标；监狱工作是否有利于人民安居乐业、人民群众对监狱工作是否满意，是监狱人民警察文化的价值标准。监狱人民警察文化致力于引领监狱人民警察牢固树立群众观点、站稳群众立场、践行群众路线、维护群众权益，着力满足人民群众日益增长着的对公平正义的需求，着力为经济社会发展和人民安居乐业提供保障服务，着力推进法治中国进程，着力满足人民群众和全体监狱人民警察不断增长的文化需求，并在这一过程中争取人民群众对监狱机关和监狱人民警察的充分信赖、支持与帮助。

3. 民族性。监狱人民警察文化的民族性，是指其在职业观念、职业伦理、职业形象等诸方面所体现出的与其他民族国家文化的差异性和对中华民族优秀传统文化的传承性，及由此而体现出的特定代表性。在差异性上，中国特色社会主义监狱人民警察文化是中国特色社会主义监狱司法实践所积累的精神成果，必然与中国特色社会主义的理论、道路、制度及其对监狱工作的需求相适应，由此形成的职业观念、职业伦理、职业形象，与西方国家民族文化存在较大差异，具有明显的中国风格。在传承性上，中国特色社会主义法治文化孕育于优秀民族文化传统和伟大民族精神之中，具有明显的民族气派。在特定代表性上，中国特色社会主义监狱人民警察文化涵养于中国特色社会主义的政治文化，依托于当代中国的经济社会发展实际和法治发展水平，规定着监狱机关的意识结构和监狱人民警察的角色心理，具有明显的中国特色。

4. 职业性。监狱人民警察文化的职业性，既体现为监狱机关的职业特征，又体现为监狱人民警察的身份特征。从监狱机关的职业特征来看，监狱职能的特殊性影响着监狱人民警察文化的形态和内容。我国监狱机关是人民民主专政的国家政权机关，担负着巩固共产党执政地位、维护国家长治久安、保障人民安居乐业、服务经济社会发展的神圣使命，是中国特色社会主义事业的建设者、捍卫者。在2014年1月7~8日召开的中央政法工作会议上，习近平同志指出，政法战线要把维护社会大局稳定作为基本任务，把促进社会公平正义作为核心价值追求，把保障人民安居乐业作为根本目标。这是对政法机关职能任务的全新概括，也阐明了新时期监狱机关的职能定位，明确了监狱人民警察文化的发展方向。从监狱人民警察的身份特征来看，监狱人民警察的社会角色定位影响着监狱人民警察文化的先进性及职业观念、职业形象等重要内容。习近平同志指出，实施依法治国基本方略，建设社会主义法治国家，必须有一支高素质的政法队伍，强调按照政治过硬、业务过硬、责任过硬、纪律过硬、作风过硬的要求，努力建设一支信念坚定、执法为民、敢于担当、清正廉洁的政法队伍。孟建柱同志强调，坚定的理想信念是政法队伍的政治灵魂，敢于担当是政法民警必须具备的基本品质，纪律严明是政法队伍的光荣传统和政治优势，旗帜鲜明反对腐败是政法队伍必须打好的攻坚战。政法民警特别是领导干部在思想政治建设上要有更严格的要求，成为一个始终与时代同呼吸、与国家共命运的人，把坚持和发展党和人民事业作为自己的理想、信念、责任。监狱人民警察作为政法民警队伍中的一部分，也要高标准、严要求。这正是身份特征所反映的监狱人民警察文化的先进性的体现，同时也表明监狱人民警察文化是国家意识形态的反映，是先进文化的重要组成部分。

（二）监狱人民警察文化的功能

功能是指某一事物或方法所发挥的有利的作用和效能。监狱人民警察文化的功能即监狱人民警察文化的作用和效能，它是监狱人民警察文化在与其内在构成要素及外部运行环境间的关系中表现出来的特性和能力，其核心是满足国家科学治理和社会公平正义，维护的是人类社会生活的基本需要。我们认为，监狱人民警察文化主要有如下功能：

1. 导向凝聚功能。所谓导向功能，是指监狱人民警察文化通过对其所包含的理想信念、价值观念、发展理念、执法理念、职业道德等方面的价值整合，实现对监狱人民警察集体行为的指引作用。所谓凝聚功能，是指基于监狱机关的基本定位和监狱人民警察队伍的共同价值追求而产生的监狱人民警察文化的凝聚力，体现为职业归属感、群体自豪感和集体向心力。

2. 激励约束功能。所谓激励功能，是指监狱人民警察文化具有对监狱人民警察队伍的内在驱动力，它能够引导监狱人民警察队伍增强职业责任感、使命感，增强为监狱事业而拼搏奉献、勇于担当的意识，进而提高自身的业务素质和工作能力。所谓约束功能，是指监狱人民警察文化具有对监狱人民警察队伍的内在控制力，它能够引导监狱人民警察队伍遵循职业准则、遵守职业道德。这里的激励约束主要通过制度规范的刚性约束和制度精神的柔性约束来实现。

3. 形象塑造功能。所谓形象塑造功能，是指监狱人民警察文化具有协调监狱机关、监狱人民警察队伍内部及其与社会环境之间的关系，促进监狱系统内部及其与外部系统的关系和谐的功能。发挥这一功能，有利于提高监狱人民警察队伍素质、提高司法公信力、提高执法工作水平。落实到各监狱单位，就是要通过良好的精神面貌、行为方式和自我管理等，增进社会对监狱工作的理解认同，提升社会各界对监狱机关的认可度、满意度与支持度。

三、监狱人民警察文化建设的意义

文化是民族的血脉，是人民的精神家园。文化软实力竞争已成为世界各国综合国力竞争的重要内容，文化建设成为中国特色社会主义现代化建设"五位一体"总体布局的重要组成部分，监狱工作经过长期发展进入新的历史起点的时代背景下，加强监狱人民警察文化建设，具有特殊而重要的意义。

（一）加强监狱人民警察文化建设，是在新的历史起点上开创监狱工作新局面的现实要求

监狱人民警察文化是监狱事业科学发展的动力源泉，加强监狱人民警察文化建设可以为监狱机关履行职责使命指引前进方向、凝聚精神力量、提供文化支撑。党的十八大开启了全面建成小康社会新的伟大征程，党的十八届三、四中全会部署了全面深化改革的路线图，与此同时，监狱工作也站在了一个新的历史起点上。监狱机关担负着推进平安中国、法治中国建设，努力为全面建成小康社会创造安全稳定的社会环境和公平正义的法治环境的神圣使命。惩罚和改造罪犯，维护国家安全和社会稳定，推进监狱事业改革发展的任务日益繁重。要在新的历史起点上开创监狱工作新局面，必须通过加强监狱人民警察文化建设来明确监狱机关的价值目标，形成价值共识，从而使广大监狱民警在共同的文化追求引领下，凝聚奋发面上的精神力量，形成团结一致的精神纽带，激发干事创业的精神动力，增强履职尽责的积极性和创造性，进而转化为推动监狱事业开创新局面的不竭动力。

（二）加强监狱人民警察文化建设，是增强监狱人民警察队伍凝聚力、战斗力、公信力的内在需要

监狱人民警察文化是监狱民警的精神家园。在监狱工作中队伍建设是根本，也是保证；而在队伍建设中，文化建设又具有基础性、先导性、根本性的作用。随着世情、国情、党情的深刻变化，监狱工作任务越来越繁重，执法环境越来越复杂，监狱机关面临的执政考验、改革开放考验、市场经济考验和外部环境考验长期、复杂而严峻，亦或多或少地存在精神懈怠危险、能力不足危险、脱离群众危险、消极腐败危险，且监狱人民警察队伍中仍然存在政治意识不强、宗旨意识不牢、执法司法不公等亟待解决的突出问题。面对复杂形势、繁重任务和风险考验，要按照习近平总书记关于政治过硬、业务过硬、责任过硬、纪律过硬、作风过硬的要求，打造一支信念坚定、执法为民、敢于担当、清正廉洁的高素质监狱人民警察队伍，必须加强监狱人民警察文化建设，筑牢监狱民警精神家园。坚持用党的理论创新成果来武装思想，用中国特色社会主义共同理想凝聚力量，用改革创新的时代精神激励斗志，用社会主义法治理念、政法民警核心价值观引领实践，用执法司法公信建设塑造形象，通过建立以制度为基础，文化占主导的管理模式，不断增强监狱人民警察队伍凝聚力、战斗力、公信力，切实打造过硬队伍，引领监狱人民警察队伍始终保持政治本色、树立宗旨意识、坚持价值追求、

坚守职业操守，肩负起法治中国建设者、实践者的历史重任。

（三）加强监狱人民警察文化建设，是全面推进依法治国，加快建设社会主义法治国家的重要保障

党的十八大作出了"全面推进依法治国"的重大决策和战略部署，强调"法治是治国理政的基本方式。要推进科学立法、严格执法、公正司法、全民守法，坚持法律面前人人平等，保证有法必依、执法必严、违法必究"。习近平总书记在纪念现行《宪法》公布施行30周年大会上特别强调，要坚持依法治国、依法执政、依法行政共同推进，坚持法治国家、法治政府、法治社会一体建设。党的十八届三中全会专门部署了"推进法治中国建设"。监狱机关作为执法司法机关，必须坚持中国特色社会主义法治道路不动摇，紧紧围绕建设法治中国的总目标，以构建公正高效权威社会主义司法制度为重点，以切实维护公民合法权益为根本任务，把加强法治建设贯穿于监狱工作全过程，肩负起社会主义法治国家建设者、实践者的重任。监狱人民警察文化内在地要求监狱民警严格执法、公正司法，以维护国家法制的统一尊严和权威为己任；内在地要求监狱民警把以人为本、公平正义作为灵魂，以提升执法司法公信力为目标，以建设者、实践者、保障者的姿态推动法治中国建设不断向纵深发展。可以说，加强监狱人民警察文化建设，既是全面推进依法治国的重要内容和内在目标，又是法治中国建设的重要动力和基础保障。

（四）加强监狱人民警察文化建设，是落实文化强国战略，践行社会主义法治文化的客观要求

文化是一种生活方式，法治文化就是以依法治国为核心，党依法执政，政府依法行政，司法机关公正司法，全社会学法遵法守法用法的社会生活方式。建设法治国家、法治政府、法治社会，必然要求文化先行。社会主义法治文化的培育和践行，对社会主义市场经济发展、民主政治建设、先进文化繁荣、和谐社会和生态文明构建，具有基础性和根本性的作用。正因为如此，党的十八大明确提出"法治是治国理政的基本方式"，强调"弘扬社会主义法治精神，树立社会主义法治理念"。监狱人民警察文化是法治文化的重要内容。培育和践行社会主义法治文化，是监狱机关的重要使命，也是监狱人民警察队伍建设的重要内容。原因在于，监狱机关和监狱人民警察队伍担负着维护国家长治久安、保障人民安居乐业的职责使命。国家长治久安的根本在法治，人民安居乐业的关键在法治，社会治理创新的基础在法治。因此，监狱人民警察履行上述职责使命的过程，是弘扬社会主义法治精神的过程，是践行社会主义法治理念的过程，也是培育和践行社会主义法治文化的过程。加强监狱人民警察队伍文化建设，既是法治中国建设的

必然要求，也是贯彻落实文化强国战略的必然选择，还是培育和践行社会主义法治文化的应有之义。

四、监狱人民警察文化建设的内容

（一）监狱人民警察职业理念建设

监狱人民警察职业理念建设是监狱人民警察文化建设的核心，其中的重点是职业理念、职业思想和价值观建设。所谓职业理念，就是由监狱民警形成和共有的观念和价值体系，是监狱民警对监狱机关承担的社会责任的理解和认知，也是监狱人民警察队伍的文化心理和意识形态。职业思想是指监狱民警应当具备的职业意识、态度等，主要包括政治方面的意识、态度和法治方面的意识、态度。价值观是价值观念的高级形态，是监狱民警对客观事物意义、重要性的总评价和总看法。它一方面表现为监狱民警的价值取向、价值追求，并凝结为监狱民警的价值目标；另一方面表现为价值尺度和准则，成为监狱法民警判断事物价值的评价标准。价值观突出地体现为职业信仰。

（二）监狱人民警察职业伦理建设

监狱人民警察职业伦理建设是监狱人民警察文化建设的关键。其中的重点是监狱人民警察职业精神、职业道德和职业礼仪建设。所谓职业精神，是职业伦理的抽象化表现，是监狱民警表现在司法实践中的主观世界，是监狱人民警察职业群体在监狱工作实践中创立和发展并为整个监狱系统乃至全社会认可和倡导的基本从业理念、价值取向、职业人格及其职业准则、职业风尚的总和。职业道德是职业伦理的规范化、具体化，是指监狱人民警察在监狱工作中应该遵循的行为准则。职业礼仪是指监狱人民警察礼节和工作程序中的规范化要求，是监狱民警素质、行为的综合性表现。监狱人民警察职业道德和职业礼仪是监狱人民警察职业精神的外在表现。

（三）监狱人民警察职业形象建设

监狱人民警察职业形象，是监狱民警思维、行为方式和职业素养的综合反映，是内在因素与外在因素的有机结合，是精神形象与物质形象的内在统一。其中，职业能力是监狱民警内在品质的反映，职业形象是监狱民警外在的社会评价的体现。监狱人民警察职业形象建设，核心是执法司法公信力建设。

（四）监狱人民警察文化载体和表现形式建设

监狱人民警察文化载体和表现形式建设是监狱人民警察文化建设的基础与保障。与监狱工作相关的器物（如工具、建筑、设备、标识）、制度（有关监狱机关设置、职权配置及其运行机制的规则）、行为（监狱民警的执法行为、监狱机关的管理行为）都是监狱人民警察文化的载体和表现形式，而非监狱人民警察文化本身。器物本身只是载体，不是文化。制度文化，即通过具体制度体现的监狱人民警察文化；行为文化，即通过监狱民警在监狱工作中的各种行为方式所体现出来的监狱人民警察文化。

五、监狱人民警察文化建设的途径

（一）构建精神家园

文化蕴含着价值观，价值观引导着文化的发展。文化的力量主要来自于价值观的影响力。监狱人民警察文化建设，价值目标、价值观念、价值标准、价值原则等的构建是核心，它是监狱人民警察文化的灵魂，决定着监狱人民警察文化的发展方向。这就要求探索以价值观为核心的监狱人民警察文化建设路径与方法，通过践行社会主义核心价值观，弘扬社会主义法治文化，树立社会主义法治理念，从而形成推动监狱事业科学发展、监狱民警全面发展的精神家园、智力支撑。

1. 全面把握社会主义核心价值体系、核心价值观的科学内涵。价值是一个关系范畴，是指人们在认识和改造世界过程中所形成的一种满足和被满足的关系，体现为客体对主体的意义。核心价值是指在社会一系列基本价值中居于统治地位、发挥指导作用、体现社会本质规定性的观念形态、理论体系或思想观点。价值体系是社会中各种价值观的综合体系。核心价值体系是一个社会占统治地位的阶级所信奉的世界观、人生观和价值观，是一个社会占主导地位的理想信念和道德准则，决定着社会的发展方向和发展成就。它是一个社会的价值体系中最重要的组成部分，处于价值体系的统摄和支配地位，引领一个社会不同的价值取向、价值追求、价值尺度和价值原则沿着一定的方向发展。构建社会的核心价值体系，是统治阶级的必然选择，是凝聚集体认同的需要。

价值观，亦称价值观念，是指人们关于某类事物价值的基本看法、总的观点，表现为人们对该类事物相对稳定的信念、信仰、理想。

如前所述，价值观是价值取向、价值追求、价值目标、价值尺度和价值原则等的集合体。核心价值观是一个社会中居统领地位、起支配作用的价值理念，是一种社会形态长期普遍遵循的、相对稳定的根本价值准则，是一个社会的价值观、价值体系和核心价值体系的灵魂。它渗透于核心价值体系之中，决定核心价值体系的根本性质、基本方向和基本特征，引领核心价值体系的建构。

综上所述，核心价值体系是核心价值观的形成、发展的必要条件、存在基础和重要载体，是核心价值观的必然的逻辑展开；核心价值观是核心价值体系的内核、最高抽象和精神之魂，决定核心价值体系的根本性质、基本方向和基本特征。

党的十八大强调，社会主义核心价值体系是兴国之魂，决定着中国特色社会主义发展方向。要用社会主义核心价值体系引领社会思潮，凝聚社会共识。同时提出"倡导富强、民主、文明、和谐，倡导自由、平等、公正、法治，倡导爱国、敬业、诚信、友善，积极培育和践行社会主义核心价值观"。从国家、社会、公民个人三个层次提出了对社会主义核心价值观的倡导性认识。这是深化社会主义核心价值体系建设的最新成果，也是对落实社会主义核心价值体系的全新部署。社会主义核心价值体系、社会主义核心价值观作为中国特色社会主义主流意识形态的灵魂与核心，在所有社会主义价值目标中处于统领和支配地位，它不是抽象的存在，而是反映在不同的社会领域、社会团体和社会成员之中，渗透于经济、文化、社会和生态文明建设的各个方面。

社会主义核心价值体系、核心价值观具有共识性。它是社会普遍认同的价值理想、价值信念、价值信仰的集中反映，并内化为社会成员普遍的价值取向、价值追求、价值尺度和价值原则。共识性是社会主义核心价值体系、核心价值观存在的社会心理基础，是其引领导向作用发挥的前提条件。社会主义核心价值体系具有理想性，既体现着现实性的价值目标等价值要求，又包含着理想性的价值追求。它把中国特色社会主义的共同理想与当前改革发展的实践任务结合起来，把中国梦与全面建成小康社会的现实要求结合起来，既立足现阶段价值追求和价值实践的实际，又着眼于中国特色社会主义事业的长远发展进行价值理想和价值信仰的引导，进行价值失误和价值偏差的纠正，从而指引和支撑着各项事业的科学发展。社会主义核心价值体系具有层次性。如前所述，社会主义核心价值体系相对于社会主义核心价值观而言，是外围，是载体，而社会主义核心价值观是社会主义核心价值体系的重要组成部分和精神之魂，是内核，是核心。这体现出结构内容上的明显层次性。社会主义核心价值体系具有开放性。与政法民警核心价值观的相对恒定性相比，随着时代、形势和任务的发展，随着监狱司法实践的深化，随着监狱人民警察文化建设的深入，其核心价值体系会有相应的发展变化，会结合监狱事业发展进行持续的价值表达和价值提升，从而形成一个开放的动态发展体系。

2. 正确认识践行社会主义核心价值体系、核心价值观的重要意义。一方面，它是把握正确发展方向，推动监狱事业科学发展的必然要求。道路决定命运，方向决定成败。选择什么样的发展道路，沿着什么样的发展方向前进，是关系着监狱事业兴衰成败的根本性问题，也是一个涉及价值目标、价值选择、价值判断的核心价值体系构建问题。党的十八大明确强调，全面建成小康社会，加快推进社会主义现代化，实现中华民族伟大复兴，必须坚定不移走中国特色社会主义道路。监狱民警必须坚定不移地做中国特色社会主义事业的建设者、捍卫者，确保监狱工作始终沿着正确的政治方向前进。这是推动监狱事业科学发展的前提和基础。社会主义核心价值体系，以马克思主义及其在当代中国发展的最新理论成果为指导思想，以中华民族优秀传统文化为重要根基，立足于对中国特色社会主义事业本质和工作宗旨的深刻把握，立足于对事业发展规律、人员成长规律的深刻把握，立足于对行为准则、价值诉求和价值目标的深刻揭示，能够为监狱事业科学发展、监狱民警全面发展提供理论指导、思想资源、价值导向和精神支撑，能够引领监狱民警不断坚定对中国特色社会主义的共同信念，坚定道路自信、理论自信、制度自信，确保监狱事业始终沿着正确的方向不断发展进步。

另一方面，是提升监狱软实力，对监狱民警进行有效价值引领的必然要求。当今时代，以文化、价值观为核心的软实力竞争已经成为各国综合国力竞争的制高点，软实力发展成为经济社会等各项事业发展的重要支撑。从国际方面看，在开放、透明、信息化的条件下，西方敌对势力对我"西化"、"分化"的图谋一刻也没有停止，他们利用国际传播格局深刻变革中的话语权垄断和舆论垄断，通过价值观输出和文化诱导的方式与我进行核心价值体系的竞争，而监狱领域日益成为思想文化交锋的重点领域。在扩大开放进程中维护文化安全和意识形态安全，监狱民警就必须鲜明地确立自己的价值观，主动引导和影响国内外司法舆论，扩大监狱人民警察文化的影响力。从国内形势看，我国已经开启了全面建成小康社会的伟大征程，改革进入深水区和攻坚期，特别是随着经济体制深刻变革、社会结构深刻变动、利益格局深刻调整，各种价值观念和社会思潮纷纷涌现，思想领域日趋多元化，监狱民警受到各种社会思潮的影响甚至是冲击，执法司法等实践活动中面临的诱惑、风险和考验越来越多，少数民警甚至出现思想上的模糊、认识上的困惑、选择上的迷茫。这些影响冲击、风险考验，在形式上以具体利益、观念观点的差异表现出来，但根本上是价值观的分歧。社会主义核心价值体系、核心价值观从政治信仰、价值导向、行为准则等方面对监狱民警进行体系化导引，能够强化监狱民警在价值认同上的最大公约数，有利于在多元中立主导、在多样中谋共识、在多变中定方向，避免现实的或可能的思想困惑与混乱，在全体监狱民警中形成最广泛的价值共识，凝结团结奋斗的强大精神力量。

3. 科学把握践行社会主义核心价值体系、核心价值观的路径方法。科学把握践行社会主义核心价值体系、核心价值观的路径方法是一项系统工程，也是一项长远工程，不仅需要从科学提炼、宣传教育、舆论引导等方面系统推进，更需要从理论诠释、制度供给、实践转化等方面逐步确立。

（1）要强化思想教育，把住"总开关"。思想是行动的先导。践行社会主义核心价值体系、核心价值观，必须把加强思想教育、提高思想认识放在首位、贯穿始终，紧紧抓住提升思想境界、解决思想问题这个"总开关"。一方面，要大力宣传践行社会主义核心价值体系、核心价值观的重大理论意义、实践意义和战略意义，引导监狱机关和监狱民警深刻认识构建自身核心价值体系的重要性、必要性和紧迫性，增强自觉性、主动性和责任感、使命感。另一方面，要持续深入地开展监狱民警核心价值观教育实践活动，为践行社会主义核心价值体系、核心价值观夯实基础。如前所述，核心价值观的构建和培育在核心价值体系构建中具有先导性和基础性的作用，体现着监狱民警职业群体最深层的精神积淀，反映着该职业群体的理想追求，是监狱民警的精神内核和根本理念。牢固树立、积极践行社会主义核心价值观的过程，既是使这一核心价值观内化于心、外践于行的过程，也是培育和确立符合社会主义核心价值体系、核心价值观，体现社会主义法治理念和执法司法理念的过程。要做到理论引领到位、凝心聚力到位、典型示范到位，使社会主义核心价值体系、核心价值观成为监狱民警精神生活的主旋律、工作发展进步的生命线。要主动配合新闻单位，充分利用各种媒体，在监狱系统大力宣传，对内进一步凝聚民警力量，对外进一步树立监狱机关和监狱民警的良好形象。要围绕践行社会主义核心价值体系、核心价值观，组织创作思想性艺术性观赏性相统一，监狱民警和人民群众喜闻乐见的优秀监狱人民警察文化作品，精心策划互动性强、感染力大、覆盖面广的监狱人民警察文化活动，增进社会各界和人民群众对监狱工作和监狱人民警察队伍建设的支持。

（2）要加强理论诠释，把握"关键点"。要结合时代形势和任务对监狱工作的新要求，结合人民群众对监狱机关的新期待，结合监狱工作实践的历史经验和时代特征，对践行社会主义核心价值体系、核心价值观的重大意义、理论基础、历史渊源、科学内容、现实要求、实践途径等重大问题，进行深入系统的阐述和坚持不懈的灌输、强化、引导，使之逐步进入监狱民警的思想和意识深处，形成自觉的价值取向、价值追求、价值尺度和价值原则。

（3）要强化制度支撑，把握"结合点"。党的十八大强调，要把制度建设摆在突出位置。践行社会主义核心价值体系、核心价值观，制度的支撑作用不容忽视。监狱工作制度是关于监狱机关设置、职权配置及其运行机制的规则，规定着监狱民警之间以及监狱民警与工作对象之间的关系，通过完善、规范、健全各种制度，并使之与社会主义核心价值体系、核心价值观的基本要求相符合，真正形成用制度管人、用制度管事、用制度管权的运行机制，才能使广大监狱民警认可、信服，才能形成监狱人民警察队伍的向心力、凝聚力、战斗力。

（4）要注重实践转化，把握"生命线"。社会主义核心价值体系、核心价值观只有与监狱民警的日常价值观和实践活动紧密联系，才能植根于思想意识深处。因此，践行社会主义核心价值体系、核心价值观，要与监狱民警的职业实践相结合，注重社会主义核心价值体系、核心价值观与职业观念、职业伦理、职业形象建设的契合度，注重向职业道德、职业精神、职业礼仪和职业形象等方面的转化与渗透，从而使之转化为日常价值观，成为监狱民警的内在信念和自觉行为。

（二）践行社会主义法治文化

一般认为，社会法律意识由低到高分为如下五个层次：公民意识、法制观念、法治理念、法治精神和法治文化。社会主义法治文化是社会主义法律意识的最高层次，体现着中国特色社会主义法治建设的发展水平。践行社会主义法治文化，是监狱人民警察的重要使命，也是监狱人民警察文化建设的内在要求。

1. 社会主义法治文化的概念与内涵。对法治文化，学术界和实务界有各种解读。我们认为，社会主义法治文化，是指中国特色社会主义的法治文化。这一概念可以从如下三个方面进行解读：①“中国特色”，表明了我国法治文化的民族性，并且明确了它是由我国的文化传统、现实国情与法治实践所决定的。②“社会主义”，指明了我国法治文化的根本属性与发展方向。③“法治文化”，是这一概念的中心语。以此为基础，可以将中国特色社会主义法治文化界定为与中国特色社会主义相适应并由其决定的，体现社会主义先进文化内在要求的共识性的法律价值观，以及这种价值观规范化、社会化的法律制度、法治实践活动及外在表征的总和。这一概念可以从如下方面进行理解：

（1）社会主义法治文化是一个法治价值观念体系，包括社会主义法治精神、社会主义法治理念、社会主义法治学说以及社会成员的法治立场、法治心理等。

（2）社会主义法治文化又是一个法治制度规范体系，包括宪法和法律规定的根本制度、基本制度以及中国特色社会主义法律体系等。

（3）社会主义法治文化还是一个法治行为体系，包括中国共产党的依法执政行为、立法机关的立法和法律监督行为、行政机关的依法行政行为、司法机关的公正司法行为、法学教育、全体公民的学法遵法守法用法行为及上述行为所产生法治效果等。

上述内涵，决定了中国特色社会主义法治文化具有以下独特的内在结构层次或要素：①观念形态的法治文化；②制度形态的法治文化；③行为形态的法治文化；④通过物质表征出来的法治文化，包括法治建筑设施、设备、装备、服饰、技术器材等所表征出来的文化，是特定时期法治文化传承的外在载体和反映。这四个层次虽有表里之别，但相互开放，彼此影响。

2. 践行社会主义法治文化的要求。党的十八大、十八届三中、四中全会对社会主义法治文化进行了全面丰富和发展，提出了依法治国是党领导人民治理国家的基本方略，法治是治国理政的基本方式，要更加注重发挥法治在国家治理和社会管理中的重要作用，全面推进依法治国，加快建设社会主义法治国家、法治政府、法治社会等科学论断和战略部署。践行社会主义法治文化，核心是在全社会形成共同的法治信仰和法治观念，基础是不断健全完善的法律制度体系，关键是推进科学立法、严格执法、公正司法、全民守法，使法治真正成为社会主义社会的"生活样式"。

监狱机关要成为社会主义法治建设的中坚力量，在建设社会主义法治国家的语境中，要大力弘扬社会主义法治精神，牢固树立社会主义法治理念，将与社会主义法治建设相适应的法律意识、法制观念、法律素质、法律信仰等灌注于全体监狱民警，转化为监狱民警的自觉精神追求和实际行动。

（1）要树立社会主义法治理念。法治理念作为法治文化的重要组成部分，是关于法治的本质、基本内涵、主要任务和根本要求的思想理论观念。针对在推进依法治国基本方略过程中出现的某些否定和弱化党的领导和人民民主、脱离中国国情的"言必称西方"等现象，2006 年，在全国政法机关深入开展了社会主义法治理念教育活动。社会主义法治理念的基本内容包括依法治国、执法为民、公平正义、服务大局、党的领导五个方面。其中，依法治国是党领导人民治理国家的基本方略，是社会主义法治的核心内容；执法为民是社会主义国家人民当家做主的必然反映，是社会主义法治的本质要求；公平正义是社会主义和谐社会的基本特征，是社会主义法治的价值取向；服务大局是党和国家根本任务的必然要求，是社会主义法治的重要使命；党的领导是我国宪法确定的基本原则，是社会主义法治的根本保证。这五个方面，构成了一个相辅相成、不可分割的有机整体。

社会主义法治理念，是马克思主义法律观中国化的最新成果。是中国特色社会主义理论体系的重要组成部分，是中国共产党执政治国理念的有机组成部分。坚持党的领导、人民当家做主和依法治国的有机统一，是社会主义法治理念的本质属性，它科学回答了什么是法治、什么是社会主义法治、为什么实行社会主义法治、怎样实行和实现社会主义法治问题，是社会主义法治的内在精神和灵魂。有什么样的法治理念，就会表现出什么样的立法、执法、司法、守法行为。监狱人民警察树立社会主义法治理念，就要切实把"坚持党的领导、人民当家做主和依法治国有机统一"的要求落实到执法工作的全过程。

第一，要旗帜鲜明坚持党的领导。坚持党的领导，就是要坚持党对监狱工作的领导不动摇，不断加强和改善党对监狱工作的领导。要正确处理党的政策和国家法律的关系。党的政策和国家法律都是人民根本意志的反映，在本质上是一致的。党既领导人民制定宪法法律，也领导人民执行宪法法律，做到党领导立法、保证执法、带头守法。监狱工作要自觉维护党的政策和国家法律的权威性，确保党的政策和国家法律得到统一正确实施。要正确处理坚持党的领导和确保司法机关依法独立公正行使职权的关系。

第二，要始终坚持以人为本，执法为民。就是要确保人民群众在平安和谐、公平正义中享受幸福生活，不断增强人民群众的安全感、满意度；就是要适应人民群众的新期待新要求，大力推进平安中国、法治中国建设；就是要以推动社会主义司法制度自我完善和发展为方向，以解决群众反映强烈的突出执法司法问题为重点，努力建设公正高效权威的社会主义司法制度；就是要始终坚持执法为民的宗旨，始终把人民放在心中最高位置，在增进同群众的感情上下功夫，在维护群众合法权益上下功夫，在创新群众工作方法上下功夫；就是要把维护社会公平正义作为首要价值追求，让人民群众感到公平正义就在身边。

第三，要树立宪法法律权威，坚持宪法法律面前人人平等。做到严格规范公正文明执法司法，树立执法司法公信力，努力维护社会主义法制的统一、尊严和权威。

（2）要弘扬社会主义法治精神。法治精神是现代法治文化的核心。2007 年 6 月 25 日，胡锦涛同志在中央党校发表的重要讲话中提出"全面落实依法治国基本方略，弘扬法治精神，维护社会公平正义"。这是党和国家最高领导人第一次提出"弘扬法治精神"。党的十八大报告中再次强调，要"弘扬社会主义法治精神"。我们认为，所谓社会主义法治精神，是指中国特色社会主义法治实践所奉行的指导思想和基本原则，它既表现为人们的法律意识、法律思维与心理状态，又强调了全面实施依法治国方略、维护社会公平正义、促进社会和谐的重要战略思想和法治的普适精神。它既吸纳并体现了人类现代法治文明的共同规律和基本价值原理，又立足于并体现了社会主义初级阶段中国民主法治建设的基本国情和特定价值文化。

社会主义法治精神的主要内容，主要体现在以下几个方面：①宪法法律至上的精神，即宪法和法律在社会规范中具有最高权威，任何组织和个人都必须依照宪法和法律办事，所有社会活动都有法可依、有法必依、执法必严、违法必究，实现科学立法、严格执法、公正司法、全民守法，从而既维护中央和国家统一领导的权威，又充分保障法治社会的公民自由，充分地调动和激发社会活力。这是落实依法治国方略、推进社会主义法治国家建设的核心所在。②权利平等的精神，即所有的社会成员法律地位平等。这是落实依法治国方略、推进社会主义法治国家建设的基石。③人权保障的精神。保障人权已经作为一项基本原则写入我国宪法、刑诉法等基本法律，它要求坚持权利本位的观念，要求国家及其工作人员必须切实谋求与保障公民的各种权利和利益。④权力制约的精神，即确保所有以国家强制力保证实现的公共权力，在运行中必须受到其他公共权力的制约。这是保障人民当家做主、保证人民赋予的权力始终用来为人民谋利益的必然要求，也是弘扬社会主义法治精神的必然要求。⑤公平正义的精神。公平正义与法治有着本质联系，公平正义是法治的价值追求。法治的公正精神首先体现为法律公平、法律面人人平等，其次体现为以法律公平保障和促进社会公平。依法治国、建设社会主义法治国家的目标，就是在全社会实现公平正义。

弘扬社会主义法治精神，就是要在全社会形成对宪法和法律的信仰，形成对民主法治、自由平等、权利保障、权力制约、公平正义的信念，并以之为社会主义法治文化的价值基石、价值取向和价值追求，从而使全体社会成员拥有"法治的心灵"。从目前的状况看，弘扬社会主义法治精神的难点与核心是促使人们摒弃几千年来的人治观念和传统，使崇尚法治、信仰法律的法治精神深入人心，遵守法律、依法办事成为一种社会自觉，在全社会凝聚对法律的信任、信仰和支持。在这一过程中，监狱机关和监狱民警要发挥表率作用，要做弘扬社会主义法治精神的实践者、建设者和保障者、促进者。

（3）要建设社会主义法治体系。2011 年 3 月，时任全国人大常委会委员长的吴邦国宣布：一个立足中国国情和实际、适应改革开放和社会主义现代化建设需要、集中体现党和人民意志的，以宪法为统帅，以宪法相关法、民法商法等多个法律部门的法律为主干，由法律、行政法规、地方性法规等多个层次的法律规范构成的中国特色社会主义法律体系已经形成。这标志着我国基本解决了"有法可依"的问题。此后，推动国家法治建设，实现"法律体系"向"法治体系"和"法治精神体系"的迈进，成为摆在我们面前的重大课题。

党的十八大实现了我国依法治国理论和法治文化建设的重大发展。党的十八人以全面推进依法治国为统领，倡导自由、平等、公正、法治的社会主义法治核心价值，并提出了到 2020 年的法治发展规划即"依法治国基本方略全面落实，法治政府基本建成，司法公信力不断提高，人权得到切实尊重和保障"。更为关键的是，党的十八大鲜明提出了构建以"科学立法、严格执法、公正司法和全民守法"为主要内容的中国特色社会主义法治体系。

监狱机关作为执法司法机关，担负着促进科学立法，落实严格执法、公正司法，推动全民守法的职责使命，应当发挥好执法、司法、法律服务等活动对社会主义法治体系建设的规范、引导、促进和保障作用，应当成为社会主义法治体系建设的示范者、引领者。

3. 践行社会主义法治文化的途径。践行社会主义法治文化，涉及立法、执法、司法、法学研究、法制宣传等各个方面，也是一个长期渐进、知行往复、知行统一的过程，其中，科学立法是基础，有效普法是先导，公正执法、司法是关键，完善法律服务是重要环节，强化法律监督是保障，全社会学法遵法守法用法是核心，需要统筹兼顾，突出重点，系统推进。

（1）把握目标原则，明确努力方向。就是要按照习近平总书记在 2013 年 2 月 23 日主持中共中央政治局就全面推进依法治国进行第四次集体学习时的讲话精神，做到全面贯彻落实党的十八大精神，以邓小平理论、"三个代表"重要思想、科学发展观为指导，全面推进科学立法、严格执法、公正司法、全民守法，坚持依法治国、依法执政、依法行政共同推进，坚持法治国家、法治政府、法治社会一体建设，不断开创依法治国新局面。监狱机关要紧紧围绕这一要求，立足现阶段中国特色社会主义法治建设的实际，立足社会主义初级阶段的基本国情，充分认识建设社会主义法治国家的重要性、长期性、艰巨性。既要坚持法治文化建设的一般原则和观念，又要根据我国的具体实际，坚持党的领导、人民当家做主、依法治国有机统一的原则，以保证人民当家做主为根本，以增强党和国家活力、调动人民积极性为目标，在扩大社会主义民主、发展社会主义政治文明的过程中，牢牢把握践行社会主义法治文化的正确方向。

（2）强化法制宣传，凝聚社会共识。法治文化的本质特征是人们对法治的内心确认、崇尚和信守，是在全社会形成良好的法治氛围。践行社会主义法治文化，既要重视法律制度的构建与创新，更要塑造和培育全体人民的法治意识和法治观念，培育人民群众的"法治心灵"，让法治精神充溢社会生活的每个角落。而由于历史与现实的原因，我国缺乏真正的法治传统，社会个体缺乏现代法治精神。因此，监狱机关要带头弘扬社会主义法治精神，带头学法、信法、遵法、守法、用法，让群众感受到法律的权威性，让法治观念深入人心。与此同时，要强化法制宣传，通过监狱民警的执法、司法、法律服务、法制宣传等行为，将包容了自由、平等、公正、法治、人权等诸多价值要素和蕴涵的法治精神输入社会公民的头脑，使广大人民群众自觉做到学法辨是非、知法明荣辱、守法定行止，逐步把法治作为一种重要的生活方式和行为习惯，进而在全社会形成共识，实现全民守法。

（3）强化法治思维，提升法治能力。监狱人民警察是党领导下的执法司法力量，行使的是国家权力，服务的是人民群众，在建设法治国家、法治政府、法治社会进程中发挥着重要的作用。要按照党的十八大报告中所强调的那样，把法治作为治国理政的基本方式来尊崇：①落实依法执政，贯彻"党领导人民制定宪法和法律，党必须在宪法和法律范围内活动"的要求；②提高法治能力，落实"提高领导干部运用法治思维和法治方式深化改革、推动发展、化解矛盾、维护稳定能力"的要求；③反对特权，落实"任何组织或者个人都不得有超越宪法和法律的特权，绝不允许以言代法、以权压法、徇私枉法"的要求。

（4）坚持严格执法，确保公正司法。监狱人民警察践行社会主义法治文化的首要意义在于，既能充分地利用国家权力促进和保障公民权利，又能防止国家权力的滥用和腐败，保证国家机关和公职人员正确行使权力，把人民赋予的权力真正用来为人民谋利益。监狱人民警察要把社会主义法治精神、社会主义法治理念融入执法、司法等具体的法治实践中，坚持执法、司法为民，忠实于宪法和法律、忠实于事实和证据，通过依法惩罚和改造罪犯体现公平正义。一方面，要切实做到严格规范公正文明执法，维护宪法法律权威和政府形象。另一方面，要按照党的十八大的要求，以"保证人民享有广泛权利和自由"、"健全权力运行制约和监督体系"、"提升司法公信力"为着眼点，进一步深化司法体制改革，坚持和完善中国特色社会主义司法制度，促进公正司法，树立和维护司法权威，筑牢法治公正的屏障。

（5）繁荣监狱人民警察文化，促进有效传播。重点是加强监狱人民警察文化理论研究、文艺创作和有效传播，着力营造全社会普遍关注监狱人民警察文化的良好氛围。要主动适应新媒体时代信息传播格局、社会舆论生态环境和公众参与方式的变化。要繁荣监狱人民警察文化创作，激励精品力作创造，丰富其精神文化生活。要不断提升理念、创新机制，以丰富多彩的文化作品吸引人、感染人、教育人。

案例分析

某监狱专业化建设现状分析

几年来，我狱组织监狱民警学习司法部下发的《2003～2005年监狱劳教人民警察队伍建设规划纲要》和《2006～2010年监狱劳教人民警察队伍建设规划纲要》，发现我狱人民警察队伍专业化建设还存在一定差距。

第一，对什么是"专业化"缺乏准确的理解和把握，认为监狱组织的"岗位大练兵"、"技术大比武"就是专业化，错误地将"技术化"等同于专业化。

第二，长期以来，"监企社合一"的运行模式，监狱民警从不同院校毕业而来，专业构成极其复杂，所有监狱民警所学专业达 16 个之多，而专业化要求的监狱管理、法律、教育、心理等专业的比例还不很高；即便是学习这些专业的，具备实用性的岗位的技能仍然不足。

第三，从目前监狱民警的具体情况来看，由于一线民警配备不足，完全的专业化分工还不能实现，有相当一部分民警是"万金油"，身兼罪犯管理、罪犯教育、心理矫治、劳动生产等多项职能，既是执法者、管理者和教育者，还是生产经营的组织者，在很大程度上影响监狱民警专业化的发展趋势。

第四，民警的专业化存在先天不足和后天缺陷。培养监狱警察的院校较少；监狱学专业自身发育不健全，监狱学科至今是法学的二级学科，监狱民警专业化的根基不牢固。在监狱民警工作后的培训中，普适性培训较多，专业化的培训较少，专业化的师资队伍缺乏。这些也制约了监狱民警的专业化发展。

根据上述材料分析如下问题：

结合该狱监狱人民警察队伍专业化建设中存在的问题，今后应如何加强监狱人民警察队伍专业化建设？

第十章　监狱人民警察的执法质量评估

第一节　监狱人民警察执法质量评估的内涵和意义

一、监狱人民警察执法质量评估的内涵

（一）监狱人民警察执法的内涵

执法，有广义和狭义之分。广义执法是指一切国家机关的执法活动，不仅包括国家行政机关的执法，也包括国家司法机关及公职人员的执法。狭义执法仅指国家行政机关及公职人员的执法。

根据我国宪法和相关法律的规定，监狱是国家的刑罚执行机关，是国家执法主体之一，并且是主要的刑罚执行机关。监狱人民警察则是监狱刑罚执行活动的具体执行者，即监狱的执法者。《监狱法》第5条规定："监狱的人民警察依法管理监狱、执行刑罚、对罪犯进行教育改造等活动，受法律保护。"监狱人民警察执法的目的是为了惩罚和改造罪犯，预防和减少犯罪，将罪犯改造成为守法公民。

（二）监狱人民警察执法质量的内涵

《辞海》对质量一词的解释是："产品或工作的优劣程度。"《监狱法》第3条规定："监狱对罪犯实行惩罚与改造相结合、教育和劳动相结合的原则，将罪犯改造成为守法公民。""守法公民"应当是执法质量的法定内涵。这里的"工作"应当是指监狱人民警察的刑罚执行工作，监狱人民警察执法质量，实际上就是监狱人民警察执行刑罚工作的"优劣程度"。但刑罚执行工作是对监狱人民警察所有工作的总称，其包含的具体工作是多方面的。其中最具代表性的是监狱安全和使罪犯成为守法公民两个环节。毋庸置疑，监狱安全是整个监狱刑罚执行工作的基础和前提。没有监狱安全作保障，监狱的刑罚执行工作就会受到严重干扰和影响。而监狱安全的内涵又是极其广泛的，既包括监管安全，也包括生产安全；既包括监狱人民警察的政治安全，也包括监狱人民警察的人身安全和财产安全；既包括罪犯的人身安全，也包括罪犯的财产和人格安全；等等。因此，监狱安全和使罪犯成为守法公民就成为监狱人民警察执法质量最为核心的两个目标要

素。如何确保这两个核心目标要素的实现，或者说这两个核心目标要素实现的程度如何，关键是取决于监狱人民警察的执法行为和执法能力。监狱人民警察执法行为的规范程度和执法能力的高低，直接决定了执法结果的好坏，决定了执法质量的高低。或者说，监狱人民警察执法质量的高低，最终需要执法结果来检验。"监狱民警执法质量可以界定为其执法能力、执法行为与执法结果之和。因此，对监狱民警执法质量评估，是由对其执法能力、执法行为与执法结果评估的有机统一。"

（三）监狱人民警察执法质量评估的概念

根据《现代汉语词典》的解释，"评估"为"评议估计"之意。结合以上分析，监狱人民警察执法质量评估，是指通过对监狱人民警察的执法行为、执法能力和执法结果进行估计和评议，科学开放、配置和利用警力资源，从而持续改进执法活动，实现监狱安全和将罪犯改造成为守法公民这一期望执法结果的管理活动。这里的评估包含估计和评议两层含义。估计是对目标实现及其过程的预测性估量；评议是对目标实现状态的结果性评价。通过预测性估量，可以发现监狱人民警察执法行为和执法能力方面的有关问题，诸如通过对监狱人民警察执法行为、执法能力的估量，可以发现执法行为是否规范合法，执法能力是否符合要求；其中存在哪些问题，是思想方面的问题，还是知识方面的问题，还是能力方面的问题；从而明确哪些方面需要改进，通过何种方式加以改进。诸如加强教育培训，规范执法行为，提高执法能力，确保监狱人民警察严格执法，公正司法。通过结果性评价，可以判断监狱人民警察执法目标的实现度如何，实现了目标要求还是没有实现目标要求。如果实现了目标要求，可以进行总结提高；对没有实现目标要求的原因作出总结分析，提出有针对性的整改措施。由此可见，对监狱人民警察执法质量进行评估还是非常必要的，对于实现监狱人民警察的执法目标具有积极作用。

（四）监狱人民警察执法质量评估的特征

监狱人民警察执法质量评估，是一种主动性工作措施，是发现问题和纠正问题的必要管理活动，目的是更好地实现监狱安全和把罪犯改造成为守法公民的执法目标。监狱人民警察执法质量评估具有以下主要特征：

1. 评估主体的特定性。监狱人民警察执法质量评估主要是组织内部的一项管理活动，具有自我监督、自我评价的性质。这就决定了监狱人民警察执法质量评估的主体只能是监狱或是监狱的上级管理机关。监狱或是监狱的上级管理机关依据相关规定和管理权限，通过成立相关机构和人员，具体负责对监狱民警的执法活动进行评估。其他国家机关、人民群众或社会组织，对监狱人民警察执法质量的评价，只是一种外部监督活动，而不具有管理的属性。

2. 评估对象的限定性。监狱人民警察执法质量评估的对象是监狱民警，但不是监狱内所有的民警，而是从事监狱执法工作岗位的民警。具体是指负责罪犯的刑罚执行、罪犯管理、对罪犯的教育改造、心里矫治和罪犯劳动组织管理、生活卫生管理等与监狱执法活动密切相关的监狱民警。从事其他工作岗位诸如从事后勤服务和生产经营等的监狱民警，尽管他们的工作是整个监狱刑罚执行工作的有效组成部分，但由于他们的工作内容不是监狱执法所特有的内容，因而他们不能纳入监狱人民警察执法质量评估对象之列。

3. 评估内容的系统性。监狱人民警察执法质量评估，是对在监狱所有执法岗位上的监狱人民警察个体和整体的执法能力、执法行为和执法效果进行评估的有机统一，是一种目标评估模式，既注重对民警个体执法状况的评估，也注重民警整体执法状况评估。它是一个在对个体的执法能力和执法行为进行评估的基础上，着重对整体执法目标即实现安全的程度和把罪犯改造为守法公民的程度进行评价，并及时进行反馈和跟进，持续提高执法质量的系统管理活动。

4. 评估方法的定量性。马克思说过："一种科学只有成功地运用数学时，才算达到了真正完美的地步。"监狱人民警察执法质量评估，仅用传统的定性分析方法难以达到科学、准确、客观、有效的要求，需要定量化的评估方法。即根据不同的评估内容，采用相应的项目标准、量表、评价表、公式等，对民警的执法能力、执法行为和执法效果进行计分和量化，在此基础上再进行定性分析，从而做出实事求是的评价，得出客观公正的结论，为今后的工作提供参考和指导。

5. 评估过程的动态性。监狱人民警察的执法活动本身就是一项动态管理活动。对其执法质量的评估也是一个动态的管理活动过程。评估过程的动态性，还表现在评估结果的跟进上。对监狱人民警察执法质量评估结果的跟进路径，主要是对评估的结果进行反馈和运用，它是由激励、改进、修正、培训、任用等具体跟进方式方法构成的有机统一体，是一个不断改进执法活动、提高执法质量的动态过程。

二、监狱人民警察执法质量评估的意义

对监狱人民警察执法质量进行评估的目的，就是通过评估这一组织内部的管理活动，合理配置、科学开发警力资源，持续规范监狱人民警察执法行为、强化监狱人民警察执法能力、科学规划监狱人民警察执法目标、不断提高监狱人民警察执法质量。为了实现这一目的，对监狱人民警察执法质量进行评估就显得非常必要，其重要意义主要体现在以下几个方面：

（一）合理配置、科学开发警力资源，持续提高执法能力

目前，我国监狱虽然采取了"扁平化"管理改革和警力下沉等措施，但总体上我国监狱警力资源还比较匮乏，尤其与先进国家相比，并且结构尚不尽合理，在数量不变的情况下，要提高执法质量，必须提高个体的工作效率。人力资源管理理论中有全面运用、良性结构和合理流动等几个原则。通过对监狱人民警察执法质量尤其是执法能力的评估，掌握监狱人民警察的能力状况，有助于把恰当的警力安排到最恰当的岗位上，从而使他们的个人潜能得到最大限度的发挥，做到知人善任、人适其岗、人尽其才。在配置警力资源时，就可以按照"优势互补、结构合理"的原则和要求进行配置，促进人才结构的不断改善。同时，通过该项评估工作，可以发现监狱人民警察潜在的能力倾向，有意识地进行培养和开发，起到及时发现和有效使用的作用。另外，由于此项评估工作具有客观性、公正性，有利于把优秀人才选拔到领导岗位上，也可以达到不断激发监狱民警的竞争意识、促进公平有序竞争、提高全体监狱民警工作效率和执法能力的目的。

（二）不断规范执法行为，实现严格执法和公正司法

"在我国两千多年的封建社会中，经济上的自然形态、政治上的宗法专制体制和文化上的儒家传统影响，造成了法制资源的奇缺和法制传统的缺失"。监狱法的颁布实施，成为依法治监的逻辑起点，监狱民警的执法环境明显改善，法治观念、执法水平明显提高，执法的公正性明显增强。但是，随着全面依法治国战略的高调推进，党和国家对监狱民警执法工作提出了更高要求，监狱民警执法工作面临着全新的挑战。首先，监狱民警执法所需的相关监狱法律法规没有及时修订和完善、补充，可供依据的法律资源比较匮乏，"有法可依"存在一定困难，导致执法工作中存在区域性差异和人们认识和理解等方面的差异。其次，由于监狱民警在认识、能力等方面存在着个体性差异，导致监狱民警的个体执法行为也不平衡，造成监狱民警在具体的执法过程中还存在着一定的随意性。再次，现行法律的过于原则，监狱民警执法中的自由裁量权较大，造成执法行为出现不同层面的偏差；有的监狱民警迫于各方面的压力，出现了消极执法、妥协执法的不正常现象。因此，在此情况下，可以通过对监狱民警执法质量尤其是执法行为进行评估，能及时对执法行为的合法性、科学性、公正性做出评价，以便及时修正执法行为，使之符合实体法和程序法的要求，实现严格执法和公正司法。

（三）科学规划执法目标，持续提升执法质量

监狱是国家的刑罚执行机关，监狱人民警察是刑罚执行工作的具体承担者，其中安全目标和改造目标是监狱执法工作的两个重要目标。而在目标的具体设定上要具有科学性和规律性；根据目标管理学原理，管理目标过高或过低，都不利

于发挥个体的主观能动性。目标过高，个体感觉无能为力，会抑制其工作积极性；目标过低，起不到激励的作用，会导致个体放弃努力，影响其进取心和能力的提高。所以，合理的目标应当是科学而符合实际，是通过个体努力能够实现或达到的目标，所谓"跳一跳，摘桃子"就是这个道理。而执法质量则是执法目标实现的状态。通过对监狱民警执法质量的评估，对目标的实现状况进行定量定性分析，把握目标和结果的对应关系，以便及时调整目标。同时，在评估过程中，还能及时发现目标实施过程中存在的问题和不足，以便及时改进管理和改造行为，从而使执法行为更加规范有效。另外，通过评估结果的反馈，一方面，可以让监狱民警及时了解自己执法行为的科学性和执法目标的实现程度，不断修正自己的执法行为和执法目标；另一方面，评估结果可以让有关领导从中了解执法工作中存在的薄弱环节，为其科学决策提供依据和参考。

第二节　监狱人民警察执法质量评估的依据和原则

一、监狱人民警察执法质量评估的依据

所谓依据，就是作为论断前提或言行基础的事物。监狱民警执法质量评估的依据是指导监狱民警执法质量评估方向性、判断执法质量评估正确性和衡量执法质量评估实效性的基础。监狱民警执法质量评估的依据主要包括法律依据、政策依据、理论依据和实践依据等四个方面。

（一）法律依据

所谓法律依据，就是监狱民警执法质量评估所必须遵循的相关法律、法规及规范性文件等。

监狱是国家的刑罚执行机关，监狱的一切活动都必须在法律的规范下运行。法律既是监狱民警执法工作的依据，同时也是监狱民警执法质量评估的依据。监狱民警执法质量评估的内容主要包括监狱民警执法行为、执法能力、和执法效果等三个方面。因此，法律依据也就相对应地包含着这三个方面内容。

1．执法行为评估的法律依据。监狱民警执法行为的评估，是指对监狱民警执法行为及其目标的评估，主要是评价监狱民警已然的执法行为的合法性和目标性。我国现行的《宪法》、《刑法》、《刑事诉讼法》、《公务员法》以及《人民警察法》、《监狱法》等有关法律的规定，是衡量和评价其执法行为合法性、目标性的依据和标准。

《宪法》第 28 条规定："国家维护社会秩序，镇压叛国和其他危害国家安全的犯罪活动，制裁危害社会治安、破坏社会主义经济和其他犯罪的活动，惩办和改造犯罪分子。"我国监狱是专门的刑罚执行机关，担负着"惩办和改造犯罪分子"重要职责。《监狱法》第 5 条规定："监狱的人民警察依法管理监狱、执行刑罚、对罪犯进行教育改造等活动，受法律保护。"这些法律规定是监狱人民警察执法行为的法律授权性依据。

我国《刑法》第 248 条、第 400 条和第 401 条等对"虐待被监管人罪"、"私放在押人员罪"、"失职致使在押人员脱逃罪"、"徇私舞弊减刑、假释、暂予监外执行罪"等进行了规定。我国《刑事诉讼法》从罪犯收押、释放、减刑、假释、暂予监外执行等执法程序的角度对监狱民警的执法行为进行了具体规范，成为法律的规范性依据。

我国《公务员法》、《人民警察法》及《监狱法》等相关条款还对监狱民警的执法行为作出了禁止性规定。《公务员法》第 53 条明确了公务员不得有的 16 种行为；《人民警察法》第 22 条规定了人民警察不得有的 12 种行为；《监狱法》第 14 条明确规定监狱民警不得有的 9 种行为；等等。这些成为法律的禁止性依据。

2. 执法能力评估的法律依据。能力是个人顺利完成一定活动所必须具备的心理条件。监狱民警执法能力是监狱民警潜在的或在执法活动中表现出来的解决问题可能性的个性心理特征，是完成执法任务、达到执法目标的必备条件。

从有关法律规定和监狱应当承担的社会分工来看，管理和改造应该是监狱民警执法的最主要的两大内容，由此也就决定了依法管理和改造罪犯，是监狱民警执法能力中两个最核心的能力。但是，监狱民警依法管理和改造罪犯的能力，不是单一的，而是以多种能力为基础的，这是由监狱民警执法的复杂性和多样性以及职业特点所决定的。依法管理和改造罪犯的能力是在其政治鉴别、学习创新、调查研究、分析判断、沟通协调、口才演讲、心理调适和体能等职业能力的基础上，与危机干预和行为改造、劳动改造、教育改造和心理矫正等专业能力的有机结合。

根据我国《公务员法》规定，对公务员的考核应当全面考核公务员的德、能、勤、绩、廉，重点考核工作实绩。监狱民警执法质量评估就是对"能"、"勤"和"绩"的评估。我国《公务员法》要求，公务员晋升职务，应当具备拟任职务所要求的思想政治素质、工作能力、文化程度和任职经历等方面的条件和资格，《公务员法》第 83 条把"不胜任现职工作，又不接受其他安排的"作为予以辞退的情形之一。

我国《人民警察法》也明确规定，担任监狱民警应当具有良好的政治、业务素质和良好的品行。担任监狱民警领导职务的人员，应当具有法律专业知识及政法工作经验和一定的组织管理、指挥能力。

3. 执法效果评估的法律依据。监狱民警执法效果评估是一种结果评估模式，即以执法目标的实现状态为评估内容和标准的模式。监狱民警执法目标主要有两个，即安全目标和改造目标。在这方面，法律做出明确规定的情况是比较少的，多是散见于一些规范性文件之中，而不同省份、不同时期，目标标准也各不相同。我国《监狱法》在第 3 条进行了笼统的规定："监狱对罪犯实行惩罚和改造相结合、教育和劳动相结合的原则，将罪犯改造成为守法公民。"这里只是对改造目标进行了规定，而对安全目标没有涉及。2004 年 9 月司法部新修订的《现代化文明监狱标准》（以下简称《标准》）是规范性文件中规定比较表全面系统的，可以作为监狱民警执法效果评估的参考依据。《标准》规定，监狱管理质量指标要达到：①安全警戒工作机制健全，制度严密。狱内年发案率低于 1‰；不发生狱内重大特大案件；无罪犯脱逃。②狱侦工作要做到信息畅通，反馈及时，防范措施针对性强、落实到位，办案程序合法，破案率达到 95% 以上。③建立罪犯健康档案，保障罪犯的基本医疗，罪犯中的发病率和病死率低于当地城镇居民的水平。④劳动现场安全生产设施符合国家有关规定，安全生产管理的各项要求得到落实，没有重大安全事故隐患。监狱连续 3 年无罪犯工伤死亡事故，罪犯重伤率不超过 1‰。监狱教育改造质量指标应达到：①建立健全教育改造工作制度，对罪犯实行正规、系统的思想、文化和职业技术教育。成年罪犯的教学时间每年不少于 500 课时，16～18 岁的未成年犯每年学习时间不少于 1000 课时，16 岁以下未成年犯全天学习。②顽固犯、危险犯年转化率分别达到 50% 以上；罪犯刑满时获得文化证书、技术等级证书的，分别达到应入学人数的 70% 以上。狱内实际服刑在 3 年以上的罪犯，刑满时至少掌握一门实用技术。具有接受教育能力的文盲罪犯，刑满时脱盲率达到 100%。③开展心理矫治工作，罪犯接受心理测试率达到 100%，为每名罪犯建立心理档案。④对罪犯改造工作实行综合治理，建立社会帮教制度，开展多层次、多渠道、多形式的帮教活动，形成网络，覆盖面在 50% 以上。

（二）政策依据

所谓政策依据，就是监狱民警执法质量评估所依据的国家一系列路线、方针和政策等。

1. "惩罚与改造相结合，以改造人为宗旨"的方针。"改造人"是我国监狱工作的宗旨，"将罪犯改造成为守法公民"是我国监狱工作的目标。因此，在执法工作中，监狱民警要始终坚持"惩罚与改造相结合，以改造人为宗旨"的方针。积极对罪犯实施以法制、道德、形势、政策、前途等为主要内容的思想政治教育，着力开展科学文化知识教育，并根据监狱生产和罪犯释放后就业的需要，大力开展职业技术教育。还要努力拓展罪犯心理矫治工作，促进罪犯心理健康。通过扎实有效的教育改造，转变其思想、改造其恶习、健康其心理，最终实现监狱"将罪犯改造成为守法公民"的目的。监狱民警执法质量与罪犯改造质量有着密切的关系，监狱民警执法质量的高低在很大程度上决定着罪犯的改造质量，而罪犯改造质量的好坏，则是衡量监狱民警执法质量高低的重要标准之一。"惩罚与改造相结合，以改造人为宗旨"的方针，既是监狱民警执法工作的重要政策依据，也是开展监狱民警执法质量评估的一项重要的政策依据。

2. 宽严相济的刑事司法政策。2006 年党的十六届六中全会通过的《中共中央关于构建社会主义和谐社会若干重大问题的决定》提出"实施宽严相济的刑事司法政策"。实施这一政策的根本目的是为了最大限度地增加社会和谐因素，最大限度地减少社会不和谐因素，最大限度地化解多元社会矛盾，最大限度减少各种利益冲突。宽严相济的"宽"是指宽大、宽缓和宽容；宽严相济的"严"，是指严格、严厉和严肃；宽严相济的"济"，是指有度、适当结合和协调。宽严相济的刑事司法政策具体到监狱工作中应该是：依法严格，严而有据，依法宽泛，宽而有理；严而有序，宽而不乱，宽严有度。"宽"不是无原则地主张"迁就罪犯"，更不是"法外施恩"，而是落实对积极改造的罪犯给予优等的待遇，体现刑罚对罪犯的感化，鼓励罪犯"悔过自新。""严"不是"严而无度"，更不是"法外施罚"，而是对抗拒改造、重新犯罪的依法严惩，绝不手软。实施宽严相济的刑事司法政策，就是使服刑人员看到法律、监狱和社会对向善和向恶的明确态度，以宽严相济为调节杠杆鞭策、推动服刑人员自觉积极改造。把过去社会安定的破坏者改造成为和谐社会的建设者，进而消除服刑人员亲属消极抵触情绪，增强对社会的认同感和凝聚力。宽严相济的刑事司法政策对监狱的狱政管理、刑罚执行、教育改造等各方面工作都提出了全新的要求，同时也对监狱民警的执法能力、执法行为和执法效果，即监狱民警执法质量提出了全新的要求。因此，监狱民警在执法工作中，应该牢固树立宽严相济的理念，认真贯彻宽严相济的刑事司法政策，努力提高执法质量。监狱民警执法质量评估也必须以宽严相济的刑事，司法政策为依据，准确理解，科学把握。

（三）理论依据

所谓理论依据，就是监狱民警执法质量评估所依据的理论知识及操作方法和工具等。监狱执法是以人为对象的特定活动，因而必然涉及多种理论学科知识的应用。作为监狱民警执法质量评估的理论依据有很多，这里主要介绍以下几个方面：

1. 社会学理论。社会学就是研究关于社会运行和协调发展的规律性的综合性学科。从社会学角度看，监狱民警执法质量评估就是研究"良性运行和协调发展"的活动，这里主要包括两个方面的内容：①就监狱民警方面来说，就是研究监狱民警的整体及个体特征，并正确处理评估团体与被评估团体、评估团体与被评估个体、被评估团体与被评估个体之间的相互关系，以及评估内容之间的相互联系，以形成良性、协调、互动的关系。②就罪犯改造程度，即监狱民警执法效果评估方面来说，监狱对罪犯的改造就是对罪犯再社会化的过程。罪犯改造质量的高低、监狱民警执法结果的优劣，就是罪犯经过改造所达到的社会化程度。

2. 心理学理论。人的心理是人的头脑在生产和生活活动中对客观事物的主观反映。所谓心理学就是研究人的心理过程发生、发展、变化的规律和人的个性心理倾向与心理特征以及心理状态形成、发展的规律的学科。在现代社会，"健康"被赋予了新的内涵。1989 年，世界卫生组织对 21 世纪的健康概念进行了界定："健康不仅是没有疾病，而且包括躯体健康、心理健康、社会适应良好和道德健康。"在健康的多维结构中，生理健康是基础，心理健康是核心，社会健康是重要成分，道德健康是最高统帅。关于心理健康，世界心理卫生联合会给出了标准：身体、智力、情绪十分调和；适应环境，人际关系中彼此谦让；有幸福感；在工作职业中，能充分发挥自己的能力。在监狱民警执法质量评估活动中，心理学应该受到特别关注。首先，监狱民警的心理健康状态是监狱民警执法质量的前提和保证。很难想象，一位心理不健康的监狱民警能改造出心理健康的罪犯。其次，在心理学的语境里，监狱改造罪犯重要的是矫正罪犯不健康的心理。监狱民警应该充分有效地运用心理学的理论、遵循心理学的规律来改造罪犯，最终实现监狱的执法目标。

3. 监狱学理论。监狱学，是研究监狱、监狱法制、监狱行刑理论以及对罪犯实施惩罚和改造这一社会现象及其规律的科学。它是监狱工作经验的科学总结和理论概括，是一门综合性的社会科学。监狱民警执法质量评估是监狱工作的重要组成部分，因此，监狱民警执法质量评估活动，必须以监狱学为基础，在监狱学理论的指导下开展。

4. 改造学理论。改造学是研究改造现象及其规律的科学。这里所指的是罪犯改造，主要包括对罪犯的行为改造、心理矫治以及品德、作风的培养和训练等。目前，我国在特别强调监管安全的基础上，突出对罪犯的改造，以提高改造质量为监狱行刑活动的中心，将罪犯的监禁与改造相结合，以罪犯的改造为主。

因此，监狱民警在执法过程中，必须充分运用改造的理论和技术对罪犯进行改造，使之改过自新，成为对社会有用的人。罪犯改造的效果与监狱民警的执法质量密切相关，也是监狱民警执法质量评估的重要标准之一。

5. 质量管理学理论。质量是一个不断发展的概念，现在一般认为质量不仅包括产品本身，还包括针对产品的服务。所以美国质量管理专家朱兰博士把质量定义为"产品和服务满足规定或潜在需要能力的特征和特征的总和"。当下，国际上又引用了"实体"的概念，扩大了质量的范围和更新了观念，这就使质量不再局限于产品和服务的质量，而是一直扩展到活动、过程、组织和人的质量。所谓"实体就是一种可单独描述和研究的事物"。这种事物可以是有形的也可以是无形的。所以，目前最完整的质量定义是"实体满足规定或潜在需要的能力的特性总和"。质量管理就是确定质量方针、目标和职责，并在质量体系中通过诸如质量策划、质量控制、质量保证和质量改进使其实施的全部管理职能的所有活动。质量管理学是研究质量产生、形成和实现过程规律的一门实用性很强的学科。质量管理的基本理念和管理框架，质量管理的关键领域和质量产生、形成与实现的基本过程，质量管理中常用的工具和方法，以及推进质量管理和提高质量的一些重要举措等，都可以在监狱民警执法质量评估活动中加以借鉴和运用。

（四）实践依据

所谓实践依据，就是社会进步、监狱发展以及队伍建设等对开展监狱民警执法质量评估所提出的客观要求。

1. 开展监狱民警执法质量评估是社会进步的客观要求。1998 年，在党的十五大上正式提出"依法治国，建设社会主义法治国家"的治国方略。1999 年 3月，第九届全国人大二次会议通过宪法修正案，将"依法治国，建设社会主义法治国家"的基本治国方略载入宪法。我国《宪法》第 5 条规定："中华人民共和国实行依法治国，建设社会主义法治国家……一切国家机关和武装力量、各政党和各社会团体、各企业事业组织都必须遵守宪法和法律。一切违反宪法和法律的行为，必须予以追究。任何组织或者个人都不得有超越宪法和法律的特权。"党的十八届四中全会提出了依宪治国，把建设法治国家提到了新的高度，依法治国成为治理国家、管理社会的基本方式。依法治国必然要求要依法治监。依法治监是依法治国的应有之意，就是要求监狱的一切活动都必须在法律的轨道内运行。这对监狱民警的执法质量提出了更新更高的要求。开展监狱民警执法质量评估就是为了更好地实现依法治监，更好地提高监狱民警的执法质量。

党的十六届六中全会的《中共中央关于构建社会主义和谐社会若干重大问题的决定》，把"民主法治、公平正义、诚信友爱、充满活力、安定有序、人与自然和谐相处"作为社会主义和谐社会的本质特征。监狱作为国家的刑罚执行机关，在构建社会主义和谐社会进程中肩负着重要职责。

（1）监狱的安全稳定是社会安定有序的重要组成部分。没有监狱稳定，就没有社会稳定；没有社会稳定，就没有社会和谐。保持监狱安全稳定，无论是从监狱自身发展的角度，还是从促进社会安定有序的角度，都是必须始终抓紧抓好的一项基础工作。

（2）严格依法行刑是实现社会公平正义的必然要求。促进社会和谐、构建和谐社会，必须切实提高执法质量和效率，做到公正执法。监狱执法是否公正，在很大程度上影响着刑事司法过程的最终效果，影响着全社会对法治的信心。因此，严格执行刑罚，是监狱工作实现社会公平正义的必然选择。

（3）监狱的现代价值就在于，通过监狱民警对罪犯的有效改造，使之成为构建社会主义和谐社会的一分子，成为和谐社会的一员，这也是监狱对社会主义和谐社会的最大贡献。"最大限度地增加和谐因素，最大限度地减少不和谐因素，不断促进社会和谐"，是所有监狱民警应尽的职责，也是开展监狱民警执法质量评估最重要的指导思想和目标。

2. 开展监狱民警执法质量评估是监狱发展的客观要求。2003 年 12 月，司法部出台了《关于进一步推进监狱工作法制化科学化社会化建设的意见》。该意见中明确提出要"探索建立科学的监狱人民警察岗位分类制度。对岗位进行科学分工，实行专业化管理……建立队伍建设的科学评估体系，科学评估监狱人民警察工作质量"。

开展监狱民警执法质量评估就是对监狱工作"三化"要求的积极回应和积极探索，监狱民警执法质量评估活动必须深入贯彻监狱工作法制化、科学化、社会化的要求。

3. 开展监狱民警执法质量评估是队伍建设的客观要求。监狱作为司法的最后一道防线，是社会司法公正的最后屏障。可以说，监狱执法质量如何关系到整个法律价值的实现和社会的和谐稳定。近年来，随着社会的发展，人们对监狱执法工作越来越关注。而监狱执法工作是由监狱民警来完成的，监狱民警队伍的素质决定着监狱执法工作的质量，要提高监狱执法工作质量，就要求我们必须建设一支高素质的监狱民警队伍，必须进一步规范监狱民警的执法行为、进一步提高监狱民警的执法能力和执法绩效。开展监狱民警执法质量评估，其目的就是进一步锤炼监狱民警队伍、提高监狱民警的执法质量。

二、监狱人民警察执法质量评估的原则

原则是指人们观察、处理问题的法则和标准。原则预设了人们行动的进路与去向。监狱民警执法质量评估的原则，是指监狱民警执法质量评估组织对监狱民警进行评估时所必须遵循的基本准则。它既是监狱民警执法质量评估工作本质属性的具体体现，也是监狱民警执法质量评估工作实践经验的科学总结，更是制定监狱民警执法质量评估方案、确定监狱民警执法质量评估标准、选择监狱民警执法质量评估内容与方法，组织实施评估及评估结果跟进的指导思想和依据。根据监狱民警执法质量评估工作的规律，监狱民警执法质量评估应当遵循以下原则：

（一）法治化原则

所谓法治化，是人们对法律制度规范与法律行为的境界与状态的一种理想追求，它可以是一种目标趋导，也可以是一种环境生态。监狱民警执法质量评估的法治化，作为原则就是要求评估的各项具体措施包括评估标准、内容、方法、评判、评估结果使用等都应当依法有据、论法有理、行有规则、判有标准。

对监狱民警进行执法质量评估要体现党和国家法律政策的基本要求。倡导监狱民警执法质量评估法治化，《宪法》、《人民警察法》、《监狱法》等法律、法规等，构成了监狱民警执法质量评估的法律政策依据。正是因为这些法律与政策依据，把研究与探讨监狱民警执法质量评估工作，纳入法治轨道。

1. 法治化原则的内涵。法治，在其形态上是一种静态与动态的组合。在静态上，法治表现为法律制度形态，各种各样具体的法律制度构成了法治的形式载体。在静态法治化的内容上，表现为两个不同的层面，一个是指具有一般法律特征的法律制度；另一个是指一些重要的工作文献，虽然不是由法律法规和规章制定机关制定颁行，只是某一个具体工作组织制定的本行业、本系统或本单位的规范性文件，但这样的规范性文件，与一般法律法规及规章的精神相一致，因而也应当是法治化内涵的一个层面。在动态上，法治包含着一个法律制度实践运作的具体过程，统一着立法、执法、守法和护法等过程，是法律实施和法律监督等一系列活动的概括与抽象。执法工作而言，法治的基本要义在于权由法赋，行有法定，执法者的权力行使，必须坚持"法有明文许可才可为"。监狱民警执法质量评估作为我国监狱执法管理的一项内容，是对执法工作的检测，更是对执法工作的促进，是对执法工作法治化程序的进一步推动。其必须依法而行。监狱民警执法质量评估的法治化原则，可以分解为以下几个方面：

（1）监狱民警执法质量评估标准的法治化。监狱民警执法质量评估标准的法治化，即指评估所制定的标准必须是依法制定的标准，标准的内容必须符合监狱民警执法工作的相关法律规定与要求。特别是要与监狱民警执法工作的实际相符合，能够体现监狱民警执法特色。这也是监狱民警执法质量评估标准法治化的内容之一。

（2）监狱民警执法质量评估程序的法治化。监狱民警执法质量评估必须有具体的评估运作程序。所谓监狱民警执法质量评估程序的法治化，就是要求评估所设立的程序必须合乎法律与规章制度，程序具有公正性、规范性。

（3）监狱民警执法质量评估行为的法治化。监狱民警执法质量评估是一种人为的具体评估活动。由于人自身的原因，如果没有规范约束，人的具体评估行为容易出现非正当、非公正的现象。为防止评估者具体评估行为受到主客观因素的影响，而导致评估不当、不公，对监狱民警执法质量评估行为必须进行法治化的规范与要求。即是说，监狱民警执法质量评估的行为必须受到具体的法律与规章制度的约束与调整。

（4）监狱民警执法质量评估方法的法治化。一般而言，评估有法但无定法。然而，针对一种具体的评估事项，评估有法，必须定法，否则依据不同的评估方法，得出的评估结论必然会有出入，这样导致评估结果的可信度大大降低。监狱民警执法质量评估作为一项专门事项的评估，应当有着一些专门的评估方法。这些方法必须法治化，即监狱民警执法质量评估活动采用哪些具体的评估方法，应当事先与监狱有关部门商讨，经过监狱有关部门认可，或由某些规范性文件予以确认。这些方法一旦确定，除非专门机关认可，不能任意变更。

（5）监狱民警执法质量评估结果的法治化。监狱民警执法质量评估依据确定的标准、方法与程序，获得的各种评估结果，具有不可更改性。不论涉及谁，不论评估的结果如何，一旦作出评估结论，则评估结论就具有确定性。评估的结果应当得到尊重。所谓评估结果的法治化，旨在强调评估结果的法定性。

（6）监狱民警执法质量评估结果跟进的法治化。监狱民警执法质量评估结果跟进的法治化：①监狱民警执法质量评估结果的使用，不仅要得到监狱民警所在单位或所在单位上级领导机关的认可，而且要得到监狱民警本人的支持与配合，这两项必须写入制度规范；②对于这些评估结果的使用，必须做到合法、公正，要根据监狱民警的评估结论，实事求是地进行岗位调整、培训、激励等，适度地进行后续跟踪；③在强调结果跟进法治化时，要以此防范结果跟进问题上的人为因素的影响，以法治化的结果跟进行为阻止各种不当跟进行为，保证评估结果的依法使用。

2. 法治化原则在监狱民警执法质量评估工作中的基本要求。监狱民警执法质量评估必须充分贯彻社会主义法治理念的精神。社会主义法治理念要求监狱执法工作必须坚持党的领导、以人为本、实现公平正义，坚持严格执法、公正司法。监狱民警执法质量评估，从内容与过程上看，它是对监狱民警执法质量进行的事前、事中或事后的评估，是对执法活动进行的具体评判；从评估标准上看，这些评估标准作为衡量监狱民警执法质量的依据，是监狱法治体系建设的一个不可或缺的组成部分。因此，在评估工作中，应当本着以人为本的要求，发现监狱民警个体的执法能力、执法行为和执法绩效等各方面的优缺点，为监狱民警个体更好地做好执法工作，提供帮助与服务。监狱民警执法质量评估是面向监狱民警个体的评估活动，评估的结果必然会对监狱民警现有的执法工作产生一些影响。因此，监狱民警执法质量评估必须注意客观公正，实事求是；评估的过程必须符合程序正义的要求；评估结论的得出要体现出科学性。

（1）监狱民警执法质量评估必须做到权责统一。监狱民警执法质量评估，对于评估者而言，首先表现为一种有权行为，评估是权力行使的一种方式。但权力行使的规则要求是，权力必须受到约束。对于评估者而言，以责任制约权力行使，实行权责统一，可以使评估者始终依法、公正评估，保证评估结果的信度和效度。监狱民警执法质量评估法治化原则，要求评估者依法评估，对法律负责，不能任意变更与曲解评估的标准、方法，必须保证评估程序规范、合法。

（2）监狱民警执法质量评估必须服务于提高监狱民警执法质量。在监狱工作中，只有监狱民警执法质量有了保障，罪犯改造质量才能有所高，执法效能才能得到充分体现。监狱民警执法质量评估，以执法活动为评估对象，通过全面的分析测评，可清晰认知监狱民警执法质量的现状，从中得知监狱民警执法的水平与存在的问题，可为监狱民警发现与寻找到今后提高执法质量的正确突破口。监狱民警执法质量评估不仅是一个认知状态的活动，也是对监狱民警提高执法质量进行的环境营造。因为评估的方案事先确定，评估内容与标准被监狱民警事所熟知。这实际上起到了宣传发动的作用。监狱民警就会在日常工作中对照标准与内容，自觉地调整自己的执法行为，以适应评估工作的需要。评估对监狱民警产生了内在激励，特别是化评估压力为执法工作的动力，对不断提高监狱民警执法质量将起到促进作用。

（3）监狱民警执法质量评估必须服务于监狱对警力资源的科学开发和利用。执法能力评估是监狱民警执法质量评估的一项重要评估内容，根据能力的现状，分析判断监狱民警在工作中的适岗情况，可以为监狱进行合理的警力资源的开发和利用提供依据。目前，我国监狱在警力资源开发和利用上，由于缺少科学的分析与判断手段，从警力使用的规范性、合理性，到警力开发和利用的科学性等方面，还存在不少问题。以监狱民警执法质量评估为契机，用监狱民警执法质量评估的成果服务于监狱民警队伍建设，能够促进今后的警力资源使用更为规范、合理、科学。依照评估结论，全面认知监狱民警的能力状况，合理安排监狱民警个体的工作岗位，可以避免工作安排上的任意性；针对监狱民警能力的不同结构状况，可以做到用人所长，提高基层单位整体的战斗力；在警力资源开发与利用上，进行监狱民警能力结构整合，形成能力互补的监狱民警执法群体，增加监狱民警执法的合力；可以分析监狱民警的适岗情况，对监狱民警的岗位调整做到心中有数，有的放矢。

（二）科学化原则

监狱民警执法质量评估的科学化是评估应当致力追求的工作目标和过程。其中，最核心的因素有两个方面，即科学的评估理念和实事求是的评估精神。科学的实质在于追求理性和求真。"科学就是用理性方法去整理感性材料。""我们可以最广泛地把科学定义为理性活动。"监狱民警执法质量评估的科学化，就是要使监狱民警执法质量评估合于理性。监狱民警执法质量评估从工作开始时的组织设计一直到最终的结果跟进，每个环节都应处于理性的指导和控制之下。实事求是是马克思主义一贯强调的科学态度。哲学家罗素指出："科学的实事求是，是指把我们的信念建立在人所可能做到的不带个人色彩、免除地域性及气质偏见的观察和推论之上的习惯。"

1. 科学化原则的内涵。科学化的评估原则，就是要求评估的指导思想、评估方式、指标体系以及具体操作都必须符合评估活动的一般规律，有利于通过评估促进工作。监狱民警执法质量评估科学化是指监狱民警执法质量评估在科学理念指导下，从监狱民警执法活动的内在规律出发，顺应现代科学技术发展要求，综合运用现代科学理论知识、现代科学技术方法与手段，对监狱民警的具体执法活动进行科学分析评判，以最大限度地提高评估结果的信度与效度。监狱民警执法质量评估的科学化原则，包含以下几项具体内容：

（1）监狱民警执法质量评估构思的科学化。监狱民警执法质量评估，可以说是一种价值判断。但评估本身不是考核，不能将评估结论视为考核结果；评估结论，只能为考核提供帮助。监狱民警执法质量评估是针对监狱民警执法工作状况而进行的评估，它涉及监狱若干具体工作内容，但它不是对监狱工作整体进行的评估，更不是一个监狱全面质量建设的评估，而只是对监狱民警执法活动进行的专项评估。

（2）监狱民警执法质量评估标准的科学化。监狱民警执法质量评估标准是形成评估结论的主要依据，应当是在对监狱民警执法进行广泛调查研究的基础上，经过专门分析论证、以规范性文件的形式予以颁行。评估的标准必须科学合理、符合客观实际。从主观上看，评估的各项标准是监狱民警在执法过程中，通过努力可以达到的；从客观上看，评估的各项标准要求在现有的监狱民警执法工作环境中，已经具备了达到标准的条件。从评估标准产生看，各项标准的产生都是源于监狱民警执法实际，是在对监狱民警执法的目标要求进行科学的概括与总结基础上形成的。从标准所产生的效果看，评估的标准应当高于现实的执法质量水平，并能对监狱民警当前的执法质量提高起到引领与促进作用。

（3）监狱民警执法质量评估程序的科学化。监狱民警执法质量评估必须按照一定的评估程序运作，程序的设计要体现科学性。只有程序科学，才能保证结论可信和客观公正。监狱民警执法质量的整个评估过程从宣传发动、组织实施一直到结果跟进，应当有一个科学合理的流程安排，各项活动之间不仅有先后顺序，而且要合理地衔接，前后活动的交替符合评估活动内在变化的特性。

（4）监狱民警执法质量评估方法的科学化。在监狱民警执法质量评估的过程中，尽量应用一些能够提高评估工作效能、提高评估结论准确率的科学手段与方法。如应用先进的量表为测评工具，辅助运用计算机进行调查信息编程、处理调查信息、对量表信息进行数据分析和评判、形成量表分析结论等。这不仅可以提高评估工作的效率，也可以提高评估结论的信度和效度。

（5）监狱民警执法质量评估内容的系统化。监狱民警执法质量评估，虽然只是以监狱民警执法活动作为评估的目标指向，但执法又是一个范围较广、内容复杂的活动。要对数量众多的监狱民警执法信息进行分类，形成结构有序的监狱民警执法质量评估内容体系。如可以将执法的内容分为能力系统、行为系统、绩效系统，每一系统都包含若干具体的要素。这些系统相互间既各自独立，又相互联系。只有这样的系统分析与处理之后，才能从千头万绪的监狱民警执法信息中，找到开展评估工作的着力点，才能把握评估什么和怎样评估的问题。

2. 科学化原则在监狱民警执法质量评估工作中的基本要求。要注重理论与实践相结合评估方法的科学性。监狱民警执法质量评估不仅要在理论上站得住脚，同时还要能够反映评价对象的客观实际情况。无论采用什么样的定性、定量方法，还是建立什么样的数学模型，都必须是对监狱民警执法质量客观、抽象的描述，能抓住监狱民警执法质量最重要的、最本质的和最有代表性的东西。同时，对监狱民警执法实践活动概括描述得越清楚、越简练、越符合实际，其科学性就越强。

（1）设计评价指标必须科学合理。这里所说的科学包括两层含义：①指选择的指标必须科学地反映监狱民警的执法水平，必须具有理论依据，不能选择无意义的指标，以免影响整个评估体系的效用；②指标设计在名称、含义、内容、时空和计算范围、计量单位和计算方法等方面必须科学明确，没有歧义，以减少指标数据收集和统计工作中登记性误差。同时，指标权重的赋予要有合理性。要全面分析构成监狱民警执法质量的各个因素，科学分配权重系数，以减少由于测量评价技术而造成的偏差。要以现代科学测量评估理论为支撑，符合相关学科知识所阐发的逻辑关系要求。

（2）评估活动对监狱民警执法工作要有科学导向性。即指监狱民警执法质量评估在作用上要能起到提高执法质量的科学导向效果。开展监狱民警执法质量评估，最终目的是提高执法质量，评估标准不仅要成为判断执法质量的标准，而且要成为广大监狱民警为之努力的方向。一方面，评估指标必须符合监狱民警执法实际；另一方面，评估要素既可以作为执法应该遵循的规范要求，也可以作为评判执法水平的依据。在设计评估体系时，要充分认识科学导向性，各评估项目应引导监狱民警转变执法观念，在执法的方法上不断创新，在执法效果上不断提高。

（三）可操作性原则

可操作原则，即强调评估的客观性和实践性。所谓监狱民警执法质量评估的可操作原则，就是要求评估方案设计、评估的标准和方法、评估的程序、评估的内容安排与指标分解，要有可操作性。对此，主要考虑两点：①必须考虑其指标值的测量和数据搜集工作的可行性；②要考虑评价指标的可靠性。

1. 可操作原则的内涵。所谓可操作原则，是指监狱民警执法质量评估确定的评估方案、评估程序、评估标准以及内容、方法，要能在实践中具体地运用并行之有效。

（1）评估方案的可操作性。监狱民警执法质量评估方案是评估活动的制度设计与安排。评估的实施主要就是根据事先确定的评估方案予以实施。评估的方案完备，才具有可执行性。否则，在执行过程中，就会出现执行中断，影响评估活动的连续性。

（2）评估标准的可操作性。如前所述，监狱民警执法质量评估标准本身，也是监狱民警执法质量的标准。因此，这些评估标准的确立，必须从实际出发，不好高骛远，否则，就失去了评估标准的价值。

（3）评估方法的适当性。评估活动的方法多种多样，每一种评估都有相适应的方法。监狱民警执法质量评估的方法，应当科学选择，要保证所选择的方法不仅能用，而且适用、好用。监狱民警执法质量评估的方法具有体系性，对于不同的评估事项，需要采用不同的方法，一般应构建一个评估的方法系统，供评估人员选择使用。

（4）评估内容的可操作性。在监狱民警执法质量评估的过程中，多数评估信息都要通过定性分析或定量分析进行处理。因此，就要求监狱民警执法质量评估的具体内容具有可测评性，即是说对这些内容能够进行定性或是定量分析，尤其是通过定量分析，得出的数据更为可信，更符合科学化的要求。

（5）评估指标的可分解性。监狱民警执法质量评估过程中，需要对评估内容进行指标分解，以便于评估的实际操作。评估内容的指标分解，应当是条理清晰、简明扼要。指标体系力求简单，对具体指标的语言表述尽量简洁。否则，指标太多，文字表述太过复杂，反而不利于评估的有效执行。

2. 可操作性原则在监狱民警执法质量评估工作中的基本要求。包括以下几点：

（1）监狱民警执法质量评估必须从实际出发。在评估活动中，往往一种评估方案，其内容设计在理论上反映较好，但可操作性不强。因此，设计方案时，不仅要概念明确、过程清晰，具有代表性，能够方便地采集评估数据信息；还要考虑现行的技术水平和国情、狱情。

（2）监狱民警执法质量评估结果要有可比性。这主要是指监狱民警执法质量评估要具有纵向（被评估监狱民警与自我比较）和横向（被评估的监狱民警与其他监狱民警的比较）两个维度。在纵、横两个维度上都要有连续性和可比性。特别要注意不同评估个体、不同执法内容之间评估结果的区分与平衡，从而使监狱民警执法质量评估具有广泛的公信力，最大限度地体现公正和客观，使评估结果具有可接受性。

（3）监狱民警执法质量评估的指标要有可比性。只有可比性的指标，才能够提供准确的比较信息资料，才能够发挥评估指标体系的作用。可比性有两层含义：①评估指标应该在不同的时间或空间范围上具有可比性；②在不同时期和不同地区之间进行比较时，除评估指标体系中指标的口径、范围必须一致外，一般用相对数、比例数、指数和平均数等进行比较才具有可比性。当然，随着时间的推移，适应于一定时期的评估指标或评价指标体系都必须进行必要的修改、补充和更新。所以在设计评估指标体系的时还应该考虑到指标体系的发展问题。

（4）监狱民警执法质量评估要定性与定量相结合。定性指标可信度、区分度较弱，且容易受到评估主体主观因素的影响，因此需要与定量指标结合使用。定量指标可以克服定性指标的弱点，能比较客观、真实地反映监狱民警的执法状态。但不是所有评估指标都能量化，又需要定性指标予以补充完善。

（5）监狱民警执法质量评估内容准确无歧义。在监狱民警执法质量评估中，对若干评估内容进行表述时，应尽量做到准确无歧义，同时在设计时尽量做到细化，对每项具体评估内容，都要求有实事求是的可提供的材料做依据，并可客观衡量，以最大限度减少因主观带来的误差。

（四）公正原则

在监狱民警执法质量评估中，公正是其基本价值追求。评估的公正原则，就是要求在对监狱民警执法质量进行评估时，合情合理，不偏不倚。力求评估能够较为客观地评价所有被评估监狱民警的执法活动与过程，绝不能"因人而异"。同时，公正也是对评估行为的一种规范与约束。公正原则，既是对监狱民警执法质量评估的总要求，也包含着对监狱民警执法质量评估的若干具体要求。

1. 公正原则的内涵。公正作为一种规范性价值，是相对于具体主体而言的，离开了特定具体主体，则无从谈论公正。这里的公正就是监狱民警在内心对评估的感受，是监狱民警的一种价值判断。这些要求可以理解为：①评估程序的公正；②评估结果的公正；③评估标准的公正；④评估结果使用的公正。

（1）评估程序的公正。程序公正是被评估的监狱民警对于评估过程的评价。一般而言，公正的程序，是公正结果的前提与基础。监狱民警相信公正的程序能够带来公正的结果。如果监狱民警认为评估程序公正，即使结果对他不利，也能相信结果是公正的。相反，如果监狱民警感到程序不公正、不公平，哪怕是结果对他有利，也会心生不满，影响执法的积极性。

（2）评估结果的公正。评估活动必然产生一定的评估结果，而结果又要求必须是公正、客观的。公正的结果容易获得监狱民警的广泛认同，否则难以取信于广大民警，甚至会使民警怀疑评估程序的正当性，从而挫伤民警执法的创造性。

（3）评估标准的公正。①要求标准必须具有客观性，标准必须符合监狱民警执法实际，是源于监狱民警执法实际的标准；②要求评估必须对同样条件、同样岗位的监狱民警一视同仁，对他们的执法质量评估标准具有统一性和规定性。

（4）评估结果使用的公正。把合适的人才放在合适的岗位上，是每一个组织努力追求的目标。通过评估，就可以发现监狱民警执法情况的优劣与每个被评估民警的长与短，借此调整监狱民警岗位与合理配置人力资源。监狱民警执法质量评估结果的使用，必须着眼于监狱民警开发利用和执法质量的不断提高。公正地使用评估结果，就要求监狱领导和人事部门的工作人员客观、公正的对待评估结果，评估的意见必须正当使用、实事求是，不能歪曲、更不能篡改。在与监狱民警个人交流评估结果的相关意见后，决定相应的跟进方式。

2. 公正原则在监狱民警执法质量评估工作中的基本要求，包括以下几方面：

（1）评估理念的公正性。在监狱民警执法质量评估中，评估者能否公正地实施评估，做到评估的程序公正、结果公正，首先取决于评估者对于公正原则的理解与接受。只有评估者将公正原则内化于心，才会在评估活动中自觉地遵循这一原则。因此，在开展评估活动之前，应加强评估者的思想教育，使评估者牢固树立公正理念，保证公正原则贯穿于评估工作始终。

（2）评估行为的正当性。在监狱民警执法质量评估中，之所以要强调公正原则，旨在于以这一原则约束评估行为，避免评估行为可能出现的任意性。客观地讲，评估行为的正当性，决定着评估结果的信度、效度和权威。只有评估行为正当，所评估的结果才是可接受、能接受的结果。因此，坚持公正原则，必须通过制度设计，来规范约束和监督评估者的评估行为，保证评估行为的正当性。

（3）评估过程的恰当性。监狱民警执法质量评估过程中，公正原则愿景的实现，不是一个自然天演的过程，而是通过各个具体环节的规范运作过程而形成的。为此，必须对评估过程予以恰当的考虑，协调处理好评估的各要素相互关系，使每个要素在参与评估的过程中，都始终围绕着公正的原则而发挥作用。评估过程的恰当性主要包括评估方案的设计、评估组织的建立、评估人员的遴选、评估内容的选择、评估标准的确定、评估方法的适用、评估结果的使用等，均须配合一致，才能保证评估过程和结果的公正。

（4）结果跟进的适当性。监狱民警执法质量评估的结果，会对监狱民警今后的执法工作和个体利益产生影响。因此，对于评估结果，必须适当使用：①分析评估结果的信度与效度，只有在具有一定信度与效度的评估结论才能够用于监狱民警个人的执法工作实际；②分析特定的评估结果，特别是对监狱民警执法能力、行为、绩效总体上属于否定性结论的结果，一定要慎重，要仔细甄别这一结果在实际工作中，影响它形成的原因系统。特别是客观因素造成了监狱民警执法质量的问题，如果不能改变这些客观因素的现状，则应当谨慎使用评估结果跟进。三是要有结果跟进的程序设计。结果跟进是一个过程，对一个具体评估结果的使用，可能会有多种具体的使用情况，也可能会带来多种不同的反映。对于评估结果的使用，应当从使用的启动、使用的组织、使用的方式、使用的异议处理、使用的监督等方面进行制度规范，保证结果使用适当。

第三节　监狱人民警察执法质量评估的内容和标准

监狱民警担负着对罪犯实施惩罚和矫正的职责，是一个十分特殊的职业。与政府行政机关公务员相比，监狱民警在能力、行为、绩效等方面的内容、标准和要求上，有着显著的不同。因此，对监狱民警执法质量评估，不能局限于对公务员的结果考核，而应当有其自成一体的内容和标准。

一、监狱民警执法质量评估内容和标准的内涵

监狱民警执法质量评估的内容和标准，是监狱民警执法质量评估的核心要素。它既规定着评估什么的问题，也规定着评估的结果。

（一）监狱民警执法质量评估内容的内涵

监狱民警执法质量评估内容，即评估什么的问题。监狱民警执法评估的内容，必须能够客观反映和评价监狱民警执法的质量。"虽然我们对政府的评价要考察其行而不是其言，但是我们也应该小心，不能把不属于它们职能范围的功过归给它。"监狱民警只能依照法律规定的权限从事执法工作，与监狱民警执法工作相关的执法能力、执法行为及执法绩效才能作为评估的内容。反之，超出了这一范围，则不能作为监狱民警执法质量评估的内容。

（二）监狱民警执法质量评估标准的内涵

杨文士主编的《质量管理学》认为，标准"是对重复性事物和概念所做的统一规定，它以科学、技术和实践经验的综合为基础，经过有关方面协调一致，由主管机构批准，以特定形式发布，作为共同遵守的准则和依据"。监狱民警执法质量评估的本质是对执法过程中重复出现的活动和结果的统一。对执法活动的程序、方法和要求的统一规定，就是执法的标准。我国宪法、监狱法和警察法等国家法律法规及监狱制定的各种管理制度都是监狱民警执法的标准。但这不是执法质量评估标准。执法质量评估标准是对监狱民警落实和贯彻执法标准状态的一种评价和估计。监狱民警执法质量标准主要是围绕监狱民警的执法行为、执法能力和执法绩效等方面来设定的，是对监狱民警执法状态的评估依据，是对监狱民警执法质量的现实反映。

在确定监狱民警执法质量标准时应注意几个问题：①减少考核过程中的主观性、经验性成分。增加适应新形势、新狱情、新手段的评估方法与标准。②避免标准过于苛刻，最大限度的符合客观实际，脱离实际的评估标准不仅难以达到，而且也使评估本身失去了意义。③尽量减少评估标准的随意性。评估标准已经确定，必须坚决贯彻执行。决不能根据评估者的个人好恶和主观印象妄下评估结论，也不能只看表面现象和汇报材料而草率地得出评估结果。④评估标准既要有一定的超前性、又要有一定的稳定性、连续性。各地监狱的具体情况差异较大，在制定执法质量评估标准时就不能局限于一地、一时的监狱状况，而是要具有一定的超前性。执法质量评估标准制定后，要保持一定的稳定性和连续性，但又必须与时俱进。只有这样，评估标准才具有广泛的适用性、指导性和权威性与合理性。

二、确定监狱民警执法质量评估内容和标准的意义

（一）有利于全面掌握监狱执法工作的开展状况

长期以来，监狱民警在执法工作中的执法能力是否符合监狱执法工作的要求、执法行为是否规范、执法绩效是否能满足监狱职能的需要，习惯于以考核的方式进行。但由于这种考核往往只注重结果不重视过程，忽略了人力资源的开发、利用和执法行为的及时监督，使考核结果不够全面和缺乏针对性。对罪犯的管理和矫正活动是长期的、艰巨的、繁杂的，执法更多的是体现在过程当中。对监狱民警执法行为进行全程跟踪，既可以掌握监狱民警执法的状况，又可以对监狱民警履行监狱职能的程度有全面的掌握，有助于提高执法绩效，持续提高执法质量。同时，监狱民警职业的特殊性，也使建立符合监狱民警职业性质的评估标准成为必要。

（二）有利于提高执法效益，实现刑罚目的

执法效益主要体现在正确执行刑罚，最大限度地达到预防犯罪的刑罚目的。监狱民警执法工作越公正合理，执法的效益越高，刑罚的目的达成得越好；反之，执法效益下降，刑罚的目的将难以达到。长期以来，监狱民警执法工作中定性的要求多，定量的标准少。这就使得对监狱民警执法状态难以准确衡量。在此情况下，监狱民警执法状态往往凭主观判断，而不是严格的依照制度和标准，有一定的人治色彩。"人治"色彩越浓，离"法治"的轨道越远。这与现代法治监狱建设格格不入。监狱法治化，才能适应构建和谐社会和实现社会公平正义的价值追求。同时，执法环境的优化，罪犯破坏监管秩序的行为也将不断减少，监狱刑罚执行成本也将随之降低，罪犯矫正质量将不断提升，执法效益将会显著提高。

（三）有利于加快监狱工作法治化、科学化和社会化进程

推进监狱工作法治化、科学化和社会化，是新形势下监狱工作发展的客观需要，是提高矫正质量的根本途径。加快推进法治化、科学化和社会化的进程，是由监狱工作的基本职能和根本属性所决定的。法治化、科学化和社会化的基本要求是"规范、科学、有序"。这与监狱民警执法质量评估的要求是紧密相连的。法治化的内容包括依法行刑、依法行政、依法管警，而建立监狱民警执法质量评估体系的根本目的就是通过依法管警，促使依法行政，推进依法行刑，实现公正司法。科学化的内容包括队伍建设科学化、监狱设施科学化、罪犯矫正科学化等。这决定了监狱民警执法质量评估内容必须科学化。监狱工作社会化的内容包括矫正社会化、刑罚执行社会化、执法监督社会化等。社会化已是监狱管理工作的重要内容，是监狱执法工作的依托。

（四）有利于监狱实现自我创新发展

监狱民警执法质量评估的内容和标准，必将对监狱民警的执法起到引领和导向作用。监狱民警执法质量评估内容和标准的制定，本身意味着创新，而这一创新将引发监狱民警管理体制的相应变化。它要求监狱对监狱民警及执法工作的管理应围绕质量评估的标准展开，符合执法质量评估内容和标准的工作要大力推进。反之，则可以暂缓或停止。监狱民警执法质量评估的内容和标准，必将对监狱民警队伍的建设和发展提出新的更高的要求，有利于监狱实现自我创新发展。

三、监狱民警执法质量评估的内容及标准

监狱民警执法质量评估的具体内容及标准，是监狱民警执法质量评估的基本依据。它主要包括监狱民警执法能力、执法行为、执法绩效评估的内容和标准。

（一）监狱民警执法能力的内容及标准

1. 监狱民警执法能力的内涵。所谓能力，是人们顺利完成某种活动的一种稳定的心理特征，也是一个人知识、智慧和技能的外在表现。一般认为能力是人完成任务、达到目标的必备条件。能力的特点主要有：能力是与人完成一定活动相系的，具有社会性；不同职业所表现出来的职业能力，既有共性又有特殊性，具有多样性；人的能力是相互联系、相互促进的，具有矛盾统一性。能力是一种内化的个体品质，但又可以通过相关职业活动使它由内在而外显。内在的能力与外显的能力表现有时并不完全一致，必须经过多次观察测评才能对个体的能力作出恰如其分的评价。所谓监狱民警执法能力，就是监狱民警在执法过程中，可以直接影响监狱民警管理与矫正罪犯工作效果的个性心理特征。

2. 监狱民警执法能力的内容。监狱民警执法能力就是一种工作能力。随着国家社会对监狱工作的要求也越来越高，对监狱民警执法能力的要求也会水涨船高。但监狱民警也是普通人，要求监狱民警成为涉猎百科的专家、完人，是不现实的。这就需要解决两个问题，即监狱民警需要哪些能力；什么岗位的监狱民警需掌握什么能力。监狱民警的工作能力涉及方方面面，并不是单一的，而是以多种能力维度为基础有机结合起来的。可以将监狱民警的能力分为通用能力和执法能力两个方面：

（1）监狱民警通用能力。通用能力是指不同职业群体中表现出来的，具有共性的技能和知识要求，是超越于某个具体职业与行业的特定知识和技能以外的一切管理者，应当共同具备的最重要的和最基本的能力。监狱民警通用能力就是适应于不同执法岗位普遍需要的能力。它包括政治鉴别能力、心理调适能力、学习能力、依法行政能力、创新能力、公共服务能力、调查研究能力、沟通协调能力等。通用能力是执法能力的基础，与执法能力密切相关。

（2）监狱民警执法能力。监狱民警执法能力是与一般公务员不同而应具有的独特能力。独特的能力是指某个特定角色和工作所需要的特殊的知识和技能。监狱民警独特的能力，即执法能力，主要包括依法执行刑罚的能力、组织管理罪犯的能力、矫正罪犯的能力、心理咨询与矫治能力、狱内侦查的能力、调查研究的能力、处置突发事件的能力、执法文书的写作能力等。

3. 监狱民警执法能力的标准。

（1）依法执行刑罚的能力标准：熟知与监狱工作密切相关法律基础知识；严格遵守宪法、法律和法规；忠于职守，秉公执法，严守纪律，清正廉洁。熟知《监狱法》第三章的内容和国家的相关法规、政策。具备观察和思考的能力、分析判断的能力、发现问题和解决问题的能力。

（2）组织管理罪犯的能力标准：熟知法律基础知识、狱政管理基础知识、管理学知识、政策知识。廉洁奉公、恪尽职守；勤奋工作、勇于担当；讲究管理方法，创新管理方式；实事求是，开拓创新，方式方法灵活多样。熟知狱政管理的各项规章制度；掌握监控设施性能以及警戒具的结构原理和使用要领。

（3）矫正罪犯的能力标准：严格遵守监狱民警职业道德规范；讲究谈话艺术；掌握教育方法，遵循教育规律。熟知罪犯教育基础知识、法律基础知识、文化基础知识、政策知识；掌握监狱工作的各项规章制度。具有正确把握法律法规和政策的能力；把握罪犯思想动态，有效解决问题的能力；掌握罪犯出入监及日常教育改造的能力，具有良好的语言表达能力。

（4）心理咨询与矫治能力标准：熟知心理学基础知识、罪犯心里矫治知识；了解监狱学基本知识、计算机使用和课件的制作等。具有运用心理学基本知识的技能；罪犯心理测量与诊断的技能；罪犯心理咨询与治疗的技能；罪犯心理矫治质量评估的技能。

（5）狱内侦查的能力标准：掌握狱内侦查基础知识、安全知识、现场勘查知识；了解光学知识、照相及录像知识、计算机操作知识等。意志坚定，思想过硬；灵活机动，沉着冷静，处变不惊；多谋善断，实事求是。具备耳目的建立、使用与考核的能力；掌握犯情动态的能力；狱内犯罪现场勘查的能力；擒拿格斗的能力；使用通信器材、车辆驾驶的能力；等等。

（6）调查研究的能力标准：坚持实事求是、实践第一观点，讲真话、写实情；掌握调查研究的方法，善于发现问题、分析问题；善于发现典型、总结经验。掌握调查研究的方法、目的和作用；掌握问卷法、函调法、文献法、访谈法、观察法等的原则、设计和方法步骤。具有调查研究课题的能力；科学研究实际材料的能力；写作调查报告的能力；促进调查研究成果转化的能力。

（7）处置突发事件的能力标准：掌握政策知识、信息知识、人为破坏性实践防范知识；了解社会学知识、医疗卫生防疫知识、心理学知识、法律知识等。意志坚定，思想过硬；坚持原则，灵活机动；沉着冷静，处变不惊；坚毅果敢，多谋善断；顾全大局，协调得当。具有稳定的自我情绪控制能力；分析预测、快速决策、组织协调的能力；自我心理调适能力；谈判的能力；等等。

（8）执法文书的写作能力标准：掌握文字写作技巧、执法文书写作知识、逻辑知识；了解政策知识、法律知识等。坚持实事求是的工作作风，反对弄虚作假和形式主义，严守纪律，妥善保管文字资料。具有正确填写监狱各种执法文书表格的能力；制作减刑、假释建议书等监狱常用文书的能力；执法文书书写及语言表达能力。

（二）监狱民警执法行为的内容和标准

行为是人在主观意志支配下的外部活动。劳伦·理德指出："在任何法律体系中，决定性的因素是行为，即人们实际上做些什么。如果没有人们的行为，规则不过是一堆词句。"因此，无论法律体系、法律条文内容如何的科学完善，都需要由监狱民警具体地来执行。

1. 监狱民警执法行为的内涵。监狱民警执法行为是指行使刑事法律和监狱法赋予的刑罚执行权力，管理和矫正罪犯，维护监狱安全稳定，对罪犯权利和义务所产生的具体影响的活动。我国《监狱法》第5条规定："监狱的人民警察依法管理监狱、执行刑罚、对罪犯进行教育改造等活动，受法律保护。"这在法律上设定了监狱民警的执法权。执法行为是执法能力的表现形式，也是执法能力高低的体现。监狱民警执法行为是否合法和有效，不仅影响着对其执法能力的评判，也制约着执法质量的好坏高低。

2. 监狱民警执法行为的内容。监狱民警执法行为涉及的面较广。广义上来说，只要涉及监狱职能履行的相关行为，包括刑罚执行、狱政管理、教育矫正、劳动矫正、人事、财务等都属于执法范围。狭义来说，执行刑罚、狱政管理、教育矫正、劳动矫正四个方面是监狱执法工作的主要内容。监狱民警执法行为可分为管理行为和矫正行为。

（1）监狱民警管理行为的内容。监狱民警管理行为包括刑罚执行、狱政管理、生活卫生管理、安全管理、考核奖惩五个方面。刑罚执行管理行为是指监狱民警对罪犯从入监到出监依法执行刑罚，进行刑期管理的整个过程。监狱民警狱政管理行为是指监狱民警依法对在押服刑罪犯直接实施的，有关执行刑罚、罪犯处遇和监管矫正方面的特殊的刑事司法管理工作。监狱民警生活卫生管理行为是指监狱民警对涉及罪犯生活卫生工作的设施、环境、供应、保障等方面的管理活动。监狱民警安全管理行为是指监狱民警为确保监狱安全稳定，所采取的一切行使管理权力，履行管理职责的安全防范行为。监狱民警考核奖惩管理行为是指监狱民警运用各种激励手段激发罪犯矫正动机，强化罪犯矫正内驱力的管理活动。

（2）监狱民警矫正行为的内容。监狱民警矫正行为包括一般矫正行为和个案矫正行为两个方面。一般矫正行为是指监狱民警以罪犯为对象，从改造人、挽救人的目的出发，结合生产劳动，有计划、有组织、依法实施的转变思想、矫正恶习、灌输知识、培养技能的系统影响活动。监狱民警一般矫正行为包括管理矫正、行为矫治、思想矫治、心理矫治四个方面。监狱民警个案矫正行为是指基于刑事个别化的原则，监狱民警依据罪犯产生犯罪的不同原因，采用有针对性的治疗、调适、干预和教育等技术，达到特定矫正目的的专门活动。它主要包括信息收集、犯因性问题分析、建立矫正关系、矫正方案编制、方案实施、矫正方案修正、个案评价、实施激励、结案行为、跟进、个案矫正管理等方面。

3. 监狱民警执法行为的标准。

（1）监狱民警执法行为标准。

第一，刑罚执行行为标准：①依法收监：业务熟悉，责任心强，对象明确，核对认真，程序严格，手续完备。②刑罚变更：明确对象，条件合法，严格程序，规范文书，分清缓急，积极引导。③执行终结：明确对象，严格条件，严格审核，认真负责，准确无误。④申诉、控告、检举处理：申诉及时转递，控告及时办理，检举及时查明，做到公正客观、准确有效。⑤漏罪处理：及时发现，迅速报告，查明真相，依法办理。

第二，狱政管理行为标准：①分类分级管理：坚持合法与合理相结合，要有利于安全稳定。②犯群管理：严格按制度管理、审批、复核，确保犯群稳定。罪犯小组长选用符合条件；按规定对罪犯小组长管理和教育、考核和轮换。③会见、通信和邮汇管理：严格条件、程序，规范操作，不出差错。④监控管理：监控严格，控制到位；严格管理，防范有力；各项制度落实到位。⑤档卡管理：内容正确，归档及时；规范管理，程序合法；不出疏漏，全面到位。

第三，生活卫生管理行为标准：①生活管理：严格标准，供应及时，操作规范，保障到位。②卫生管理：强化管理，督促到位，环境适宜，确保卫生。③监舍管理：管理规范，符合标准，干净整洁，适合居住。④日用品供应管理：供应及时，满足需要，规范适度，发放合规。⑤医疗管理：设备齐全，满足需要，及时送诊，维护健康，检查监督到位，无医疗事故。

第四，安全管理行为标准：制度完备，落实到位，防控有力，确保安全。如重点管理制度、查监查铺制度、联组联号制度、值班巡逻制度、安全检查制度、监控使用制度、警械器具使用制度、"四固定"制度等执行到位。

第五，考核奖惩管理行为标准：制度完备，严肃认真，执法严格、公正。有完善的考核奖惩制度；行为考核有记载有依据；思想矫正考核有记载有依据；奖惩审批符合规定；奖惩材料制作规范；考核结果公示和进行申辩复查；按要求进行奖惩复议；罪犯年度考核鉴定客观。

（2）监狱民警矫正行为标准。

第一，一般矫正行为标准：①管理矫正：制度健全，管控到位，严格管理，秩序良好。②教育矫正：多管齐下，载体丰富，攻心治本，矫正思想。③劳动矫正：合理安排，组织有效，矫正恶习，掌握技能。④心里矫正：科学矫正，规范操作，跟踪监督，确保实效。

第二，个案矫正行为标准：①信息收集：积极主动，仔细认真，全面到位，见微知著。②犯因性问题分析：全面排查，准确分析，深入查找，确立目标。③建立矫正关系：有效沟通，关系和谐，互相信任，互相配合。④矫正方案编制与实施：针对犯因，合乎实际，科学合理，方案优化；严格对照，全力以赴，积极引导，合理完成。⑤矫正方案修正：发现问题，及时修正，指出不足，共同努力。⑥个案矫正：科学合理，客观实际，评价公正，及时交流。⑦实施激励：对照结果，及时兑现，合理激励，确保有效。⑧结案行为：全面考察，肯定成绩，找出不足，提出建议。⑨跟进行为：建立机制，回访及时，指出不足，跟进有力。⑩个案矫正管理：个案科学，机制明确，科学矫治，管理到位。

（三）监狱民警执法绩效评估的内容和标准

目前，监狱对监狱民警管理一般是以"德、能、勤、绩、廉"五个方面进行结果考核。但这种考核方式存在着只注重结果不重视过程的缺陷，并以"优秀、称职、基本称职、不称职"的定性指标来评价。这种评价由于没有具体数据作参考，监狱民警的工作业绩及工作状态没有真正得到体现。20世纪70年代后期研究者提出了"绩效管理"的概念，经过尝试后逐渐被人们所认可，并取得了相当大的成功。在当前监狱发展日新月异，更崇尚科学文明的当代社会，更需要积极研究探索适合监狱发展需要的管理模式。我们认为绩效管理模式是具有超前性、实用性、科学性和可操作性的过程评估办法，是科学评判监狱民警执法状态的实用载体。对监狱民警执法而言，既要体现结果，又要体现执法过程，还要体现监狱民警自身能力和素质。

1. 监狱民警执法绩效评估的内涵。监狱民警绩效评估就是指监狱对照监狱民警的执法目标，采用科学的评估方法，评定他们的执法任务完成情况、工作职责履行程度和发展情况，并且将评估的结果反馈给他们的过程，是对他们的执法结果全面、系统、科学地进行考察、分析、评价和传递的过程。监狱民警执法绩效评估是一个结果评估模式，即是以执法目标的实现状态为评估内容和标准的模式。监狱民警执法目标主要有两个，即安全目标和矫正目标。由此决定了监狱民警执法绩效评估是安全绩效评估和矫正绩效评估的有机统一体。

2. 监狱民警执法绩效评估的内容。基于刑罚的特殊预防目的，监狱民警执法绩效实际上主要包括了两个方面的可描述的目标：①秩序的稳定性和安全状况，即安全绩效；②矫正的实际效果，即矫正绩效。

（1）安全绩效的内涵。一般理解，安全是指没有危险，不受威胁，不出事故。监狱作为执行刑罚的机关，必须具有对监狱、对罪犯本人、对社会进行安全防范的功能。这既是执行刑罚的保障，也是国家设置监狱的初衷与归宿。监狱如果没有安全防范职能或发挥不佳，将使国家、社会、监狱付出惨痛的代价。从监狱民警执法的角度对监狱民警的安全绩效可界定为：监狱民警在执法活动中，体现的维护监狱安全的素质和能力，以及监狱安全的实际状况。这里的安全包括社会不特定的人身和财产安全、监狱安全、监狱民警的人身和财产安全、罪犯的人身和财产安全。这些安全构成了监狱民警安全绩效评估的基本维度。

（2）安全绩效评估的内容。监狱民警是监狱安全的维护者。对监狱安全绩效考察的核心内容是监狱民警的安全绩效。对监狱民警的安全目标实现状态的评价就是对监狱安全绩效的评估。对安全绩效的评估，我国监狱有着现实的评估经验可吸收，即以一定时间内的罪犯狱内违规率、狱内发案率和生产安全事故发生率为评价标准。据此，我们应当以监狱民警实现监狱秩序和安全目标的状况作为安全绩效评估的主要内容，即对监狱民警一定时间内所管理和矫正的罪犯发生的各种案件进行必要的记载，以罪犯狱内发生监管安全、生产安全、其他安全事故发生情况为评估标准。在评定事故发生状况的过程中，应对监管事故进行归因，即应从客观、认知、习惯和疏忽四个方面的因素进行分析，从而客观评估监狱民警的安全绩效。客观原因是指法律自身的缺乏或缺陷、执法条件不具备或上级指令等因素。习惯是指实践中长期形成的不符合法律、规章制度规定或要求的习惯性的并在一定程度上被一定群体认同的行为。认知是指监狱民警自身对法律、规章制度缺乏认识了解，法律知识和执法能力不能满足执法要求或故意违法、违章和违纪。疏忽是指监狱民警工作不负责任、行为马虎或过失违法、违章和违纪。应该说，不同的原因造成的事故，所对应的绩效是不同的，这就要求在评估中区别不同原因造成的事故，设定不同标准来评定监狱民警的安全绩效。

（3）安全绩效评估的标准：未发生罪犯以非法手段逃离监管场所，逃避刑罚惩罚的狱内案件；未发生罪犯又犯罪案件；未发生罪犯用肢体、工具、物品等暴力伤害监狱民警，情节较轻尚未构成犯罪的事件；未发生罪犯以破坏、偷盗、倒卖等侵害监狱财产，数额较小，尚未构成犯罪的事件；未发生罪犯侵害他犯身体健康，造成他犯轻微伤，情节较轻尚未构成犯罪的事件；未发生罪犯以偷盗、损毁、藏匿等手段侵害他犯财物，情节较轻尚未构成犯罪的事件；未发生罪犯3人以上群殴，情节较轻尚未构成犯罪的事件；未发生罪犯5人以上哄监闹狱事件，或群体性扛工、扛管、扛教事件；未发生罪犯自杀事件；未发生罪犯自伤自残行为，且达重伤的事件；未发生罪犯以暴力手段侵害狱内公民人身、财产安全，情节较轻尚未构成犯罪的事件；罪犯在生产劳动中，未发生1人以上轻微伤，或5万元以下财产损失的事故；监狱民警在履职的过程中，未发生罪犯非正常死亡或轻伤的事件；监狱民警在履职的过程中，未发生警械器具或危险品遗失的事件。

（4）矫正绩效评估的内涵。监狱民警矫正绩效评估是指监狱根据国家和社会所认可的特定矫正价值观或矫正目标，运用可操作性的科学手段，通过系统地收集有关信息、数据资料，进行筛选、整理、统计分析，对矫正对象、监狱民警及其活动或矫正结果做出价值判断，不断改进并完善矫正工作，为矫正决策提供依据的过程。

（5）矫正绩效评估的内容。矫正绩效分为个体监狱民警矫正绩效和组织矫正绩效。个体监狱民警矫正绩效是指承担罪犯矫正任务的个人在某一时期内的矫正结果、施矫行为和施矫态度的总和。组织绩效是指承担罪犯矫正任务的一定监狱、监区或分监区，在某一时期内矫正任务完成的数量、质量和效果、效率状况。对监狱民警矫正绩效评估，即是对其所矫正的罪犯矫正目标实现状态的评价。

（6）矫正绩效评估的标准。①罪犯矫正绩效差：入监初期或中期制定的改造目标没有实现，罪犯的犯罪思想及其行为没有得到改造和矫正，有一定的社会危险性。②罪犯矫正绩效较差：入监初期或中期制定的改造目标没有完全实现，罪犯的犯罪思想及其行为没有得到完全改造和矫正。③罪犯矫正绩效一般：入监初期或中期制定的改造目标部分实现，罪犯的犯罪思想及其行为没有得到部分改造和矫正。④罪犯矫正绩效较好：入监初期或中期制定的改造目标基本上实现，罪犯的犯罪思想及其行为基本上得到改造和矫正。⑤罪犯矫正绩效好：入监初期或中期制定的改造目标完全实现，罪犯的犯罪思想及其行为得到有效改造和矫正，实现成为守法公民的目标。

第四节　监狱人民警察执法质量评估的方法和程序

一、监狱民警执法质量评估方法

（一）监狱民警执法质量评估方法的概念

监狱民警执法质量评估的目的是为了持续提高执法质量。基于这一目的，监狱民警执法质量评估本身实际上也是一种研究方法，"就是确定预期结果是否出现的研究过程"。但是，这里的监狱民警执法质量评估的方法是指对监狱民警执法质量进行评估时，为实现评估的目的而采用的方式和手段的总称，或者说是采用何种方式和手段对监狱民警执法质量进行估量和评价。

（二）监狱民警执法质量评估方法的基本要求

可用于监狱民警执法质量评估的方法有很多，但只有科学的评估方法才能达到不断提高监狱民警执法质量的目的。不论采用何种评估的方法，都要符合以下要求。

1. 科学。"科学就是在寻求解答过程中所发展出的一种答案。"监狱民警执法质量评估结果的科学，往往依赖于评估方法的科学。马克思曾说："一种科学只有成功地运用数学时，才算达到了真正完善的地步。"美国心理学家桑代克也认为："凡客观存在的事物都有其数量。"显然，评估方法是否科学，一个重要的评判标准，就在于是否采用了数学方法。采用数学方法即是否建立起必要的数学模型，实现评估的量化，并在定量分析的基础上进行定性分析。这就要求监狱民警执法质量评估方法，必须能使评估的各相关因素及执法目标量化，评估结果是在定量的基础上所归纳出的定性结论。

2. 系统。监狱民警执法质量评估是一个自组织管理控制的过程、一种研究预期结果是否实现的过程。因此，它是一个有相关环节要素构成的有机统一体，是一个相对独立的自组织管理系统。具体来说，它是一个包括认识监狱民警的执法能力、控制执法行为、客观评价执法绩效和通过反馈及跟进，不断提高执法质量的系统管理活动过程。监狱民警执法质量评估的系统性，决定了评估方法是由监狱民警执法能力评估方法、执法行为评估方法和执法绩效评估方法所构成的方法体系。只有采用系统的评估方法，才能达到过程评估和目标评估的有机结合，使监狱民警执法质量评估成为一个以执法目标控制执法过程，又通过执法过程的不断修正和完善，较好地实现执法目标。

3. 可行。监狱民警执法质量评估方法的可行性，即指评估方法的可操作性。

监狱民警执法质量评估方法的可操作性，就在于其简便易行，能为监狱民警所认识和熟知，可经常性地运用在执法工作中，达到持续提高执法质量的目的。简便、易行和能经常地运用于执法工作中的评估方法，不仅能降低评估本身的运行成本，而且能提高评估的效能。

4. 规范。"所有人都有权利拥有同等的发展机遇。"监狱民警执法质量评估涉及监狱民警的切身利益。因此，保证监狱民警执法质量评估的公正和客观，就成为至关重要的问题。监狱民警执法质量评估方法的规范，则是实现评估公正和客观的重要条件。当然，公正和客观总是相对的。这是因为监狱民警执法质量评估作为对人的内在能力、外在行为和行为预期所能达到的目标的预测性认识及其评价，有其局限性。卢梭在其《论人类不平等的起源和基础》一书中曾言："我觉得人类的各种知识中最有用而又最不完备的，就是关于'人'的知识。"监狱民警执法质量评估的方法作为一种认识、预测和评价"人"的一种手段和方式，必然受到关于"人"的知识的不完备性限制。"对人类而言，对未来预测常常被放在知识与了解的范围内。"因此，监狱民警执法质量评估方法，一方面要放在现有知识和了解的范围内，使结果尽量符合客观实际；另一方面则必须规范，即要求所采用的评估方法，有统一的运行程序、标准、工具和标准化解释。

（三）监狱民警执法质量评估的主要方法

1. 监狱民警执法能力的评估方法。我国正处于法治国家建设的进程之中，一些新的法律法规不断出现，这就需要监狱民警及时掌握和应用。从而客观要求监狱民警适应执法的不断发展的需要，保证执法工作的顺利进行。对监狱民警进行执法能力评估，有利于学习型监狱的建设，有助于监狱民警树立终身学习的理念，并督促其不断学习新的执法知识，储备必要的与其发展相适应的执法技能，持续提升执法水平和执法能力，达到不断提高执法质量的目的。

对监狱民警执法能力评估，主要包括定期、不定期和培训评估三种。定期评估是对监狱民警的执法能力所进行的一种检验性评估，其目的是发现其执法能力的不足，按缺什么补什么的原则，督促监狱民警不断学习，保持和持续提升执法能力。对监狱民警执法能力经常性评估，应以 1~5 年为一个评估周期。不定期评估，主要是对监狱民警的新的执法知识和技能水平所进行的评估，目的是检验执法知识和技能的更新水平。不定期评估可在新的执法知识和技能施行后的 1~6 个月内进行。培训评估，是对执法业务专项培训后的监狱民警的执法能力所进行的评估，其目的是检验其执法知识和技能更新和提升的水平。培训评估应在培训结束前进行。对这三种评估的方法主要采用笔试和操作性测验。

2. 监狱民警执法行为评估的方法。监狱民警执法行为评估，是指对监狱民警执法目标行为的评估。重点评价的是其已然的执法行为的合法性和目标性。合法性评价即监狱民警的执法行为是否严格依法执行刑罚和依法行政。目标性评价即监狱民警的执法行为是否有效地实现执法目标，达到预期的执法目的。监狱民警执法行为评估主要是对监狱民警个体执法行为的评估，在个体评估的基础上，对群体进行评估。评估的目的是修正，即对监狱民警偏离法律和目标的行为进行修正，从而持续提高执法的质量。

一般情况下，对监狱民警执法行为评估的方法，同样可采用因素评价法、图解式评价法、行为观察量表法、混合标准量表法、关键事件评价法、不良事故评价法等。由于在现行执法体制下，监狱民警职业化、专业化的程度较低，执法的具体岗位缺乏明确的分类，使监狱民警执法行为评估非常困难。为此，这里我们只能基于监狱民警执法行为评估的目的，吸收混合标准量表和不良事故评价法，编制相对客观的评价量表，对监狱民警的执法行为进行评估。

监狱民警执法行为可分为管理行为和矫正行为两大类。为此，对监狱民警执法行为评估的方法，我们也分为监狱民警管理行为评估方法和监狱民警矫正行为评估方法两类。

（1）监狱民警管理行为评估方法。监狱民警管理行为主要是其刑罚执行行为和行政管理行为。对监狱民警管理行为的评估方法，主要采用标准行为评定法，即依据法律和制度的规定为标准，设定一般标准化管理行为，检测被测者的管理行为与标准化管理行为之间的相符性。

监狱民警管理行为评估的工具。依据我国监狱执法的现实情况，目前执法岗位可划分为：执法管理岗位、刑罚执行岗位、狱政管理岗位等。依据我国刑法、刑事诉讼法、监狱法和司法部有关规章制度规定的各具体管理行为的要求为标准，依据这些岗位的具体管理行为设定评估维度，可建构《监狱民警标准管理行为评价量表》作为评估工具。

监狱民警标准管理行为评价量表，由标准管理行为评价量表和归因量表组成。在标准管理行为评价表中附设归因量表的，是在评价监狱民警管理行为是否符合法律、规章制度的规定和要求的同时，查明不符合标准的行为发生的原因，便于有针对性地进行修正。同时归因量表还具有检测和校正标准管理行为评价表的信度和效度的功能。

对客观和习惯原因进行统计。其统计方法为：发生总数（N）＝客观原因发生总数（K）＋习惯原因发生总数（X）。发生总数（N）高低，反映了监狱执法环境好坏和法治化水平的高低，从一个侧面也反映了监狱执法质量的高低。认知和疏忽原因按被测评的个体监狱民警的发生数进行计数统计，其计数的意义是可作为决定采用何种跟进方式的依据。一个监区或监狱被测评监狱民警认知和疏忽原因总计数大，则表明该监区或监狱执法管理、监狱民警的学习、进修和培训等存在问题，需要对该监区或监狱采用适当的跟进方式。

标准管理行为评价表实行主观与客观相统一的计分方法，即每一行为如果不符合法律规定计为负 1 分外，还需加上被测评者认知或疏忽方面的负分。在统计出被测评者总得负分后，应计算出其最终实际得分。实际得分计算公式为实得分（D）＝实际选项项目总得分（M）÷（实际选项目数 ＋ 分管罪犯数 × 警因比率）。

由于每名被测评监狱民警执法行为和执法行为数量不尽相同，所管理的罪犯人数也不尽相同。实得分采用上述公式进行计算，可使评估相对公平和公正。实得分也是被测监狱民警管理行为在法律上的偏离度或偏离值。

（2）监狱民警矫正行为评估方法。监狱民警矫正行为是指依据我国监狱法和司法部有关规章规定的矫正宗旨、原则、内容和手段等，对罪犯实施的实现一定矫正目的的执法行为。监狱民警的矫正行为与其管理行为相比，是在法律的范围内具有一定自由裁量性的行政执法行为。矫正行为的裁量性决定了其是一种最具创造性的执法行为。矫正行为具有创造性的特性，要达到客观评估的要求，就具有一定的难度。但是，矫正行为总是实现一定矫正目标的行为。对监狱民警的矫治行为评估可以从管理矫正行为、教育矫正行为、劳动矫正行为、心里矫正行为四个维度进行。具体可设计矫正行为评价表来进行。其主要依据是宪法、刑事法律、监狱法和司法部有关规章规定的矫正宗旨、原则、内容和手段等方面进行；评估的目的是检验矫正行为的合法性和目标性，不断修正矫正行为，达到提高矫正质量的目的。

3. 监狱民警执法绩效的评估方法。监狱民警执法绩效评估是一种结果评估模式，即是以执法目标的实现状态为评估内容和标准的模式。这里主要从安全目标和矫正目标两个维度进行考量。

（1）监狱民警安全绩效评估的方法。这里的安全主要包括监狱民警及其他监狱工作人员的人身和财产安全、罪犯的人身和财产安全、外协人员等人身和财产安全。这些基本构成了监狱民警安全绩效评估的维度。对分管安全的监狱民警的安全绩效，是分管监狱民警不良安全事件发生数之和乘以相应不良安全事件的分数。评估时，要综合考虑到监狱民警的具体岗位、责任大小、工作态度和所管理罪犯人数多少等情况。

（2）监狱民警矫正绩效评估的方法。对监狱民警矫正绩效评估，即是对其所矫正的罪犯矫正目标实现的状态的评价。目前，江苏省监狱系统研究和试行的罪犯矫正质量评估方法最为先进，既有定性分析也要定量分析。这对监狱民警矫正绩效评估奠定了基础。其具体方法是首先计算出矫正的有效比，即一个年度内，监狱民警负责矫正的罪犯中已进行过阶段性矫质量评估的罪犯总人数，加上已进行过出监矫正质量评估的罪犯总人数，除以已进行过阶段性矫正质量评估和出监矫正质量评估的已达到阶段性矫正目标和矫正目标的罪犯总数。当然，这里也要考虑监狱民警矫正罪犯数量的情况。

二、监狱民警执法质量评估的程序

监狱民警执法质量评估程序，是监狱民警执法质量评估实践的基础性要求，也是实现监狱民警执法质量评估由理论到实践的载体。基于监狱民警执法质量评估的法治化、科学化、规范化的要求，构建监狱民警执法质量评估程序，对实现监狱民警执法质量评估的规范化和标准化，具有重要的意义。

《现代汉语词典》对程序的解释是："事情进行的先后顺序。"《辞海》则定义为"按时间先后或依次安排的工作步骤"。有学者把程序定义为：主要体现为按照一定的顺序、方式和手续来做出决定的相互关系。有些学者则认为：程序代表某种规程，代表一个行为过程，并存在于一定的系统之下的自然系统或人为设计的系统。也有学者认为：程序是人们对某种行为的多次重复和对其规律的认识和确定。一般认为，程序是存在于一定的自然或者人为系统，反映一定事物的发展规律或人的行为及其相互作用过程，并在一定的时间和空间展开的步骤、顺序、方式和手续的总称。因而，监狱民警执法质量评估程序，是指监狱在对监狱民警的执法质量进行评估的过程中，在一定的时间和空间展开的有关步骤、顺序、方式和手续的总称。

1. 建立评估小组。依据人事管理权限，监狱民警执法质量评估小组的设立，要分为两个层次：①省级监狱管理机关设立监狱民警执法质量评估领导小组和办公室，由省级监狱民警执法质量评估办公室领导和管理，依据评估目的、评估内容和评估要求，负责对监狱民警执法质量评估工作的检查、指导。②在监狱设立监狱民警执法质量评估领导小组和办公室，依据执法质量评估要求具体负责开展具体的评估业务工作，如编制测评工具、评分标准、评分和解释、撰写测评分析报告等。

2. 做好评估前的准备。对选出的评估小组成员进行必要的评估业务培训，在完成必要的培训后，依据监狱民警执法质量评估办公室的评估计划和方案，编制评估指针，确定评估的目标、内容和标准，选择或编制评估工具等，并形成评估说明书，并报监狱民警执法质量评估办公室审核决定。评估说明书经评估公室批准后，评估小组必须依据评估说明书开展评估。

3. 确定评估对象和评估项目。为了保证执法质量评估结果的科学性和准确性，在评估的过程中必须区别对待每一名监狱民警的不同执法岗位和执法环境，界定不同监狱民警评估的内容和标准，并根据民警执法岗位的不同有所侧重，其评估的项目和参数有所区别。因此，在评估的过程中，需要形成受评监狱民警名单汇总表和对应的评估具体项目表，报监狱民警执法质量评估办公室批准。评估小组在收到决定之日起开展评估工作。受评监狱民警在收到评估通知后，如有异议的，应在收到通知之日起的 5 日内，采用书面的方式向监狱民警执法质量评估办公室申请复核。监狱民警申请复核的，不影响评估小组的评估工作。监狱民警执法质量评估办公室需对复核申请作出相应的决定，并及时采用书面的方式通知申请的监狱民警和评估小组。

4. 收集测评信息。监狱民警执法质量评估小组在收到监狱民警执法质量评估办公室的评估决定后，应及时收集相关的评估信息。如果没有充足有效的信息，就无法掌握监狱民警执法中的偏差；就无法保证监狱民警矫正绩效评估结果的准确性；就无法对监狱民警执法质量进行评估和分析并进行跟进。收集评估信息，一方面可以通过查询监狱民警所在部门的有关记载，也可以查询监狱民警的同事或者是本人等，尽量收集较为详细的基础评估信息。

5. 计分测评。在收集好相关的评估信息以后，可以使用选择好的评估工具、计算公式对监狱民警的执法质量进行评估，以得出准确的量化计分，为定量定性分析打下基础。监狱民警执法质量评估要达到客观、公平和公正的评估目标，就必须实行定量与定性评估相结合。在定量分析的基础上，在进行定性分析，最终得出准确的评估结果，并将各受评监狱民警的评估结果和评估结果排序的情况汇总，采用书面的方式报监狱民警执法质量评估办公室。从而发现监狱民警在执法过程中的不足，为落实责任、结果跟进提供可靠依据。

6. 结果反馈与申请复核。为了保证矫正绩效评估工作的公正，监狱民警执法质量评估办公室应当将评估结果及时告知受评监狱民警，切实维护监狱民警的知情权。受评监狱民警如果对评估结果有疑义的，可在收到结果之日起 5 日内向监狱民警执法质量评估办公室提交书面申请复核。监狱民警执法质量评估办公室在接到复核申请之日起 3 日内作出维持、变更或撤销决定，并给予书面答复。

7. 提出跟进建议和决定跟进。监狱民警执法质量评估办公室在收到评估小组的监狱民警执法质量评估结果后，应在 5 个工作日内，依据评估结果对每名受评监狱民警提出具体的跟进建议，并及时报监狱民警执法质量评估领导小组审核。监狱民警执法质量评估领导小组在收到建议的 3 个工作日内，对建议作出审核，并及时将建议送有相应管理权限的部门具体决定和落实跟进。职能部门应在收到监狱民警执法质量评估领导小组的建议之日起 7 个工作日内做出决定并落

实，同时将具体的跟进决定通知监狱民警执法质量评估办公室和受评监狱民警。监狱民警执法质量评估办公室应在收到职能部门跟进决定通知之日起及时落实跟进和跟踪记录。

8. 撰写评估报告。由于评估的根本目的在于改进监狱民警的执法工作，反馈本身也是执法质量评估的重要组成部分。因此，在对监狱民警执法质量评估结束后，评估小组必须及时撰写出监狱民警执法质量评估报告书。对整个监狱民警执法的总体情况进行分析，既要对所取得的成绩进行肯定，也要明确监狱民警执法中存在的不足，并对问题进行归因分析，同时提出整改建议。最后，将评估报告上报评估办公室和监狱领导，为领导决策提供参考。

参考书目

1. ［美］斯蒂芬·P. 罗宾斯、玛丽·库尔特著，孙健敏等译：《管理学》，中国人民大学出版社 2008 年版。

2. 王锡秋、战书彬、孙辉：《企业基层管理技巧》，山东大学出版社 2004 年版。

3. 苏勇、罗殿军主编：《管理沟通》，复旦大学出版社 1999 年版。

4. 王明泉主编：《警察管理学》，法律出版社 1998 年版。

5. 于文静、解添明主编：《科学认知监狱警察》，江苏人民出版社 2014 年版。

6. 史世鹏、许正中编著：《经济管理原理》，中国财政经济出版社 2000 年版。

7. 张柏林主编：《〈中华人民共和国公务员法〉教程》，党建读物出版社、中国人事出版社 2005 年版。

8. 安政：《中国警察制度研究》，中国检察出版社 2009 年版。

9. 李福全主编：《监狱民警执法质量评估》，法律出版社 2008 年版。

10. 陈连喜主编：《监狱人民警察概论》，中国政法大学出版社 2010 年版。

11. 张正新主编：《新时期政法队伍建设概论》法律出版社 2014 年版。

12. 《政法干警核心价值观学习读本》，国家行政学院出版社 2012 年版。